DANKE

Meinen Dank richte ich an meine Familie, insbesondere an meinen Ehemann, der mich in meinen drei letzten Krankheitsepisoden geduldig, zuverlässig und mit großer Liebe begleitet hat. Er ist mit mir gleich mehrmals durch die Hölle gegangen und war mir eine große und zuverlässige Stütze in meiner Dunkelheit.

Und Dank geht an meine drei Töchter, die natürlich nicht immer verstehen konnten, was mit ihrer „Mama" los war, die mir aber ihre Liebe und ihr Vertrauen unbeirrt zeigten.

D1661519

ISOLDE SPEER

SIEBEN MAL DURCH DIE HÖLLE

Mein Leben
mit der endogenen Depression
(1973 bis 2001)

VERFASST: 2010/2011

Bibliografische Information der Deutschen Nationalbibliothek:
Die Deutsche Nationalbibliothek verzeichnet diese Publikation
in der Deutschen National-bibliografie; detaillierte bibliografische Daten sind im Internet über http://dnb.d-nb.de abrufbar.

Isolde Speer: Sieben Mal durch die Hölle.
Mein Leben mit der endogenen Depression (1973 bis 2001)
© 2012 Isolde Speer
Alle Rechte vorbehalten.

Satz, Layout und Einbandgestaltung
(nach einem Entwurf von Isolde Speer):
Stuckel | Buchgestaltung.de, Gladbeck i. W.

Herstellung und Verlag:
Books on Demand GmbH, Norderstedt
ISBN 978-3-8482-1118-0

Warum dieses Buch?

Ich habe insgesamt sieben Mal in meinem Leben schwere endogene Depressionsphasen erleiden müssen.

„Endogen" wurden sie bei mir damals (1973) genannt, weil sie von innen kommen und nicht durch ein äußeres Ereignis ausgelöst werden. Heutzutage wird nicht mehr zwischen endogen bzw. exogen unterschieden, sondern zwischen schweren und leichten Depressionen.

Warum schreibe ich ein Buch über Depressionen?

Depressive sind doch kaum in der Lage, eine Zeitschrift oder gar ein Buch zu lesen. Sie können sich nicht gut, eigentlich gar nicht aufs Lesen konzentrieren. Sie haben auch kein Interesse an irgendeinem Thema.

Warum schreibe ich also über Depressionen?

In der Akutphase, wenn Betroffene also selbst tief in der Depression stecken, werden ihnen meine Berichte nicht besonders hilfreich sein. Nein, erst beim Lesen danach kann es für sie eventuell interessant sein, einmal die Depression aus der Perspektive von einer anderen Betroffenen zu sehen. Wie ist es einer anderen schwer Depressiven ergangen? Wie kam sie wieder heraus?

Die unterschiedlichsten Beschreibungen aus meinen schweren depressiven Phasen werden unter die Haut gehen. Es werden Aha-Erlebnisse auftauchen oder eine innere Zustimmung wie: Ja, so war es bei mir auch! Ich weiß aus eigenem Erleben, dass sich Depressive von ihren Mitmenschen meist nicht verstanden fühlen. Das ist ja klar: Ihr depressiver Zustand ist für Gesunde oft nicht nachvollziehbar.

Daher ist dieses Buch für viele verschiedene Gruppen gedacht. Für alle an der Krankheit Depression Interessierte, sowohl für Gesunde als auch von der Krankheit Betroffene, für Angehörige und Freunde. Hilfreich ist dieses Buch vielleicht auch für die vielen Menschen, die beruflich mit Depressiven zu tun haben. Ein Psychiater sagte einmal zu mir: „Wir sind auf Ihre Berichte angewiesen, weil wir Gesunde nicht wissen können, wie Depressivsein ist."

Mein Buch soll kein Ratgeber sein. Diesen Anspruch habe ich nicht. Auch gibt es genügend medizinische Ratgeber über Depressionen. Aber aus der Sicht einer Betroffenen (ich bin über viele Lebensjahrzehnte von der Depression betroffen!) kann mein Buch dem Leser oder der Leserin vielleicht Einblicke geben in die dunkle und hoffnungslose Welt der Depression. Es ist meine ganz persönliche Sicht, wie ich meine Depressionen erlebt und durchlitten habe.

Ein weiterer Aspekt für die Entstehung des Buches liegt darin, dass ich schon immer gerne geschrieben habe, sei es ein Tagebuch, Briefe, Gedichte oder Prosa. Dies dient oftmals zur Bewältigung mancher Lebenskonflikte. Ich habe sehr häufig das Bedürfnis, mich in selbstverfassten Texten auszudrücken.

Das „Erleben der Depression" ist sehr schwierig in Worte zu fassen. Und ich rede hier nicht von leichten, depressiven Verstimmungen, sondern von einer schweren und lang anhaltenden Depression. Darüber also zu schreiben, stellt für mich auch eine gewisse Herausforderung dar. Ich habe dabei oft um eine passende Wortwahl gerungen. An vielen Stellen bin ich der Meinung, dass die Worte den Zustand oder das Erleben nicht genügend getroffen haben. Der deutschen Sprache fehlen einfach die Worte, um das grausame Erleben der Depression ausdrücken zu können!

INHALTSVERZEICHNIS

1. Kapitel

„WAS IST LOS MIT MIR?"

Meine erste Depression
(Oktober 1973 – Februar 1974)

ICH BIN 17 JAHRE ALT, WEIBLICH UND FAHRE
ALS EIN STÜCK KOFFER IN DIE PSYCHIATRIE.

17 Uhr 30

Neben mir im Sanitätstaxi sitzt meine Mutter und schnäuzt sich immer wieder in ihr verknülltes Taschentuch. Aber das bekomme ich gar nicht richtig mit. Die Fahrt dauert für mich endlos lange. Es ist dunkel, als wir in der Klinik ankommen, Herbst, kalt, Nacht und in mir große Angst!!

„PLK" steht an der Eingangstür (Psychiatrisches Landeskrankenhaus). Ich denke: Jetzt bist du also in der Klapsmühle gelandet, am Ende der Welt.

Eine Ärztin stellt dauernd Fragen. Sie soll mich in Ruhe lassen! Ich kann nicht mehr denken. In meinem Kopf schießen Gedankenblitze durcheinander. Ich kann keinen klaren Gedanken fassen. Dazu hat mich meine ungeheure Angst schon längst zum Verstummen gebracht. Mutter und die Ärztin unterhalten sich. Ich höre zwar Worte, begreife aber nichts. Auf dem Deckel meiner Akte sehe ich ein dickes, rotes „S".

S wie suizidal (selbstmordgefährdet)! Aha, jetzt passen sie auf dich auf. Sollen sie doch. Mir ist alles egal.

Mutter darf kurz noch mit auf die Station und soll jetzt gehen. Eine Krankenschwester muss sie fast noch zum Verabschieden nötigen: „Machen Sie es Ihrer Tochter doch nicht so schwer!" Ich bin mir sicher, dass meiner Mutter der Abschied sehr viel schwerer fällt als mir. Ich spüre keinen Abschiedsschmerz.

Ich bin ein Stück Koffer: hier her transportiert worden, abgeliefert und einfach dagelassen. Verlassen.

Auf der Station soll ich etwas zu Abend essen. Aber ich habe sowieso keinen Hunger. Andere Patienten, alle weiblich, sitzen in verschiedenen Aufenthaltsräumen rum. Deren Wände sind zum großen Teil verglast, also für das Personal gut einsehbar. Ich setze mich dazu.

„Wir wollen deine Sachen auspacken!" Eine Stimme, die mich meint. Die Schwester greift energisch in meine Reisetasche – wer hat die denn gepackt? Ich kann mich nicht erinnern.

Da die Patientinnen im sogenannten Wachsaal keinen eigenen Schrank haben, sondern nur eine abschließbare größere Schublade, nimmt die Schwester nur das Notwendigste aus der Tasche. Sie durchwühlt meinen Kulturbeutel: „Also die Nagelschere und den spitzen Kamm schließe ich weg! Ist viel zu gefährlich hier. Den Rest kannst du behalten."

21 Uhr 40
Die erste Nacht in der Psychiatrie

So etwa 30 Patientinnen liegen im Wachsaal. Was heißt liegen. Viele geistern die ganze Nacht zwischen den schmalen Betten rum! Jetzt berührt mich eine am Arm und murmelt leise etwas vor sich hin.

Es graust mich, hier zu liegen. Aber ich kann nichts

daran ändern. Ich bin nun wie gewohnt in meinem nächtlichen Zustand: wie „ins Bett genagelt", d.h. ich kann nicht aufstehen. Es ist, als ob ich körperlich gelähmt sei oder nur aus Blei bestehen würde. Die Nacht ist in der Depression furchtbar! Aber hier auf dieser Station ist sie noch schlimmer. Wie soll ich das nur aushalten?

Am Tag ist es auch schlimm.

Ich bin immer froh, wenn er vorbei ist. Aber die Nacht danach bringt auch keine Erholung oder Erleichterung. Wie sieht so ein Leben aus? Es wird in dir immer enger und du weißt nicht, wie lange du es noch aushalten kannst.

Das ist dann die Zeit, wo die ersten Gedanken an den Tod auftauchen.

Nun bin ich schon zwei Wochen in der Klinik.

Da ich vor meiner Krankheit eine Ausbildung zur Erzieherin begonnen habe, schicken sie mich vormittags immer zwei Stunden in die Beschäftigungstherapie. Ich sitze an einem Tisch und habe einen Klumpen Ton vor mir. Ich soll ihn schlagen und klopfen. Das geht nicht. Ich habe keine Kraft in den Händen und Armen.

Plötzlich werde ich wütend und würde den Ton am liebsten an die Wand werfen! Was für eine Wut! Ich verstehe das nicht und knete wahllos mit dem Klumpen rum. Um es dem erwartungsvollen Therapeuten recht zu machen, forme ich trotz meines fehlenden Antriebs total lustlos ein Gebilde, das Ähnlichkeit mit einem Schälchen oder Aschenbecher hat.

„Das sieht gut aus! Das hast du toll gemacht!" ruft er aus. Ich kann weder Freude, noch Stolz empfinden. Eigentlich gar nichts.

11

Es kommt nichts mehr aus mir heraus. Weder Gefühle wie Freude oder Trauer, noch ein Lachen oder Tränen. Ich empfinde mich wie tot. Wie ein Stück Holz oder eben wie ein Koffer. Emotionslos. Abgestorben. Wer bin ich eigentlich?

Alles ist beängstigend, aber auch so endgültig hoffnungslos! Angst, Angst, Angst!!!

12 Uhr
Im Speisesaal. Es gibt Mittagessen. Furchtbar!

Erstens habe ich keinen Hunger und würge nur mühsam an einer Kartoffel rum. Ich spüre nicht, wie sie schmeckt, ob sie überhaupt schmeckt und bekomme fast nichts runter! Und zweitens geht es an unserem Sechsertisch echt schweinisch zu.

Es wird zum Teil mit den Händen gegessen oder Suppe über den Salat geschüttet. Auch ist es durch die Stimmen und ausgestoßenen Schreie so laut hier im Speiseraum, dass mir beinahe schwindlig wird.

Nun soll auch noch alles abgeräumt und gespült werden! Ich bin diese Woche zum Küchendienst eingetragen und habe eine Heidenangst davor!!

12 Uhr 35

In der Stationsküche: „Nimm ein Geschirrtuch und trockne das Besteck ab. Nachher kannst du alle Tische abwischen!" Ich fühle mich total überfordert. Immer diese Angst vor neuen aber auch vor bekannten, einfachen Aufgaben!

Ich trockne langsam und mühevoll einen Esslöffel nach dem anderen ab. Mechanisch wie ein Roboter. Ja, wie eine auf Zeitlupe eingestellte Maschine und nicht wie ein Mensch aus Fleisch und Blut. Dies Durchzuhalten bis zum letzten Löffel kostet mich große Überwindung!

Ein Spülmaschinenkorb voll Besteck scheppert, als er von einer Patientin vor mir auf die Arbeitsfläche der Küche ausgeleert wird, eher ausgeworfen wird. Ich schrecke zusammen. Alles ist so laut um mich herum!

Dampfende Luft nimmt mir zeitweise die Sicht. Der riesengroße Besteckberg erscheint mir unüberwindlich! Wie soll ich das schaffen? Gabeln, Ess- und Kaffeelöffel, sowie Schöpfkellen und anderes liegen wirr durcheinander wie ein großer Metallhaufen da. Genauso wirr ist es in meinem Kopf! Dies alles abzutrocknen und zu sortieren ist für mich eine fast unüberwindliche Aufgabe. Und das dreimal am Tag! Besteck von über 40 Patientinnen!

Messer gibt es hier nur zum Frühstück und Abendessen, aber ganz stumpfe. Mit denen kannst du nur ein Brot mit Butter bestreichen, aber nichts richtig durchschneiden. Außerdem sind die Messer vorne nicht spitz, sondern abgerundet.

Das Essen für die Patientinnen wird angeliefert, daher gibt es in der Stationsküche auch keine Küchen- und Brotmesser. Und nachts schließt die Schwester die Küche zu unserer Sicherheit sowieso ab.

Aus der Stationsküche tönt Geschrei, zwischendurch auch Gelächter.

Die anderen leben. Aber bei mir ist immer diese Angst vor einer Aufgabe. Wo ist mein Selbstvertrauen geblieben?

Ich habe doch schon vor einem Jahr als FSJ-Praktikantin in einer Großküche gearbeitet. Sogar gern und erfolgreich! Kochen, spülen, putzen, backen – alles habe ich gelernt und voller Eifer erledigt! Neugierig und erwartungsvoll habe ich dort immer meinen Arbeitstag begonnen und richtig körperlich geschuftet. Zufrieden und oft sehr stolz ging ich danach in den verdienten Feierabend.

Aber das liegt für mich Lichtjahre zurück! War ich das überhaupt?

Diese Person ist mir völlig fremd geworden. Sie lebte in einer anderen Welt, zu der ich wahrscheinlich nie mehr Zugang haben werde.

Eine Stimme holt mich aus meinen Grübeleien:

„Du kannst nachher den kleinen blauen Eimer mit warmem Wasser aus der Küche holen. Die Tische müssen noch abgewischt werden!" So werde ich herumkommandiert von einer älteren Patientin. Es erscheint mir sowieso, dass ich hier die Jüngste bin. Neu auf der Station, jung, depressiv.

Die Frau wirkt auf mich laut und überdreht! Das sind hier die meisten. Da fühle ich mich am Untergehen. So ruhige Depressive wie ich wandern selten den Flur entlang. Sie liegen häufig auf ihren Betten, auch wenn das tagsüber verboten ist. Wieder von den Schwestern aufgescheucht mit den Worten: „Im Bett wird es auch nicht besser!" drehen sie eine Runde und verschwinden wieder für eine Weile in ihrem Zimmer (wenn sie eines haben und nicht im Wachraum liegen müssen wie ich).

Ja, wir ruhigen Depressiven gehen unter auf so einer Station, wo die unterschiedlichsten psychiatrischen Krankheitsbilder anzutreffen sind. Wir werden leicht übersehen und vielleicht als nicht so sehr krank eingestuft, sowohl vom Personal als auch von den Mitpatienten.

Auf der einen Seite kann mir das als depressiver Patientin recht sein, weil ich nicht auffallen und nicht im Vordergrund stehen möchte, ja, am liebsten überhaupt nicht angesprochen werden möchte. Lasst mich bloß in

Ruhe, so in dieser Art.

Auf der anderen Seite aber schreit es in mir nach Hilfe, nach umsorgt werden und beachtet werden in meiner Not! Alles, was wir Depressive noch ausdrücken können sei es mit dem Körper, mit der Stimme oder durch Mimik/Gestik ist eigentlich nur ein Schrei nach Hilfe: Holt mich doch hier raus aus meiner unendlichen Qual!

Aber die Signale können nicht verstanden werden. Sie sind rätselhaft verschlüsselt, nicht eindeutig zu erkennen und gut getarnt. Auf der einen Seite leben Depressive immer mehr auf dem Rückzug, der einsam macht und isoliert.

Auf der anderen Seite zeigen sie verzweifelte, nicht eindeutige Hilferufe, die dann meist als solche gar nicht oder zu spät verstanden werden. Diesen Widerspruch kann ein gesunder Mensch wahrscheinlich nicht verstehen. Er ist rational auch nicht erklärbar.

Ich bin eingeschlossen in mir selbst und klopfe, hämmere von innen gegen die Mauer. Als Betroffene zerreißt es mich dabei fast!

Jede hier auf der Station kämpft mit ihren eigenen Problemen. Manche fordern lautstark Zuwendung und Aufmerksamkeit vom Personal und das fast den ganzen Tag und noch in der Nacht. Ich kann das nicht. Ich bin depressiv.

Mit 17 Jahren habe ich ja keine Ahnung von psychiatrischen Krankheiten!

Aber die Auswirkungen sehe und erlebe ich schon.

Mechthild, eine etwa 25jährige Medikamentenabhängige lauert stets vor der Tür zum Arztzimmer und passt die Stationsärztin ab: „Kann ich noch eine Tablette haben? Nur eine? Bitte!" Natürlich bekommt sie nichts außer der Reihe. Wütend und laut schimpfend stapft sie den Flur entlang. Fast hätte sie mich umgerannt!

Ich flehe um kein Medikament. Im Gegenteil! Da mir sowieso nichts helfen kann aus meinem Elend herauszukommen, halte ich mich zurück und würde am liebsten gar nichts einnehmen. Nur die Schlaftabletten am Abend!

Viele Patientinnen murmeln manchmal vor sich hin, reden mit jemandem Imaginärem oder stoßen laute Schreie oder gar Flüche aus. Manche Patientinnen bewegen sich in Zeitlupe vorwärts wie Marionetten. In der Zwischenzeit weiß ich, dass dieses Verhalten von den Medikamenten oder deren Nebenwirkungen kommt. Ich sehe und höre viel Lautes und Beunruhigendes im Flur, in der Stationsküche und im Wachsaal.

Auch wenn ich nun schon einige Wochen hier bin, graust es mich, auch nur den Weg zur Toilette oder zum Waschraum zu gehen. Da ich nun schon viele Patientinnen an ihrem Verhalten erkenne, weiche ich ihnen aus, weil sie mir Angst machen. Auch fürchte ich mich, von ihnen tätlich angegriffen zu werden.

Medikamentenausgabe

In der Regel geschieht das hier während der drei Mahlzeiten. Da wird genau kontrolliert, ob die Tabletten geschluckt werden. „Mund auf! Zunge strecken! In Ordnung." Ich glaube ja sowieso nicht, dass mir die Medikamente aus der Depression raushelfen können. Außerdem machen sie mich müde. Manchmal spüre ich etwas Komisches in meinem Gehirn. Ich kann es schlecht beschreiben, es arbeitet da und macht mich „bematscht". Das Gehirn ist zeitweise leer und hohl. Hinter der Stirn ist ein ständiger leichter Druck zu spüren. Und doch kommen die zwanghaften Grübelgedanken nicht zur Ruhe.

Ein Chaos aus Grübeln verbunden mit medikamentösem Wahn herrscht in meinem Kopf! Und so benebelt schleppe ich mich durch den Tag und quäle mich weiter durch die furchtbare Nacht.

Mehrmals werden bei mir die Medikamente umgestellt. Und da etwa eine Woche lang beobachtet wird, wie ich darauf reagiere, zieht sich mein Aufenthalt natürlich hin. Ich spüre keine Besserung.

Arztgespräche

Wieder einmal warte ich auf einem Stuhl vor dem Arztzimmer. Immer habe ich Angst vor einem Gespräch. Ich weiß nicht, was ich sagen soll. Das Reden fällt mir allgemein sowieso sehr schwer.

Kurz darauf werde ich ins Arztzimmer geholt. Ich zittere am ganzen Körper. Ist es die Krankheit oder sind es die Medikamente? Ich weiß es nicht, bin total unsicher.

Die Ärztin fragt: „Wie geht es Ihnen heute?" „Schlecht." „Wie war die Nacht?" „Schlimm. Ich kann nicht schlafen." Sie fragt nach: "Woran denken Sie, wenn Sie nachts grübeln?"

Ich versuche, meine momentanen Gedanken einzufangen und auf die Reihe zu bekommen. Wie soll ich das Grübeln bloß erklären? Wie finde ich die treffenden Worte?

„Ganz verschiedene Gedanken schießen mir durch den Kopf. Ich wälze dabei nicht gezielt ein Problem. – Es denkt in mir. Das geht dann ganz durcheinander und hüpft wahllos von einem Problem zu einem anderen." Jetzt weiß ich schon gar nicht mehr, was ich zu Anfang des Arztgesprächs gesagt habe. Alles ist weg!

Das geht mir so, seit ich in die Depression abgerutscht bin. Ich kann dem Gespräch nicht mehr folgen. Gesagtes ist sofort wieder verschwunden, weg, so als hätte ich gar nichts gesagt. Schrecklich! Stumm sitze ich da. Zum Schluss meint die Ärztin: „Wir wollen vielleicht doch noch ein Mal die Medikamente umstellen und für die Nacht gebe ich Ihnen etwas anderes. Haben Sie Geduld. Das wird wieder." Ach ja, das Wort „Geduld"!

In der Depression bekommt es eine ganz andere Bedeutung. Wenn mir dann jemand sagt, ich müsse Geduld haben, wirkt das wie Hohn auf mich. Diesen Zustand auch noch mit Geduld zu ertragen, ist sehr viel verlangt! Die Ärzte und Schwestern raten zur Geduld, ebenso die Eltern und Verwandten. Was sollen sie auch sonst sagen. Normalerweise hat ein Patient in seiner Krankheitszeit die Hoffnung, dass er bald wieder gesund wird.

Bei Erkältungen, Knochenbrüchen oder anderen Krankheitszuständen geht jeder davon aus, in absehbarer Zeit wieder geheilt zu sein. Nicht so in einer schweren endogenen Depression! Die Hoffnung, gesund zu werden besteht ganz und gar nicht. In einer meiner späteren Depressionsphasen sagte mir eine Ärztin, dass dies zum Krankheitsbild gehört:

DIESES NICHTGLAUBENKÖNNEN,
JEMALS GESUND ZU WERDEN.
DIESES LEBEN OHNE JEDE HOFFNUNG.

Ich bin siebzehn.

„Mit siebzehn hat man noch Träume", heißt es in einem alten Schlager. Vom „Himmel der Liebe" ist darin die Rede und vom „herrlichen Jungsein". In diesem Alter machen die meisten eine Ausbildung, beginnen zu studieren, gehen tanzen, haben Freunde und genießen ihr Leben.

Bei mir dagegen sieht alles düster aus!

Die gerade begonnene Ausbildung zur Erzieherin musste ich jetzt wegen meiner Erkrankung unterbrechen, vielleicht kann ich sie niemals beenden. Ich kann es mir überhaupt nicht vorstellen, jemals wieder in diese Fachschule zurückzugehen, überhaupt jemals wieder in mein normales Leben zurückzukehren. All dies ist so weit weg!

Meine Familie ist mir fremd geworden. Ich bin in einem fürchterlichen Zustand, den ich noch nie erlebt habe, von dem ich gar nicht wusste, dass es ihn überhaupt gibt! Auch kann ich mir nicht vorstellen, dass es für mich auf irgendeine Art weitergeht.

Die Gedanken an den Tod kommen immer wieder. Das geschieht, ohne dass ich es bewusst möchte. Sie sind da, fast zwangsartig!

Dieses Erleben ist dann das, was ich die Hölle auf Erden nenne.

Ich werde versuchen, diese Hölle zu beschreiben. Es ist sehr schwierig, diesen Zustand in Worte zu fassen. Worte können nur annähernd beschreiben. Und es sind halt nur Worte. Wie soll ich diese Hölle beschreiben? Ich kann es nicht verständlich machen. Verstehen kann es nur jemand, der auch durch so eine Hölle gegangen ist.

Dieses ständige Grübeln, diese permanente Angst und die Angst- und Panikzustände, die fast nicht auszuhalten sind. Dieses Verharren am gleichen Ort, dann aber wieder Unruhe, die antreibt. Bei mir ist das aber mehr so eine innerliche Unruhe, die man mir von außen wahrscheinlich gar nicht ansieht. Da wirke ich eher ruhig und gefasst, obwohl es in mir ständig brodelt. Welche Widersprüchlichkeit!

Und dann diese fürchterlich zu ertragene, permanente Schlaflosigkeit, die mich beinahe verrückt werden lässt und dieses nächtliche Grübeln, das mich fast umbringt in meiner Verlassenheit. Ich möchte tot sein, weg sein, einfach ausgelöscht sein! Und damit erlöst von dieser Qual?

„Sind Sie suizidal?"

So fragt mich eine Therapeutin in der Gymnastikstunde.
Blöde Frage, denke ich. Deswegen bin ich doch hier. In Gewahrsam. Gefangen. Sozusagen zum Schutz vor mir selbst.

Hier auf der Frauenstation kann ich nichts in der Richtung unternehmen. Die Schwestern passen sehr auf. Sie beobachten uns und geben dies an die Ärzte weiter. Fast jeder Schritt, jede Regung, Erregung oder verbale Äußerung, die für sie irgendwie auffällig ist, wird sofort dokumentiert.

In die Therapie darf ich nur in Begleitung gehen. Ansonsten ist auf der Station alles zu, die Fenster können nur einen spaltbreit geöffnet werden. Die Stationstüre ist abgesperrt und wird nur vom Personal geöffnet, wenn ich in die Beschäftigungstherapie begleitet werde.

Oh Wunder!

Heute bin ich zum ersten Mal zu einem Spaziergang mitgenommen worden. In „Kleingruppe mit Personal" nennen sie das. Später, wenn Heilungserfolge abzusehen sind, gibt es noch den Ausgang in der „Kleingruppe ohne Personal". Aber allein darf hier keine Patientin raus.

Ob ich draußen im Park bin oder drinnen, das ändert meinen Zustand nicht wesentlich. Ob ich im Essraum sitze oder auf der Toilette. Ich grüble immer. Am Tag und in der Nacht. Ich halte das bald nicht mehr aus!

Die Todesgedanken quälen mich sehr oft!! So wie jetzt gerade. Beim Spaziergang trotte ich stumm hinter den anderen her. Niemand weiß, wie es in mir aussieht.

„Die Gedanken sind frei", heißt es in einem Lied. Meine aber nicht. Die drehen sich zwanghaft im Kreis! Ich kann nicht mehr leben. Ich will nicht mehr leben! Es hat doch alles keinen Sinn mehr!

Und stets diese Angst in mir!

Ich bin in einem christlich geprägten Elternhaus aufgewachsen.

Ich weiß mit meinem Verstand, dass Selbstmord eine Sünde ist. „Man darf sich nichts antun", hieß es immer im Religionsunterricht oder in der Familie.

Aber bis jetzt hatte mich dieses Thema auch noch nie berührt! Schon gar nicht mich persönlich. Zurzeit existiert Gott für mich nicht. Auch da habe ich keinerlei Beziehung mehr.

Diese Gottesferne ist sehr schlimm für mich, weil ich da vor meiner Depression einen Halt gefunden hatte. Ein Leben ohne Gott konnte ich mir nicht vorstellen. Und jetzt dieses Leben ohne Sinn und ohne Hoffnung! Über meine Hoffnungslosigkeit und Gottesferne konnte ich mit niemandem reden.

Zu Beginn meiner Erkrankung fühlte ich mich eigentlich nicht krank, sondern nur irgendwie anders. Ich bemerkte langsam einschleichende Veränderungen an mir, konnte sie aber nirgends einordnen oder gar etwas dagegen tun. Da war plötzlich eine große, zur Verzweiflung treibende Schlafproblematik, die ich zuvor noch nie gekannt hatte. Ringsum sah ich alles nur in negativem Schwarz, bezog das Negative immer auf mich und verlor mein ganzes Selbstvertrauen. Ich begann allmählich mehr und mehr zu verstummen, aß immer weniger und versank in eine trostlose Grübelwelt.

Durch dieses Verstummen und Zurückziehen begann meine innere Isolation, die ich anfangs ja gar nicht so wollte. Es geschah einfach mit mir. Später, in der tiefsten Depression, als die Kontakte zu meiner Außenwelt abgestorben waren, bin ich auch innerlich abgestorben.

Vielleicht sollte ich erzählen, was sich vor meiner Einweisung in die Psychiatrische Klinik bei mir ereignet hat. So ohne weiteres wird ja niemand hierher verfrachtet.

Aus einer fröhlichen, erwartungsvollen, ja lebenshungrigen Schülerin verwandelte ich mich ohne äußerlich erkennbaren Anlass in relativ kurzer Zeit, so in ca. drei bis vier Wochen, in eine lebensmüde und hoffnungslose junge Frau.

Der innerliche Absturz geschah zunächst unbemerkt und schleichend, wie ich schon erzählte. Er entwickelte sich dann aber recht schnell und zeigte sich als unaufhaltbar. Ich war nicht nur in ein Loch gefallen, sondern in eine bis dahin unbekannte schwarze Hölle! So kannte ich mich nicht! So ohne Selbstvertrauen und ohne handfeste Zukunftsperspektiven. Alle Träume und Wünsche an mein Leben und an meine Zukunft zerbrachen in diesem Zustand!

Nach einigen Wochen war ich überzeugt, dass mir da sowieso niemand heraushelfen kann. Darum hatte ich wohl mit niemanden darüber geredet! Normalerweise sucht sich ein Mensch jemanden zum Reden, wenn er ein Problem hat. Er möchte sein Herz ausschütten, sich einem Freund anvertrauen. Gemeinsam kann vielleicht eine Lösung und ein Weg aus der Misere gefunden werden.

In der Depression gehen die Uhren anders. Obwohl mich die Probleme fast erstickten, war ich nicht in der Lage, zu einer anderen Person vertrauen zu fassen und es auch nur ansatzweise rauszulassen. Nein, keine Andeutung kam mir über die Lippen.

Ich erinnere mich an eines der ersten Anzeichen aus meiner ersten Depressionsphase. Das war nämlich gerade dies, dass ich so rasch und total verstummt bin. Und das, obwohl es in mir verzweifelt schrie!

Gerade in der Anfangszeit habe ich mich noch nach Hilfe gesehnt. Aber nicht einmal meiner Familie, also meinen Eltern und Schwestern, habe ich signalisieren können, wie schlecht es um mich bestellt war. Sicher haben sie es gemerkt, aber auch sie alle waren meiner ganzen Veränderung gegenüber total hilflos und unsicher!

Oft saß ich am Küchentisch und brach unvermutet in Tränen aus. Scheinbar grundlos. Ein Woche später konnte ich schon nicht mehr weinen. Da war ich innerlich wie tot. Wer bin ich? So fragte ich mich öfters. Ich habe mich verloren. Es drängte mich innerlich zunehmend, mich auszulöschen und mich somit von meiner Qual zu erlösen. So habe ich versucht, mir an beiden Handgelenken die Pulsadern aufzuschneiden. Ich sehe mich heute noch am Waschbecken sitzen und mich ritzen.

Meine Mutter schleppte mich sozusagen zum Nervenarzt und ich ging willenlos mit. Dieser Arzt diagnostizierte nach einem Gespräch mit meiner Mutter (ohne mich) und nach der körperlichen Untersuchung bei mir eine „Endogene Depression mit akuter Suizidgefahr". Er muss meiner Mutter wohl sehr dringend zu dieser stationären Behandlung geraten haben. Sie könne nicht ständig auf mich aufpassen und es bestünde die hohe Wahrscheinlichkeit, dass ich es wieder versuchen würde.

Er bestellte schon mal den Krankentransport für den Nachmittag.

Meine Mutter wollte es mir zunächst nicht sagen, was der Arzt mit ihr gesprochen hat. Für sie ist damals wahrscheinlich auch eine heile Welt zerbrochen! Wir mussten im Wartezimmer noch auf irgendwelche Papiere warten. Die Sprechstundenhilfe kam herein und informierte meine Mutter, dass am selben Nachmittag so gegen 15 Uhr das Krankentaxi von der Krankenversicherung käme, um uns in die Klinik zu fahren. Dabei nannte sie den Namen und den Ort der Klinik. Vom Hörensagen kannte ich sie. Umgangssprachlich ist sie bekannt bei uns als „Irrenhaus" oder „Klapsmühle". Auch gut, dachte ich damals. Jetzt bist du also reif für die Insel. Das ist jetzt auch vollends egal!

Am Abend kam ich dann hier ans Ende der Welt, einsam und gefangen in mir.

Zurück im Klinikalltag.

Es ist Nacht um mich. Ich liege auf meinem schmalen Bett und höre auf das laute Schnarchkonzert um mich herum. Da! Eine Hand berührt meine Bettdecke, unten bei meinen Füßen! Lasst mich doch in Ruhe. Lasst mich endlich in Ruhe!

Nachts geistern viele unglückliche Menschen durch den Wachsaal. Sie können auch nicht schlafen und irren planlos umher. „Kommen Sie, ich bring Sie nach hinten zu Ihrem Bett." Die Nachtschwester hat viel zu tun. „Ich kann wieder nicht schlafen. Kann ich noch mal was zum Schlafen haben?" Zaghaft wage ich zu fragen. Obwohl sie mir etwas gibt, kann ich nicht schlafen und die Nacht dauert endlos lange. Wie jede Nacht. Aber der Morgen ist genauso schlimm!

Mein Körper liegt auf dem Bett und fühlt sich an, als wäre er aus Blei. Und obendrein ist er regelrecht ins Bett hineinzementiert. Es kostet mich unendliche Qualen und Energie, meine Beine aus dem Bett zu heben und überhaupt erst mal aufzusitzen. Der Entschluss, tatsächlich aufzustehen, ist ein Kraftakt! Ich soll mich anziehen. Was ist mit meinen Haaren? Sie sehen schrecklich aus! Aber sie jetzt am Waschbecken waschen? Unmöglich! Das schaffe ich nicht.

Dann laufe ich eben so rum. „Möchtest du heute Abend einmal baden? Wir haben in unserem großen Stationsbad zwei Badewannen. Da könnten du und Renate in aller Ruhe baden."

Oh Gott, denke ich. Das will ich nicht. Wozu auch das Ganze. Wie soll ich das überhaupt machen. Ich habe doch gar keinen Morgenmantel hier. Und wie lass ich das Wasser in die Wanne? Was ist vor allem mit Renate, die ja schon länger hier ist, möchte die überhaupt mit mir in einem Raum baden? Viele Fragen, viele Probleme!

Und das nur, weil die Schwester mir das Baden angeboten hat. Es wäre für mich echt besser gewesen, sie hätte es nicht getan. So habe ich jetzt einen neuen Berg vor mir.

Renate und ich sehen uns immer am Vormittag in der Beschäftigungstherapie. Sie ist vielleicht um die 20 Jahre alt und auch eher von der ruhigeren Sorte. Aber sie sagt, dass sie keine Depressionen habe. Ich werde nicht recht schlau aus ihr. Ab und zu wird sie von den Ärzten zu ganz besonderen Behandlungen abgeholt, von denen sie immer sehr müde zurückgebracht wird. Auf der Station munkelt man, dass sie „Elektroschocks" bekomme. Danach schläft Renate meistens eine Weile in ihrem Zimmer.

„Wir haben für dich ein freies Bett in einem der Dreierzimmer. Eine Patientin ist heute verlegt worden. Da kämst du aus dem großen Wachsaal raus und hättest etwas mehr Ruhe. Ich sage aber gleich, dass es nicht erlaubt ist, sich tagsüber auf das Bett zu legen. Das ist für dich sowieso nicht gut. Wir Schwestern schauen da ab und zu nach."

Ich darf also innerhalb der Station umziehen. Darüber kann ich aber nicht froh sein. Nichts spüre ich, weder Freude, noch Erleichterung. Gut, die lästigen Frauen in der Nacht bin ich los. Aber wie wird es in dem Zimmer sein mit den beiden anderen mir noch unbekannten Patientinnen? Neue Schwierigkeiten sehe ich auf mich zukommen. Ich kenne beide Frauen nur vom Stationsleben her.

Eine davon ist die medikamentenabhängige Mechthild. Sie läuft eh mit ganz mürrischer Miene durch die Flure, passt die Ärzte oder Schwestern ab und bettelt um Nachschub! Die andere im Zimmer ist besagte Renate, mit der ich am Abend baden soll/darf!

„So, hier bringe ich dir deine Reisetasche aus dem Kofferlager. Jetzt hast du ja einen eigenen Schrank für deine Kleider. Wenn die Tasche leer ist, bringst du sie mir bitte ins Schwesternzimmer, damit ich sie wieder wegschließen kann."

Meine Kleidung einräumen. Schwerstarbeit für mich! Und immer wieder diese schwierigen Entscheidungen, die dabei zu treffen sind: Wo lege ich die Pullover rein, wo die Slips und die Socken? Was mache ich eigentlich mit meiner Schmutzwäsche? Wer wäscht sie? Was ziehe ich an, wenn alles aufgebraucht ist? Ich kann nichts waschen. Probleme über Probleme!

Renate kommt ins Zimmer.

„Ich freu mich, dass du jetzt bei uns bist und keine so alte Patientin", meint sie zu mir. „Ich habe gehört, dass sie uns heute Abend ins Stationsbad lassen. Das erlauben sie sonst nur ganz selten. Machst du mit?" Stumm nicke ich.

So, nun habe ich es geschafft: meine Reisetasche ist jetzt leer und alle meine Sachen sind im Schrank verteilt. Viel ist es ja ohnehin nicht. Zu Hause hat meine Mutter wahrscheinlich auf die Schnelle nur das ihrer Meinung nach

Notwendigste für mich eingepackt. Das habe ich gar nicht so richtig mitbekommen in meinem depressiven Wahn.

Ich überwinde mich, das Patientenzimmer zu verlassen und trage meine leere Reisetasche den Flur entlang. Vor dem Schwesternzimmer zögere ich. Wie soll ich mich bemerkbar machen? Was soll ich sagen? Ängstlich drücke ich mich an die Flurwand. Ich schaffe es nicht, an die Tür zum Schwesternzimmer zu klopfen und auf mich aufmerksam zu machen. Bloß nicht auffallen!

„Bist du fertig? Dann komm mit zum Kofferlager. Ich muss da sowieso noch einige Koffer wegschließen. – Aber zuerst kommt noch dein Namensaufkleber mit der Stationsnummer drauf auf deine Tasche." Die Schwester nimmt mich mit zu einem Abstellraum im Haus, der für drei Stationen das gemeinsame Kofferlager ist. Alles voll! Du meine Güte, wie soll ich da je wieder an meine Tasche kommen! Die geht da ja verloren!

Ja, so wie ich als ein Stück Koffer hierher in die Klinik abgeliefert wurde, so geht es nun meiner leeren Reisetasche. Nur als Hülle ohne Inhalt liegt sie jetzt mit meinem Namen versehen im Regal und wird nun einfach weggeschlossen. Allein gelassen und geht verloren. Rumms! Die Tür des Abstellraumes knallt zu.

Die Schwester schließt sie ab und wir gehen die Treppen hoch zu unserer Station. Wieder Aufschließen mit klapperndem Schlüsselbund und mit einem lauten Rumms! fällt die gläserne Stationstüre hinter mir ins Schloss.

Aussichtslos, je wieder an meine Tasche zu kommen.

Aussichtslos, je wieder gesund zu werden und von hier abzureisen!

Es ist 18 Uhr.

Das turbulente und laute Abendessen habe ich hinter mir. Manchmal traue ich mich fast nicht in den Speisesaal. Ich denke, dass mich alle immer anschauen. Zurzeit bin ich nicht zum Küchendienst eingeteilt. Daher liegt ein langer Abend vor mir.

„Wenn ihr eure Badesachen beieinander habt, kommt ihr ins Bad. Ich lasse euch schon mal das Wasser einlaufen." Die kleine energische Schwester von der Spätschicht erinnert mich an das Baden. Ich habe es vergessen. Wie so vieles war es in meinem Gedächtnis gelöscht oder von meinen Grübelgedanken verdrängt worden. Was brauche ich zum Baden? Vor meiner Depression habe ich mir die Frage nicht einmal gestellt!

Soll ich mein eigenes Shampoo auch mitnehmen? Und welches Handtuch? Vielleicht noch ein zweites Handtuch? Von der Schwester habe ich vorher einen Stationsbademantel erhalten. Den ziehe ich über. Was brauche ich noch? Ich stehe am Waschbecken, schaue in den Spiegel und überlege sehr angestrengt. Falls ich mir überhaupt die Haare wasche, wie trockne ich sie? Wozu überhaupt baden! So viele Fragen! So große Unsicherheiten!

Renate ist bereit und schaut mich fragend an.

„Geh'n wir?" Ich nicke bloß und klemme mir unbeholfen meinen Kulturbeutel unter den Arm. Im Bademantel trotten wir auf dem Flur nach hinten, wo sich die Toiletten, der Waschraum mit den vielen Waschbecken und Metallspiegeln und das Stationsbad befinden. Da hören wir auch schon das einlaufende Wasser rauschen.

Im Bad befinden sich zwei sehr riesige Badewannen, die in die Mitte des Raumes ragen. Zwischen den parallel stehenden Wannen ist ein kleiner Gang. Die Schwester bleibt solange, bis die Wannen halbvoll sind und lässt uns dann ohne sie weitermachen. Sie meint bloß, dass sie ab und zu hereinschauen würde. Das Bad ist zur Sicherheit von innen nicht abschließbar. Das habe ich mit einem Blick sofort festgestellt. Ich denke, dass ich alleine nicht hätte baden dürfen. Zu zweit ist die Gefahr, dass eine sich etwas antut, nicht so groß.

Ich wasche meinen Körper, der sich überhaupt nicht so anfühlt wie sonst. Er ist mir fremd. Er bewegt sich ungelenkig, roboterhaft. Ich liege im Wasser und tauche meinen Kopf nach hinten, um mir die Haare nass zu machen. Jetzt nach unten sinken, abtauchen, weg sein. Immerzu ist der Gedanke an Selbsttötung in meinem Kopf! So schrecklich!

Aber da ist zugleich auch wieder die beklemmende Angst vor dem Tod und vor allem die große Furcht, was danach kommt. Der Moment ist vorüber und so versuche ich, mir meine Haare zu waschen. Schwerstarbeit! Renate scheint das Bad zu genießen. Sie liegt entspannt in ihrer Wanne umgeben von Badeschaum. Wir reden kaum etwas. Ich bin eh verstummt und redegehemmt. Renate wirkt auch oft nachdenklich und in sich gekehrt. Also liegen wir beide schweigend in unseren Wannen bis das Wasser so langsam abkühlt.

Die Schwester schaut wirklich ab und zu herein. Schließlich fordert sie uns auf, das Bad zu beenden und das Wasser abzulassen. Erst als die beiden Wannen leer sind und wir im Bademantel dastehen, erhalten wir von der Schwester den Stationsföhn, um unsere Haare zu trocknen. Sie möchte ihn aber danach sofort wiederhaben. Ja, sie passen sehr auf uns auf!

Ein Brief von meinem Vater ist gekommen.

Er schreibt mir, dass er mich am kommenden Sonntag besuchen möchte. Er hätte da auch einen Termin bei meiner Stationsärztin erhalten. Der Brief kommt aus einer anderen Welt! Papa kommt. Was soll ich ihm erzählen?

Es geht mir immer noch sehr, sehr schlecht. In den ganzen Monaten keine Veränderung! Also nichts mit einer Erfolgsmeldung von meiner Seite. Wie gern hätte ich ihm berichtet, dass es mir besser geht. Er nimmt die weite Strecke mit dem Zug auf sich, um mich zu besuchen. Ich dagegen kann nur jammern, wie schlecht es mir geht. Jetzt mache ich mir deswegen auch noch die größten Vorwürfe! Ich bin Schuld, dass es mir noch nicht besser geht! So als hätte ich die ganzen letzten Wochen hindurch die meiste Zeit nur vertrödelt, anstatt aktiv an meiner baldigen Genesung mitzuhelfen.

Ein schlechtes Gewissen und Schuldgefühle plagen mich. Ich bin Schuld, dass meine Familie leidet und mit mir „gestraft" ist! Ich bin schuld, dass mein Vater sich am Sonntag in den Zug setzen muss, um die weite Bahnfahrt zu mir auf sich zu nehmen.

Mein Vater ist da.

Schwester Martha holt mich aus dem Zimmer und bringt mich in den Besucherraum. Kann ich lächeln? Ich weiß es nicht mehr. Da steht Papa vor mir: groß und vertraut. Und doch wie ein Fremder. Jetzt tut es zum ersten Mal weh, dass ich nichts spüre!

Er erzählt ein bisschen von zu Hause (eine fremde Welt!) und fragt mich wie es mir geht und ob es mir vielleicht etwas besser gehe. Die Frage habe ich befürchtet, weil ich sie verneinen muss. Auch jetzt kann ich meinem eigenen Vater nicht beschreiben, in welcher Hölle ich mich seit

Oktober befinde, also fast zwei quälende Monate lang!

Ich erzähle nur kurz etwas aus der Beschäftigungstherapie, was ich so alles gebastelt habe. Vielleicht kann er das als Erfolg verbuchen und meiner Mutter am Abend erzählen. Der mir fremde Mann wird zur Ärztin geholt.

„Sie können sich dann gleich von Ihrer Tochter verabschieden", meint Schwester Martha. Nur ganz kurz können Papa und ich uns noch ein Mal umarmen, dann schließt sie mich wieder auf der Station ein. Abschiedsschmerz? Nein, ich spüre nichts, gar nichts. Das war's.

NUN BIN ICH SCHON ZWEI EWIG LANGE MONATE
HIER IN DER FRAUENSTATION DES
PSYCHIATRISCHEN LANDESKRANKENHAUSES.

Heute bin ich 18 Jahre alt geworden!

Volljährig, und das in der „Klapse", wie selbst wir hier drinnen manchmal sagen. Das ist ein schlimmer Tag für mich. Geburtstag sowieso. Wie kann ich meinen Tag der Geburt feiern, wenn ich am liebsten tot sein möchte? Feiern, das geht in der Depression sowieso nicht. Trotzdem haben mir ein paar meiner Mitpatientinnen kleine Geschenke überreicht. Jemand macht ein Erinnerungsfoto. Renate schenkt mir eine Bibel mit Widmung. Sie hat bei allem einfach mehr Hoffnung als ich. Sie betet für mich, sagt sie.

Weihnachten steht vor der Tür.

Die meisten Patientinnen, denen es besser geht, freuen sich auf eine Familienbeurlaubung über die Feiertage. Laut Ärztin darf ich auch nach Hause. Aber mir geht's doch nicht besser! Ich kann es nicht fassen.

Wie soll ich diesen neuen Berg, der sich sofort immens

vor mir auftürmt, bewältigen? Wie komme ich überhaupt nach Hause? Ich kann nicht Zug- oder Busfahren. Da wäre ich total verloren! Schon die gedankliche Vorstellung bereitet mir helles Entsetzen. In verschiedenen Gesprächen bzw. Telefonaten, die in meiner Abwesenheit stattfinden, kommen die Ärztin und die Mütter von Renate und mir zu einer Lösung:

Ich kann am Tag vor Heiligabend mit Renate und ihren Eltern mitfahren, wenn diese ihre Tochter mit dem Auto abholen. Mein Heimatort liegt in etwa auf ihrer Heimfahrstrecke. Zum Ende der Beurlaubung am 3. Januar 1974 wollen sich mich dann wieder abholen und in die Klinik mitnehmen.

Weihnachten als Depressive.

Ob ich Zuhause bin oder in der Klinik, eine Weihnachtsstimmung kommt bei mir keine auf. Das bevorstehende Fest der Liebe, wo man sich gegenseitig beschenken oder Freude bereiten möchte, also das ist für mich eine richtige zusätzliche Qual.

Bei meinen Eltern zu Hause schleppe ich mich mühsam die Treppen hoch in den ersten Stock und betrete mein Zimmer. Obwohl alles gleich geblieben ist wie vorher, schaue ich mich um, als wäre ich zum ersten Mal hier! Alles ist mir fremd geworden, nichts weckt in mir einen Funken Leben.

Ich spüre nichts! Ich bin seelisch tot, tot!! Wie furchtbar, das zu erleben! Auf meinem Schreibtisch liegen noch meine Mitschriebe vom letzten Unterricht in der Fachschule. Das wirre Gekrakel erinnert mich, wie verzweifelt ich zuletzt dem Unterricht folgen wollte und nicht mehr konnte. Die Schrift ist ganz anders als sonst. Auch sie wirkt auf mich befremdlich. Das soll ich geschrieben haben? So, wie die Buchstaben durcheinander fallen? Alles geht von mir! Selbst meine Handschrift!

Unten im Wohnzimmer schmückt Papa wie immer den Weihnachtsbaum. Und auch sonst scheinen alle mit etwas beschäftigt. Nur ich weiß nicht so recht, wozu ich überhaupt noch auf der Welt bin.

Weihnachten und Sylvester

Alles verläuft äußerlich auch dieses Mal gleich ab wie jedes Jahr. Wie es innerlich bei meinen Familienmitgliedern aussieht, weiß ich nicht. Aber dafür erleb ich es, wie es in mir aussieht! Solche Tage sind noch härter, als die Tage sonst schon sind!

Und ich kann ihnen nicht entfliehen. Ich bin gezwungen, sie zu leben. Angestrengt mache ich nach außen eine gute Miene, weil ich ihnen das Fest bloß nicht verderben möchte.

Ich bin ja sowieso diejenige, die Schuld ist, wenn die Stimmung und der Haussegen schief hängen. Dort die wie immer sehr hochgehaltene Harmonie zum Familienfest und hier bei mir die Misstöne durch diese „schlimme Krankheit". So bezeichnet meine Mutter immer meine Depression. Schrecklich! Ich befinde mich irgendwie außerhalb der Familienharmonie und außerhalb des Familienlebens im totalen Abseits. Das macht mich einsam.

So als gehöre ich gar nicht mehr dazu. Depressivsein ist unendliches Einsamsein! Überall bist du ausgeschlossen! Und in dir selbst bist du eingeschlossen! Ich bin eine tote Lebende, eine in sich gefangene, junge Frau. Welche Hölle!!

Und welch schlimmes Weihnachten! Als einzige Geschenke habe ich meine Basteleien aus der Therapie mitgebracht.

Meine fünfjährige Schwester freut sich über eine bunte Stoffpuppe. Ich dagegen finde sie hässlich. Singen kann ich auch nicht, obwohl ich immer gern gesungen habe. Aber in mir klingt nichts mehr! Ich fühle mich so elend! Der Abend ist vorbei. Wenn ich nur nachts schlafen könnte!

EIN NEUES JAHR!
DIE ALTEN ÄNGSTE!

3. Januar 1974
Auf der Fahrt zurück in die Klinik

„Jetzt dauert es nicht mehr lange, bis wir dort sind, " teilt der Fahrer vorne mit. Draußen ist es schon dunkel geworden. Renate und ihre Eltern plaudern irgendetwas. Ich höre nicht zu, denn ich bin schon lange wieder auf meinem Rückzug. Verstummt, gefangen in mir. Abschiedsschmerz?

Ich habe wie immer nichts gespürt. Es ist nur eine Angst machende, uferlose Leere in mir! Noch nie habe ich mich so gefürchtet vor einem neuen Jahr! Noch nie in meinem ganzen bisherigen Leben sah ich meine Zukunft so schwarz wie an diesem Jahreswechsel!

15. Januar
Stationswechsel

Weitere zwei Wochen vergehen mit Medikamenteneinnahme, Einzelgesprächen und für mich mühsam erlebter Beschäftigungstherapie. Heute eröffnet mir meine Ärztin, dass sie im Team beschlossen hätten, mich auf eine andere Station zu verlegen: „Sie sind hier unterfordert. Wir wollen, dass Sie sich sozialpädagogisch erproben. Es ist ja vor Ihrer Erkrankung Ihr Wunsch gewesen, Erzieherin zu werden. In diese Richtung müssen wir arbeiten. Sie müssen wieder zurück ins Leben!"

Hat die eine Ahnung, was ich will. „Auf welche Station hier muss ich denn?" Eigentlich interessiert es mich gar nicht, wohin sie mich verfrachten. Warum heuchle ich dann Interesse? „Unten im Erdgeschoss ist eine gemischte Station. Diese ist nicht so voll wie unsere Aufnahmestation hier oben. Es gibt dort Platz für zwanzig Patienten, Frauen und Männer und es gibt Zweier- und Dreierpatientenzimmer. Da gehen Sie nicht so unter wie hier oben bei uns."

Aber alles Neue macht mir Angst! Ich soll unser Zimmer verlassen, in welchem ich mich zwar nicht wohl gefühlt habe, das ich aber kenne und auch Mechthild und Renate kenne ich jetzt näher. Freundinnen sind wir keine geworden.

Du kannst als Depressive keine Freundschaften schließen. Aber man kennt sich mit der Zeit und hat die Gewohnheiten an der anderen Mitpatientin beobachtet. Wer geht morgens wann ans Waschbecken? Wie ist ihre Mimik, wenn sie vom Arztgespräch zurückkommt? Das alles soll ich nun verlassen, um hineingeworfen zu werden in eine dunkle Ungewissheit? Jeder Änderung, jeder Wechsel, sei es der Arzt, die Schwestern oder ein Umzug, rufen bei Depressiven zusätzlich noch mehr Ängste und Unsicherheiten hervor, als bei den Gesunden. Was soll ich tun?

Am alten Ort wird mein Zustand nicht besser. Und das Neue, Ungewisse, macht mir Angst. Egal wo ich bin, es ist nicht gut. Welch ein ungeheures Dilemma! Alles erscheint wieder einmal noch aussichtsloser als sonst schon!

„Renate kann dir beim Packen helfen. Heute nach dem Mittagessen kannst du in die neue Station umziehen. Sie haben eben angerufen." Schwester Martha reicht mir einen blauen Plastiksack für meine Kleidung und andere Habseligkeiten. Ich schaue den Plastiksack an und bin entsetzt. Sie finden also meine schwarze Reisetasche nicht mehr in ihrem chaotischen Kofferlager. Das habe ich ja befürchtet!

Ich werde hier sowieso nicht mehr wegkommen. Ohne meine Tasche kann ich doch nicht umziehen. Oder entlassen werden. Also komme ich hier nie mehr raus!

In meine Grübeleien spricht mich eine Stimme an. Renate ist es. Sie steht mit dem geöffneten Plastiksack neben mir. „Soll ich ihn aufhalten? Dann kannst du alles reinlegen."

Ich komm wieder zu mir und nicke bloß. Wieder einmal haben andere über mich hinweg entschieden, was gut für mich sein soll. Schwester Martha und Renate begleiten mich hinunter auf die neue Station.

Mein Bett ist wieder in einem Dreierzimmer, bloß sind diesmal die Mitpatientinnen so um die fünfzig. Für mich, die inzwischen 18-Jährige, uralt! Die beiden Frauen liegen angezogen auf ihren Betten und mustern mich neugierig. Das mittlere Bett ist leer, es ist also meines. „Machs gut und weiterhin gute Besserung. Du kannst uns gerne mal wieder oben auf der Frauenstation besuchen." Schwester Martha drückt mich kurz an sich, mich, den Holzklotz ohne Gefühle! Renate sagt nichts, sie hat Tränen in den Augen. Das erschüttert mich so sehr, weil ich selbst nichts fühle. Bin ich etwa neidisch auf ihre Tränen? Für mich sind Emotionen so weit weg, dass es mich schockt, wenn andere Menschen um mich herum ihre Gefühle zeigen. Warum ist Renate jetzt traurig? Wie kann sie traurig sein?

Warum gehen manchmal ein paar Schwestern lachend und schäkernd an uns vorbei? Warum lachen sie? Wie kann man in dieser Welt bloß lachen?

Ich selbst lebe in einer anderen Erlebensstufe, in einer anderen Welt. Es gibt Momente oder Situationen, in denen ich das Getrenntsein von der Normalität, dieses Außenseiterdasein nur noch sehr schwer aushalten kann. Dabei weiß ich mit meinem Verstand, wie ich vorher war.

Wie habe ich mich freuen können, lachen, singen oder Musik machen! Nichts davon geht mehr. Ich begreife nicht, was mit mir los ist.

Wie habe ich mich nur derart verändern können? *Es ist so schlimm, was diese Krankheit aus mir gemacht hat!* Ich bin ihr hilflos und machtlos ausgeliefert und ein Ende ist für mich nicht abzusehen. Das ist die Verzweiflung pur!

Aber ich bin gezwungen zu leben! Dafür sorgen schon die anderen Menschen um mich herum. Ich soll am Gruppengeschehen aktiv teilnehmen. Dies hat mir sogleich mein neuer Stationsarzt im ersten Gespräch, bzw. Monolog nahegelegt.

Es gibt auch hier Küchendienst, dann zwei Mal wöchentlich Gruppensitzung, Teilnahme ist Pflicht, und ein Mal wöchentlich ein Einzelgespräch mit dem Arzt oder mit dem Psychologen. Den hauptsächlichen Schwerpunkt legen sie hier auf die Arbeitstherapie, bzw. auf die Wiedereingliederungshilfe für diejenige Patienten, denen es schon besser geht. Aber mir geht es doch noch nicht besser!

„Um zehn Uhr haben Sie einen Termin bei unserer Sozialarbeiterin Frau S. Wir haben gedacht, dass Sie eine Zeitlang in einem Kindergarten hier in der Nähe arbeiten, damit Sie erstens hier tagsüber rauskommen und sich nicht zu sehr an die Klinik gewöhnen. Und zweitens sollten Sie wieder den Kontakt zu Kindern bekommen."

Ich habe selbstverständlich die größten Bedenken: „Wie soll ich dort hin kommen? Was soll ich mit den Kindern machen?" „Frau S. begleitet Sie ein Mal hin mit dem öffentlichen Bus und stellt Sie dort der Leiterin vor. Am kommenden Montag soll es dann richtig losgehen. Das schaffen Sie schon. Wir trauen es Ihnen zu!"

Woher die anderen immer wissen wollen, was ich kann? Ich jedenfalls traue es mir nicht zu. Wieder türmen sich neue Probleme auf.

Montag, 8 Uhr

Ich stehe mit Frau S., der Sozialarbeiterin der Klinik, vor dem Kindergartengebäude. In meinem früheren Leben, also vor der Depression, hätte so ein Bau mich neugierig gemacht. Ich hätte mich auf eine Besichtigung gefreut. „Ich gehe jetzt kurz mit Ihnen rein, um Sie vorzustellen. Angekündigt sind Sie ja schon. Und wie Sie mit dem Bus zurückkommen haben wir ja auf der Herfahrt schon besprochen. Haben Sie noch Fragen?" Oh, ich habe jede Menge Fragen, aber keine davon kommt mir über die Lippen.

Was ist, wenn das Busfahren nicht klappt und ich ganz woanders lande und nicht in die Klinik zurückfinde? Gerade jetzt im Januar, wo es abends früh dunkel ist und alles ganz anders aussieht wie heute Vormittag. Was soll ich tun, wenn ich mit den Kindern nicht klarkomme oder mit den Erzieherinnen?

Langsam folge ich Frau S. die Treppe hoch zur Eingangstür. Drinnen hören wir laute Kinderstimmen, Lachen und Rufen. Es macht mir große Angst! Als Frau S. eine Gruppentüre öffnet, wird es noch lauter. In der Türe bleibe ich stehen. Das Gewusel der Kinder, das Rufen und Herumrennen schockiert mich. Mein Verstand weiß: Es ist die „Freispielzeit" und dabei herrscht ein geordnetes Neben- und Miteinander der Kinder. Ich kenne das aus meiner Praktikumszeit im Kindergarten. Aber jetzt fühle ich mich wieder am Untergehen in diesem Chaos!

Die Leiterin, eine ältere Ordensschwester heißt mich Willkommen in ihrer Gruppe. Die nächsten zwei Wochen sei ich bei ihr eingeteilt. Frau S. verabschiedet sich. Sie war mein letzter Draht zur Klinik. Und obwohl ich sie ja auch nicht gut kenne, fehlt sie mir gleich.

„Sie können Ralph beim Holzpuzzle helfen. Er sitzt dort hinten am Tisch." Das Ganze ist für mich sehr schwierig. Rings um mich herum herrscht und agiert das pralle Leben: lautes, fröhliches Gelächter, Geräusche beim Spielen, rasche Bewegungen. Ich selbst bin sozusagen in der Zeitlupe und die Kinder im Zeitraffer.

Für Puzzle hatte ich in meinem früheren Leben immer schon eine große Leidenschaft gehabt. Je schwieriger sie waren, umso besser gefiel es mir. Jetzt sitze ich neben Ralph und starre auf die dicken Holzteile, die verstreut auf dem Tisch liegen. Wozu puzzeln?

Wieso findet der kleine Junge daran Spaß? Er fragt und löchert mich. Ich weiß nicht, was ich ihm antworten soll. Er drückt mir ein Puzzleteil in die Hand. Auffordernd schaut er mich an. Ich suche und entdecke, wo es hingehört. Ralph freut sich und klatscht in die Hände. Jetzt fügt er ein Teil ins Puzzle und es passt auch. Wieder klatscht er in die Hände und schaut mich erwartungsvoll an. Möchte er gelobt werden? Ich bringe es nicht fertig.

Wer bei Kindern arbeitet, kann sich nicht zurücknehmen und ausklammern. Sie fordern einen heraus. Das geschieht bei ihnen ganz natürlich.

Sie wissen nichts von Depressionen, von Hemmungen oder Versagensängsten. Sie leben in der Gegenwart und gehen mal mehr oder mal weniger ungehemmt auf andere Kinder und die Erzieherinnen zu. Sie fordern aktives Mittun.

So geht es mir in meinem Praktikum in den nächsten beiden Wochen auch: Wenn ich dran bin bei einem Kreisspiel, muss ich selbstverständlich die erforderlichen Bewegungen machen. Das hätten die Kinder sonst nicht durchgelassen! Anfangs fühle ich mich ungewohnt. Es fällt mir schwer, mich zu bewegen. Es ist so, als sei ich eingerostet.

Singen kann ich immer noch nicht, da bin ich nach wie vor total verstummt. Aber den Kindern antworte ich auf ihre Fragen, wenn auch meist kurz. Sie haben sich daran gewöhnt, dass ich jeden Tag komme. Manche verhalten sich mir gegenüber gleichgültig. Die etwas ruhigeren von ihnen haben schon etwas Vertrauen zu mir gefasst. Sie möchten meistens, dass ich ihnen bei einer Aktivität helfe, z. B. bei einem Spiel, bei einer Bastelarbeit oder beim Anziehen. Ihre Namen kann ich mir aber nicht merken. Ich setze mich dabei unter Druck, so als müsste ich nach wenigen Tagen alle Namen wissen!

Februar 1974

In der zweiten Woche meines Praktikums sind mir die Tagesabläufe im Kindergarten schon vertraut. Ich empfinde meinen Tag nicht mehr so endlos lang. Die täglichen Busfahrten mit anschließendem Fußweg sind Routine geworden. Das Grübeln ist dabei nicht mehr ganz so verzweifelt. Aber es beherrscht mein Gehirn nach wie vor.

Auf der Klinikstation bin ich „angesehen", weil ich „draußen arbeiten gehe". So, als wäre ich schon gesund. Bin ich auf dem Weg der Besserung? Ich zweifle noch an so vielem. Und doch ändert sich fast unmerklich etwas.

Durch meinen strukturierten Alltag und durch die Aufgaben, die von mir jetzt bewältigt werden können, zeigt sich ein kleiner Lichtblick. Wenn auch noch sehr zaghaft und von mir kaum wahrgenommen. Zum Glück werde ich in der Station als fast „Berufstätige" nicht mehr zum Küchendienst eingeteilt. Wenn die anderen nach dem Mittagessen spülen, mache ich mich schon wieder auf den Weg zur Bushaltestelle.

22 Uhr 20
Auf Station: „Angie! Angie!"

Die Rolling Stones röhren lautstark durch die Station. Es läuft mal wieder unser Lied! Im offen gestalteten Gruppenraum, so eine Art Wohnzimmer für alle, steht auf einem kleinen Beistelltischchen ein Plattenspieler, den alle benutzen können. Auch eine Singleauswahl liegt daneben. „Angie" ist bei all den Patienten der Hit, die sich dafür interessieren (können). Und dann noch die Single „I'd love you to want me" von Lobo. Ich verlasse gerade mein Zimmer und höre das Lied. Ich freue mich, dass jemand die Platte aufgelegt hat. Jetzt kenne ich das Lied schon.

Ich ertappe mich dabei, dass ich mich über die Musik freue! Wie ist das möglich? „Hallo J." „Hallo!" „Legst du noch mal die andere Single auf? Ich möchte sie mir auch noch anhören." J. betätigt den Plattenspieler. Er ist schon länger Patient hier und zehn Jahre älter als ich, also 28 Jahre alt. Dass ich ihn eben ansprechen und sogar um etwas bitten konnte! Das ist völlig neu. Es tut sich was bei mir! Und zwar in rasantem Tempo!

Nachdem ich monatelang verstummt war, beginne ich wieder zu reden. Ich beginne wieder zuhören, zu riechen und zu schmecken. Meine Sinne, die tot waren, wachen wieder auf und beginnen zu leben! Alles in mir beginnt wieder zu leben.

Erst begreife ich gar nicht, durch was und wie und wann

es geschieht. Unbemerkt, vielleicht im Verlauf von mehreren Tagen oder Wochen. So kann ich gar nicht genau sagen, wann und wie er angefangen hat, mein neuer Weg ins Leben. Auf ein Mal spüre ich mich wieder!

Ich schaue in den Spiegel: ja, das bin ich. Nicht in tote Augen sehe ich mehr, so wie in der tiefsten Depression, wo ich minutenlang in den Spiegel starrte auf der Suche nach mir. Dabei in mir ständig die Frage: Wer bin ich?

Jetzt schaue ich in den Spiegel überm Waschbecken. Aus meinen braunen Augen strahlen mir wieder ein Glanz und ein Leuchten entgegen. Ich muss mich nicht mehr ängstlich fragen, wer ich bin. Ich weiß es einfach!

Alles ist wieder da! Ich erkenne wieder meine Fähigkeiten und Talente. Nachts schlafe ich ohne Probleme ein und durch und das ohne Tabletten! Schlafen ist einfach kein Thema mehr.

Ich rede wieder! Weil ich nicht mehr in mir gefangen bin, kann ich endlich wieder aus mir herausgehen: mit meiner Stimme, mit meiner Körperhaltung, meinem schwungvollen Gang. Alles empfinde ich zurzeit als leicht. Die Krankheit drückt mich nicht mehr zu Boden. Der für mich oft so bleischwere Körper hat sich zurückverwandelt.

Heute Mittag gibt es überbackenes Gemüse und zum Nachtisch einen Obstquark. Hmm! Wie es mir schmeckt! Ich genieße alles mit großem Appetit. Es ist ein richtiger Hunger nach Leben! Endlich ist die Zeit der Dürre und der Verzweiflung vorbei! Endlich hat der mühsame und angstvolle Weg durchs Tunnel wieder ins Helle und Weite geführt. Ich fühle mich zum ersten Mal wohl auf der Station!

17 Uhr 30
Im Arztzimmer

„Wir müssen dringend über die Zeit nach Ihrem Aufenthalt reden!" Der Stationsarzt blättert in meinen Patientenakten. Dabei sieht er sehr ernst aus. Will er mich loswerden? Gerade jetzt, wo es mir endlich besser geht? „Sie sollen sich nicht zu heimisch fühlen hier in der Klinik. Ihr Leben spielt sich draußen ab. Außerhalb der Klinikmauern. Hier waren Sie hauptsächlich zu ihrem eigenen Schutz und den brauchen Sie nicht mehr. Da bin ich mir sicher." Ich gerade in leichte Panik: „Aber ich bin noch nicht soweit. Was soll ich denn zu Hause machen? In meine alte Schule kann ich auch nicht mehr. Da fehle ich schon fast vier Monate!"

„Nun mal langsam. Das wichtigste Ziel haben wir in der Klinik erreicht. Sie sind aus der akuten Depression herausgekommen. An ihrem Wohnort muss Ihr Nervenarzt Sie ambulant weiterbehandeln. Und wenn es noch weiterhin Ihr Wunsch ist, Erzieherin zu werden, dann beginnen Sie eben ein Jahr später noch mal von vorn. Das lässt sich sicher regeln."

Entlassungstag, 10 Uhr 30

„Wann werden Sie heute abgeholt?" „Nach dem Mittagessen soll ich mich bereit halten." Schwester Waltraud steht in der Tür zum Dienstzimmer. In ihrer Hand hält sie einen kleinen Medikamentenbehälter. Sie reicht ihn mir. „Das sind Ihre Medikamente für die nächsten zwei Tage. Und das hier ist der Entlassbrief für Ihren Arzt. Das ist wichtig für Ihre Weiterbehandlung zu Hause." Ich denke, dass es mir inzwischen so gut geht, wie vor der Depression und dass ich sowieso bald keinen Arzt mehr brauche.

Kurz vor 13 Uhr

Es geht los! Ich habe mich gleich nach dem Mittagessen von vielen Patienten auf der Station verabschiedet. Ich bin sogar ins Dienstzimmer rein, um von den Schwestern und Pflegern Abschied zu nehmen. Dabei fühlte ich mich ganz euphorisch.

Depressive Patienten meide ich zum Schluss ein bisschen, so, als ob ich fürchte, sie könnten mich anstecken! Sie tun mir leid, weil ich aus Erfahrung weiß, was sie gerade durchmachen. Ich schwimme jetzt auf einer ganz anderen Woge. Plötzlich kann ich mit Depressiven nichts mehr anfangen.

Auf dem Flurboden steht meine schwarze Reisetasche. Sie ging also doch nicht unter im Kofferlager! Die Schwestern haben sie gefunden und mir zum Packen ins Zimmer gebracht. Ich lächle innerlich über meine damaligen Ängste. Jetzt steht sie da, dick und prallgefüllt. Mein Namensaufkleber prangt noch auf ihr. Sie steht da, bereit zur Heimreise, so wie ich.

14 Uhr 30
Auf der Heimfahrt

Ich schaue aus dem Autofenster. Endlich kann ich diese endlos erscheinende Hölle hinter mir lassen! Auch räumlich. Ich will diese schlimme Erfahrung und das ganze Erleben hier in der Klinik möglichst schnell hinter mich bringen! Zuhause soll nun etwas Neues beginnen.

Ich bin voller Optimismus und Tatendrang. Meine Zukunft liegt vor mir, ja, ich habe wieder eine Zukunft. Vor einigen Wochen hat das ja noch ganz anders und vor allem so hoffnungslos ausgesehen! Aber jetzt freue ich mich auf zuhause und auf mein neues Leben!

Ende Februar 1974
Wieder zu Hause

Das Einleben geht dieses Mal schnell, weil ich alles wieder spüre: Mich, meine Seele und meinen Körper, meine Eltern und Schwestern, das Haus, mein Zimmer! Alles spricht mich an. Es ist wie vor der Depression, nur intensiver!

Nach etwa einem Monat zu Hause setze ich von mir aus die Antidepressiva ab und gehe auch nicht mehr zum Nervenarzt. Ich fühle mich geheilt. Auch möchte ich von der Depression nichts mehr wissen.

Fünf Monate der Ausbildung habe ich versäumt und muss sie daher abbrechen. Ich bewerbe mich an einer anderen Fachschule für Sozialpädagogik zum nächsten Herbst. Zu meinem Glück bekomme ich von dort eine Zusage.

Jetzt muss ich nur noch etwas finden, um die Zeit von März bis August 1974 sinnvoll zu nutzen. Dank verwandtschaftlicher Beziehungen kann ich in einem großen Krankenhaus als Schwesternhelferin auf einer Frauenstation arbeiten. Es gefällt mir dort sehr! Ich wohne in einer Personal-WG, mache neben der Arbeit im Krankenhaus den Führerschein und habe in der Zwischenzeit auch einen Freund.

Mein Leben scheint sich wieder zu normalisieren. Aber niemandem erzähle ich in dieser Zeit von meiner überstandenen Krankheit. Vielleicht schäme ich mich, vielleicht befürchte ich, auf Unverständnis zu stoßen. Psychisch krank und dann noch in der „Klapse", das ist schon ein Stigma. Damals im Jahr 1974 und auch heute, 36 Jahre später.

Ach, wie war ich jung! Jung und schon so gezeichnet.

Meine Eltern erzählen fast niemandem von meiner überstandenen Krankheit. Nur zwei, drei Onkels und Tanten von mir wissen Bescheid. Mit so einer Tochter kann man halt keinen „Staat machen".

Aber nun habe ich alles hinter mir und glaube wieder an meine Zukunft. Ab jetzt beginnt bei mir und in der Familie das große Verdrängen. Es wird nicht mehr davon gesprochen. Das Thema meiner Krankheit ist tabu. Es scheint fast so, als wäre das Ganze nicht geschehen oder so, als wäre es ein böser Traum, den man am besten ganz schnell vergisst!

Ich schäme mich manchmal im Nachhinein, dass ich so jämmerlich in meinem Leben versagt habe und die Ausbildung abbrechen musste. Ich schäme mich, weil ich meinen Eltern so viele Sorgen bereitet habe. Ich schäme mich, dass ich lange Zeit so lebensuntüchtig war, gerade in einer Zeit des Aufbruchs hinein ins Leben. Statt nach vorne bin ich in meinem Leben zurückgegangen. In einer Zeit der Reifung und Bildung, der Ausbildung, habe ich meiner (damaligen) Meinung nach kläglich versagt.

Ich habe während der Depression an meinem Leben und an meiner Zukunft gezweifelt, habe auf der ganzen Linie versagt. Diese Schuld- und Versagensgefühle begleiten mich danach noch viele Jahre. Auch beherrsche ich das Verdrängen weiterhin sehr gut.

2. Kapitel

EIN RÜCKFALL – OH SCHRECK, DAS KOMMT JA WIEDER!

Meine zweite Depression (Juli 1976 – Oktober 1976)

Ich falle aus allen Wolken, als sich zweieinhalb Jahre später erneut eine Depression anbahnt und rasch innerhalb von ein paar Wochen voll ausbricht. Ich spüre sie kommen, kann sie aber nicht aufhalten! Nie habe ich auch nur einen Gedanken daran verschwendet, dass ich das wieder bekommen könnte mit allen mir schon bekannten Begleiterscheinungen.

Ich lebe im Jetzt, ich lerne für meine Prüfungen, ich habe durch die Ausbildung zur Erzieherin neue Freundinnen kennengelernt. Es ist ein schönes und hoffnungsvolles Leben. Und das alles ohne Medikamente.

Nach den bestandenen Prüfungen erfüllt es mich mit Stolz, Erzieherin zu sein. Auch habe ich eine Arbeitsstelle in einem Kinderdorf in Aussicht. Und jetzt das! Diese Krankheit greift schon wieder unbarmherzig in mein Leben ein! Macht mir einen Strich durch meine ganzen Zukunftspläne, durchkreuzt meine gesamte Existenz! Diesmal ist meine Leidenszeit etwas kürzer als bei meiner ersten Depression. Aber das Erleben ist genauso schlimm! Trotzdem gehe ich nicht zum Nervenarzt und nehme auch keine Medikamente ein.

Die Depression hindert mich daran, nach meiner staatlichen Prüfung zur Erzieherin ins erforderliche Berufspraktikum und damit auch ins Arbeitsleben einzusteigen. Das empfinde ich zu dieser Zeit wieder als Schmach und persönliches Versagen. Ich bleibe zu Hause, sage meinen Arbeitsantritt wegen Krankheit ab und grüble wieder. Ich grüble tagaus, tagein! Nachts kann ich nicht schlafen, alles erscheint wieder hoffnungslos.

Meine Eltern, besonders meine Mutter, sind am Verzweifeln! Mit so einer Tochter kann man auch nur verzweifeln oder sich sorgen! So leide ich wieder monatelang.

Doch ganz unbegreiflich und scheinbar ohne äußeren Einfluss lüftet sich der Schleier der Depression und sie weicht von mir. Es erscheint allen wie ein Wunder. Ich selbst denke, dass mir die Zeit und das Umsorgtwerden zu Hause in der Familie sehr geholfen haben. Tief in der Krankheit habe ich wieder die Schwärze der Hoffnungslosigkeit und der Gottesferne erlebt. Ein Alptraum kann nicht so schlimm sein, denn aus dem wacht man ja wieder auf!

Als ich dann wieder aus meiner zweiten Depression auftauche, geschieht wieder dasselbe wie vor über zweieinhalb Jahren:

Die Welt erstrahlt in bunten Farben und ich freue mich, dass ich leben und alles genießen darf. Ja, es entwickelt sich in mir eine Euphorie, die mir Kraft und Energie gibt. Ich sprühe vor Leben und möchte meine Zukunft wieder in die Hand nehmen.

Dass ich nicht sofort eine Arbeitsstelle finde, scheint mir anfangs gar nichts auszumachen. Ich bewerbe mich und führe einige Bewerbungsgespräche. Dafür fahre ich

mit meinem alten VW-Käfer auch in weiter entfernt ge-
legene Städte. Irgendwo wird es mit der Stelle schon klappen. Mein Optimismus wird belohnt und meine Gebete
erhört.

Januar 1977

In einem Kinderheim finde ich eine Stelle als Erzieherin.
Ich bin inzwischen 21 Jahre alt. Voller Elan und Freude
trete ich nun endlich ins Arbeitsleben ein!

Von nun an verläuft mein Leben für viele Jahre beruflich und privat wie man so sagt in „geordneten Bahnen".
Wenn ich mal in ein Tief komme, stürze ich nicht mehr
krankhaft ab in eine schwere Depression. Ich werde reifer
durch die Arbeit und erfahrener im Umgang mit Menschen. Es ist die Zeit meines Erwachsenwerdens.

Am neuen Wohnort lerne ich in meiner freien Zeit neue
Menschen kennen. Sie werden mir über Jahre hinweg zu
wichtigen Vertrauenspersonen.

Auch verliebe ich mich und erlebe meine erste lang-
jährige Beziehung. Alles perfekt, oder? Im Freundeskreis
habe ich einen guten Ausgleich zu meiner recht anstren-
genden Tätigkeit im Kinderheim. Ich liebe meine Arbeit
und die Herausforderungen im Heimalltag. Die ständigen
Konfliktsituationen mit den zum Teil sehr schwierigen
Kindern bringen mich oft an meine Grenzen. Ich bin mit
zwei Kolleginnen für zehn Jungen im Alter von sieben bis
sechzehn Jahren zuständig. Ich mag die Jungs und spüre,
dass sie mich auch gern haben. Mal mehr, mal weniger.
Es kommt auf die Tage und auf die Situation an. Dabei
muss ich auch streng und konsequent sein. Ich reife an
den Aufgaben. Schwierigkeiten gehören zum Erzieherall-
tag im Heim.

Sommer 1978

Wegen chronisch gewordenen Magenschmerzen suche ich einen Internisten auf. Dieser kann nach einer körperlichen Untersuchung nichts feststellen. Also vermutet er psychische Ursachen. Die Schmerzen bleiben. Einige Wochen später rät mir der Arzt, entweder meine Arbeitsstelle oder den Beruf zu wechseln.

Frühjahr 1979

Ich suche und finde eine neue Arbeitsstelle in einem Internat für blinde und sehbehinderte Auszubildende. Es fällt mir sehr schwer, „meine" Heimkinder zu verlassen. Ich bin für sie eine Art Ersatzmutter geworden. Die Bindung in so einem Heimalltag wird über die Jahre sehr eng und vertraut. Es ist Familienalltag mit Höhen und Tiefen. Das verbindet!

Doch diese Tätigkeit im Kinderheim zehrt auf Dauer sehr an Körper und Psyche. Ich denke, dass ich damals richtig und vor allem rechtzeitig gehandelt habe.

Juli 1979

Ich räume meine Dienstwohnung im Kinderheim und ziehe in eine Großstadt um. Mein damaliger Freund und ich leben nun räumlich noch weiter voneinander entfernt, was immer öfters zu Spannungen führt. Nach fünfjähriger Beziehung möchte ich mehr Nähe und schlage im Sommer 1982 vor, in seine Wohnung mit einzuziehen. Ich hoffe, dass mehr Nähe unserer Partnerschaft gut tun wird. Dafür nehme ich auch den etwas längeren Weg zu meiner Arbeitsstelle in Kauf. Aber es kommt anders.

3. Kapitel

„ICH KANN SO NICHT MEHR LEBEN!"

Meine dritte Depression
(November 1982 – September 1983)

NACH SIEBEN (!) JAHREN OHNE DEPRESSIONEN STÜRZE
ICH WIEDER IN EINE SCHWERE DEPRESSION AB.
ICH MUSS ZUM DRITTEN MAL IN DIESE HÖLLE!
DIESES MAL SEHR LANGE!

November 1982

Vor drei Monaten bin ich bei meinem (damaligen) Freund eingezogen. Meine wenigen Möbel habe ich zum Teil eingelagert oder verkauft. Meine Tiere, Pflanzen, Bücher und Instrumente belagern unsere kleine Wohnung. Es wird eng! Ab Mitte November 1982 geht es wieder los mit Schlafstörungen! Das Grübelkarussell dreht sich. Ich habe ernsthaft geglaubt, dass ich geheilt sei. In den vergangenen sieben guten Jahren habe ich meine Krankheit fast vergessen. Und nun das! Der Schock sitzt bei mir tief!

Nicht nur bei mir, auch mein Partner, Freunde, Eltern, Schwestern und ihre Familien sind sehr betroffen, als sie es mitbekommen oder nach und nach davon erfahren.

In den letzten sieben Jahren habe ich selbst niemals irgendwelche Anzeichen von einer Depression gespürt. Ich habe gar nicht mehr daran gedacht. Es geht mir beruflich und privat gut. Mein Leben ist erfüllt. In meinem jetzigen Freundeskreis weiß bisher noch niemand von meinen früheren Depressionen. Es ist ja wirklich keine Krankheit,

51

über die leicht zu sprechen ist. Auch bin ich davon ausgegangen, dass dieses Thema für mich vorbei sei. Und jetzt – nach sieben guten Jahren dieser Schock!

Von November 1982 bis September 1983 dauert meine dritte depressive Phase. Diesmal ist die Depression sehr lange und sehr heftig!

Ich bin 27 Jahre alt.

Ich stehe auf dem Bahnsteig und schaue auf das Gleisbett runter. Die S-Bahn fährt ein. Jetzt dich fallenlassen. Dann ist alles vorbei!

Die Qual vorbei, die Ängste vorbei, ewiger Schlaf! Kein Dauergrübeln mehr.

Schschsch, quietsch! Die S-Bahn bremst und kommt zum Stehen. Wie oft erlebe ich zurzeit solche Situationen. Wieder hat mich irgendetwas zurückgehalten. Ich habe mich nicht fallen gelassen.

Irgendwann tu ich es! Solche ständigen Suizidgedanken auszuhalten ist schon Qual genug. Es gibt für mich keine Hoffnung mehr. Ich bin zutiefst überzeugt davon, dass ich da nie mehr rauskomme!

Januar 1983

Ich bin gezwungen zu leben! Ich muss leben! Ich bin verdammt zu leben! Wie lange muss ich diese Qual noch aushalten? Meine Gedanken drehen sich ständig im Kreis. Es ist mein Grübelkarusell. Ohne Anfang und ohne Ende! Tag und Nacht. Darin ist alles negativ. Kein bisschen Hoffnungsschimmer.

Es scheint so verteufelt und aussichtslos. Dieses ständige, negative Gedankenchaos ist „meine Wirklichkeit" geworden. Ich sehe, empfinde und werte mein Leben so.

Ich kann gar nichts anderes mehr denken! Es denkt in mir. Ich kann da gar nichts mehr steuern oder beeinflussen. Ich weiß nicht mehr, was Einbildung, Einredung oder was Wirklichkeit ist.

Viele Menschen um mich herum wollen mich aufmuntern. „Das Leben ist doch schön." „Du siehst alles so negativ." „Das wird schon wieder!" So ihre Kommentare, wenn ich einmal versuche, mich zu äußern. „Du musst nur Geduld haben!" Nur noch ganz selten möchte ich anderen mitteilen, wie schlecht es mir geht. Ich merke an ihren Reaktionen, dass sie mich nicht verstehen oder nicht verstehen können. Deshalb erzähle ich immer weniger von mir und meinem depressiven Zustand. Helfen kann mir sowieso niemand.

Ich schweige, aber in mir schreit es!

Auch schreibe ich in meinem Tagebuch immer weniger. Es ist, als ob eine dicke Mauer um meine Seele wächst. Eine Mauer, die mich massiv, schwarz und drohend einkerkert! Ich fühle, nein, beobachte, wie ich immer mehr innerlich absterbe. Fühlen kann ich ja nichts mehr. Ich bin innerlich tot.

Ich versuche, meinem Partner mitzuteilen von meinem leblosen, toten Zustand. Da stoße ich auf völliges Unverständnis und sogar auf Ablehnung. Wir reden immer weniger miteinander. Er versorgt mich zwar mit Nahrung, bei ihm wohne ich, aber ansonsten wirkt er ziemlich hilflos in dieser Situation. Ich glaube, ich bin ihm lästig geworden. Ich bin unattraktiv, ohne innere Ausstrahlung und Lebendigkeit. Ich bin nicht mehr so wie früher. Ich bin ja wie tot!

Über Wochen und Monate ist es bei mir unverändert dasselbe: Jammern und Klagen, wie schlecht es mir geht. Da fragt er irgendwann nicht mehr, wie es mir geht. Und unsere Freunde auch nicht mehr. Manche trauen sich schon gar nicht mehr zu fragen. Sie wissen meine Antwort schon im Voraus.

Und das Zwiespältige in mir ist, dass ich einerseits froh bin, wenn sie mich nicht nach meinem Ergehen befragen. Wenn sie mich in Ruhe lassen. Auf der anderen Seite spüre ich in mir etwas, das die Hände verzweifelt nach Hilfe ausstrecken möchte. Was ist dieses Etwas in mir?

Der Teil meiner Seele, der noch leben will?

Das, was noch nicht abgestorben, abgetötet ist?

Das, was mich letztendlich doch noch am Leben hält?

Aber es sieht so schwarz aus in mir! So hoffnungslos! Das Jahr ist noch so jung. Aber ich denke zurzeit nur noch ans „Nicht-mehr-Leben-Wollen". Das quält mich schon seit Wochen. Dauergrübeln Tag und Nacht. Selbstmordgedanken über Wochen auszuhalten ist eine Qual. Ich möchte das nicht denken! Es denkt in mir! Da es keine Hoffnung für mich gibt, spitzt sich die Situation immer mehr zu.

ICH BIN ERZIEHERIN, 27 JAHRE ALT
UND ZURZEIT KRANKGESCHRIEBEN.

Ich bin in meiner dunkelsten, todtraurigsten und total verzweifelten Einsamkeit, verlassen und von quälenden Todesgedanken getrieben. Seit einigen Tagen ist bei mir der Gedanke an Selbstmord immer konkreter geworden. Und seit ein paar Tagen überlege ich nun schon, wie ich es tun kann. In einem Buchladen lese ich über giftige Pflanzen. Ich lese, welche davon bei uns wachsen, welche Pilze und welche Beeren für die Menschen giftig, bzw. tödlich sind.

Mein Psychiater Dr. Sch. hat mir Schlaftabletten und antidepressive Mittel verschrieben. Ich sehe mir die Menge zu Hause an. Ob es zum Sterben reicht?

Vor zwei Tagen habe ich in der Duschwanne versucht, mir die Adern rechts und links in der Ellbogenbeuge aufzustechen. Ich sehe das Blut an, wie es mir die Arme runter läuft und auf die weiße Duschwanne tropft. Immer mehr! Da es aber relativ langsam fließt, überlege ich es mir wieder und klebe zwei Pflaster auf meine Arme.

Tags darauf möchte ich mir in die Halsschlagader stechen. Ich stelle mich vor den Spiegel und betrachte mich. Ich sehe mir in meine dunklen, wie toten Augen. Das ist so beängstigend! Und doch schaue ich mich oft minutenlang im Spiegel an. Immer in die Augen. Es zieht mich an und stößt mich in seiner Fremdheit ab! Ich verliere mich in meine Augen. Aber nicht zuversichtlich und geborgen, sondern angstvoll, einsam und voller Verzweiflung.

Eine Art Skalpell drücke ich gegen meine Halsschlagader, die ich mit den Fingern ertastet habe. Deutlich spüre ich den Puls: meinen Lebensrhythmus! Dudumm, dudumm.

Grässlich, dies zu spüren, während ich versuche, da reinzustechen. Ich zittere und kann das Skalpell nicht ruhig halten. Außerdem komme ich nach der Haut nicht weiter. Es fühlt sich hart und zäh an. Ich kann diesen Widerstand nicht überwinden. Oder habe ich zu wenig Kraft dazu? Oder zu wenig Mut? Es blutet leicht.

Ich spüre, dass auch diese Art mich zu töten, für mich zu schwer ist. Und ich komme immer mehr darauf, einfach wegdämmern zu wollen. Ohne Schmerzen, ohne Anstrengung und ohne Blutvergießen. Die Tabletten werden mich von aller Qual erlösen. Der Gedanke ist da, die Idee lässt mich nicht mehr los!! Heute tu ich's!

Gegen Nachmittag bin ich zu Hause oder das, was ich „zu Hause" nenne. Ich fühle mich in dieser Zeit nirgends, nicht einmal in mir zu Hause.

Ich bin wochenlang krankgeschrieben. Ich bin arbeitsunfähig, kann nachts nicht schlafen, esse kaum etwas und muss morgens oft spucken. Nichts geht mehr, weder lesen noch fernsehen, geschweige denn musizieren, kochen oder Wäsche waschen. Meine Konzentration ist gleich null, Interesse oder Motivation ebenfalls. Mein Zeitgefühl ist verschwunden.

Weil ich inzwischen zu fast keiner Konversation mehr fähig bin, ist es also sowieso nichts mit meiner Tätigkeit als Erzieherin. Ich kann nichts mehr und bin nichts mehr.

16 Uhr
Die Vorbereitung

Ich nehme die Schachteln mit den Tabletten (Schlafmittel und Antidepressiva) und löse alle einzeln aus ihrer Verpackung:

Kleine, weiße, rundliche Pillen, längliche grau-türkise Kapseln. Alle drücke ich aus der Blisterverpackung hinein in eine kleine Papiertüte. Das dauert! Aber ich will sichergehen. Ich brauche alle! Anschließend durchsuche ich den Kühlschrank nach Alkohol. Dabei tue ich alles, wovon ich weiß, dass es schädlich ist.

Aber in diesem Moment ist mir das nicht bewusst. Ja, hier! In der Türe des Kühlschranks finde ich ein paar kleine Fläschchen Schnaps. Gut, die nehme ich mit, obwohl ich Schnaps nicht ausstehen kann. Rein zu den Tabletten in meine Handtasche!

Soll ich einen Abschiedsbrief schreiben? Das gehört doch meistens dazu! Aber was soll ich schreiben? Und wem? Wer ist mir jetzt noch wichtig? Nein, kein Abschiedsbrief. Nur eine kurze Bemerkung in mein Tagebuch: „Verzeiht mir!" Zum Schluss lege ich mein Tagebuch mit dieser geöffneten Seite sichtbar auf den Esstisch.

Auf dem Weg

Die Strecke zum Bahnhof kenne ich. Ein gewohnter Weg. Doch in der Depression sieht alles anders aus! Weil ich anders bin.

Meine Beine stapfen mühsam auf dem Gehweg. Mein Körper ist so schwer! Ich höre alles dumpf um mich herum. So als wäre ich in Watte verpackt. Mein Blick ist auf den Gehweg vor mir geheftet. Hoffentlich begegne ich jetzt niemandem, den ich kenne. Da vorne – der Zebrastreifen! Jetzt habe ich den Bahnhof gleich erreicht. Menschen sind unterwegs vom und zum Bahnhof. Daran habe ich gar nicht gedacht. In etwa einer Stunde beginnt der abendliche Berufsverkehr. Egal, ich werde die nächste S-Bahn nehmen, die in meine gewünschte Richtung kommt. Noch ist es hell.

Mühsam steige ich die Treppen hoch zum Bahnsteig und löse einen Fahrschein: einfache Fahrt – ohne Rückfahrt! Das ist für mich endgültig. Für das, was ich jetzt tue, brauche ich keine Rückfahrkarte mehr! Die S-Bahn fährt ein.

Ich steige in einen Wagen und setze mich auf einen freien Fensterplatz. Der Zug fährt ab. Draußen fliegen zuerst noch Häuser, dann triste Landschaften vorbei. Es ist ja Winter und in der Natur ist alles so abgestorben, genau wie in mir. So braun und kahl! So tot!

Ich schaue wieder dumpf vor mich hin. Andere Fahrgäste möchte ich gar nicht ansehen. Aber es nimmt sowieso niemand von mir Notiz! Sieht mir denn keiner an, was ich vorhabe? Spielt es keine Rolle, dass ich dabei bin, mir in Kürze das Leben zu nehmen? Mich konkret auszulöschen? Bei allen anderen scheint das Leben normal weiterzugehen. Nur bei mir ist alles aus den Fugen geraten! Und doch benehme ich mich so „normal" wie möglich.

Der Waggon wird von Station zu Station immer leerer. Beim nächsten Bahnhof steige ich aus. Es ist spät am Nachmittag. Hier in der Nähe des kleinen Ortes kenne ich einen Weiher. Niemand beachtet mich. Zu Fuß lenke ich meine Schritte in die Richtung von diesem kleinen Gewässer.

Ich tu's

Mein grüblerisches Gedankenchaos hat jetzt nur noch diese eine Richtung: mein elendes Leben zu beenden, das für mich unerträglich geworden ist. Ein weiterer Gedanke, der mich jetzt kurz davor und auch in den letzten Wochen beschäftigt hat, ist die Frage, was kommt danach? Vor dieser Ungewissheit habe ich große Angst!

Meine einzige Hoffnung ist, dass alles nur besser sein kann, als dieser schreckliche Zustand, in dem ich mich nun seit Wochen dahinquäle. So kann ich nicht mehr leben!

Eine unbeschreibliche Situation! Ich bin so einsam! Einsam wie noch nie zuvor. Unterwegs pflücke ich von einer Ligusterhecke die schwarzen Beeren. Vor ein paar Tagen habe ich gelesen, dass sie für den Menschen giftig sind. Ich zerkaue sie und wundere mich, dass ich nicht sofort tot umfalle. Alles ist mir gleich! Jetzt lasse ich die letzten Häuser hinter mir. Hat mich jemand beobachtet?

Unterwegs treffe ich noch Spaziergänger. Es ist Januar, da wird es zum Glück früh dunkel. Aber noch ist es hell. Schneereste liegen auf den braunen Wiesen. Ansonsten ist alles so trist. Vor mir sehe ich den kleinen See.

Zu anderen Zeiten wäre mir diese friedliche Idylle aufgefallen und ich hätte Pflanzen und Tiere beobachtet. Nicht so jetzt!

Das Wasser ist dunkel, fast schwarz. Ich umrunde langsam den Weiher, nur um Zeit zu gewinnen. Außer mir sind nur noch ein paar Spaziergänger mit ihren Hunden unterwegs.

Da ein Baumstumpf! Ich setze mich darauf und suche in meiner Handtasche nach einem Zettel. Zitternd kritzle ich meinen Namen und meine Adresse drauf. Wenn mich jemand findet, soll sofort erkennbar sein, wer ich bin. Es dunkelt allmählich. Wie lange es dauert, bis ich es endlich tun kann!!

Puuh, ist mir kalt! Aus der feuchten Wiese kriecht mir die Kälte an meinen Beinen hoch. Aber das ist jetzt nicht mehr wichtig! Bald werde ich nicht mehr frieren! Es ist immer noch nicht richtig dunkel. Die Zeit vergeht unendlich langsam. Ich laufe noch um den halben See herum. Ich will nicht auffallen. Endlich sind alle Menschen weg! Niemand ist mehr zu sehen.

Ich bin noch übrig geblieben, ich bin die Letzte, ich bin die Einsamste.

Nun bin ich ganz allein und kann es tun. Dort, die Bank! Gut, sie ist nah beim Ufer. Ich setze mich drauf und starre reglos in das schwarze Wasser. Komisch! Es sind fast keine Gedanken mehr in mir. Nur einer: So kann ich nicht mehr leben. Das ist kein Leben mehr. Seelisch bin ich ja schon lange tot. Was jetzt noch folgt, ist nur noch der körperliche Tod. Und damit das Wegtreten aus aller Qual, die Erlösung aus einem qualvollen Zustand der Enge und der Starre und der grenzenlosen Verlassenheit!

Gott, bald bin ich bei dir!

Verzeiht mir, ich kann nicht anders.

Ich kann so nicht mehr leben!

Hier, die kleine Tüte mit meinen Tabletten. Jetzt das erste Schnapsfläschchen. Ich schraube unbeholfen den Deckel ab und stelle die Flasche auf die Bank. Ich schütte meine linke Hand mit Tabletten voll und kippe sie mir in den Mund. Dabei lehne ich meinen Kopf weit nach hinten zurück. Es würgt mich und so setze ich sofort das kleine Schnapsfläschchen an, um die Tabletten runterzuspülen.

Oh, jetzt fallen viele wieder raus. Egal! Ich nehme die zweite Handvoll und würge sie runter. Ekel packt mich, der Schnaps nimmt mir den Atem. Weiter, weiter! Die restlichen Tabletten, das nächste Fläschchen! Brechreiz schüttelt mich und ich muss mir die Hand vor den Mund halten, damit nicht alles wieder raus kommt. Furchtbare Minuten! Und so allein!!

Entsetzen und Grausen packen mich. Ganz plötzlich! Jetzt habe ich es also getan, jetzt gibt es kein Zurück mehr. Warum dauert die Wirkung bloß so lange?! Ich stehe von der Bank auf und trete nah an das Ufer. Es ist jetzt ganz dunkel geworden. Schwärze um mich! Dunkelheit in mir! Welch schlimme Situation!

Ich knie am Ufer hin und will nach vorne meinen Kopf ins Wasser tauchen. Langsam senke ich ihn hinein. Uh! Wie kalt! Wie eiskalt!

Ist es der Schock des eiskalten Wassers oder ist es Schwäche, dass ich meinen Kopf nicht weiter unter Wasser halten kann? Tränen vermischen sich in meinem Gesicht mit dem eisigen Seewasser. Es ist sehr schwer, sich zu töten!! Das hätte ich nicht geglaubt. Selbst, wenn man die seelischen und gedanklichen Hürden geschafft hat, so kommen jetzt bei der eigentlichen „Tat" die körperlichen Hürden hinzu.

Wie oft bin ich auf dem Bahnsteig gestanden und wie oft habe ich mir dann beim donnernden Einfahren der S-Bahn vorgestellt:

Jetzt dich fallenlassen! So einfach! Von wegen! Es war in mir immer noch etwas, das stärker als mein Todeswunsch war: ein kleiner, aber starker Funke von Lebenswillen. Dieser restliche Funke von Lebenswillen ist es wohl, der mir jetzt etwas signalisiert. Ich setze mich am Besten wieder erst mal dort auf die Bank. Ich kann ja auch dort sterben. Es klappt nicht sofort, die Tabletten wirken nicht oder es dauert zu lange. Es soll wohl nicht sein, dass ich gleich tot umfalle. Aber diese Zeitspanne ist vielleicht auch für etwas gut.

Ich sitze in der Kälte, in der Dunkelheit! Ich bin furchtbar allein und mir ist so entsetzlich kalt! Mit dem Zittern kann ich gar nicht mehr aufhören. Was soll ich bloß tun? Wenn ich nicht gleich sterbe, so kann ich auch nicht hierbleiben. Nein, hier halte ich es nicht mehr aus! Ich brauche Rettung! Ich muss unbedingt ein Telefon finden, um K. anzurufen.

(Es ist mir bis heute, Jahre und Jahrzehnte danach, ein Rätsel geblieben, warum ich es mir, als alles getan war, noch einmal überlegte und alles tat, dass ich gerettet wurde. Ich kann es nur als Gottes Eingriff sehen. Er war es, der mich aus der Todesnacht retten wollte.)

Die Rettung

Lieber Gott, bitte, lass K. zuhause sein. Lass ihn ans Telefon gehen! Schluchzend renne ich auf dem schmalen Feldweg entlang. Dort, das Dorf. Die Lichter der Straßenlampen! Oh, noch so weit! Nur fest auf das Licht zuhalten! Ich stolpere mehrmals im Dunkeln. Tränen rinnen mir die Wangen runter. Ich darf nicht fallen! Die Straßenlichter verschwimmen vor meinen Augen. Trotzdem halte ich weiterhin auf sie zu.

Da, die ersten Häuser! Es erscheint mir unendlich lange, bis sie näher kommen. Am Ortseingang sehe ich eine beleuchtete Tankstelle und gleich daneben ein Telefonhäuschen. Das ist die Rettung! Das ist mein Ziel! Auch habe ich zufällig (?) Kleingeld bei mir und rufe K. an. Er nimmt auch sofort ab. Ich heule rein, schluchze und erzähle stockend, was ich getan habe und er fragt schreiend, wo ich denn sei. Ich nenne den Ort und schaue aus der Telefonzelle raus, nenne die Tankstelle und beschreibe den Ortsausgang.

„Bleib, wo du bist!" schreit er, „ich komme!" Er legt auf und ich lehne mich total erschöpft an die Glaswand hinter mir. Meine Beine zittern. Wie furchtbar mein Zustand! Nach einer Weile trete ich aus der Telefonzelle und warte draußen. Ich spüre jetzt weder Kälte, noch Übelkeit, noch Angst. Irgendwie bin ich nach einer Weile ganz ruhig geworden. K. kommt, es wird gut. Er hilft mir.

Entweder habe ich jegliches Zeitgefühl verloren oder es haben die Tabletten angefangen zu wirken. Auf jeden Fall ist K. recht schnell da für diese ca. 20 km Entfernung. Eben knattert sein bunt bemalter VW-Bus heran. Ich steige ein. K. redet nichts, sondern fährt gleich wieder los. Er schweigt weiterhin und ich werde unruhig.

„Wohin fährst du jetzt?" „Natürlich zu Dr. S.!" meint er kurz angebunden. „Nein, zu dem will ich auf keinen Fall!" Aber kurz darauf hält er schon vor der Arztpraxis an. Oh, und dieser Psychiater hat mir immer gesagt, ich solle keinen Blödsinn machen. Nun bekomme ich das erste Mal ein schlechtes Gewissen, weil ich die Tabletten geschluckt habe.

19 Uhr

Wie viele Zufälle/Wunder/Fügungen kommen heute noch? Dr. S. kommt ins Wartezimmer herein und möchte mich zur Sprechstunde holen. Zu diesem Zeitpunkt habe ich ja heute einen Termin bei ihm! Er kommt strahlend auf mich zu: „Nett, dass der Freund mitgekommen ist!" Der Arzt lächelt, aber dieses Lächeln erstarrt, als K. ruft: „Sie hat Tabletten geschluckt!"

Dr. S. schiebt mich sofort in sein Behandlungszimmer. Ich setze mich mechanisch wie eine Marionette auf einen Stuhl seinem Schreibtisch gegenüber. Das Fragenbombardement geht los, eröffnet von einem Donnerwetter des Arztes. Er haut mit der Faust/Hand (?) auf seinen Schreibtisch und macht seiner Empörung ordentlich Luft. „Jetzt hat sie es doch getan!", schreit er und äußert sich damit so, als wäre ich gar nicht im Raum. Sehr empfindlich registriere ich es. „Wann war das? Wie viel?" „Alles." „Was, alle Tabletten?"

Dr. S. fängt an, gezielt und rasch zu telefonieren. Nach einem Krankenwagen wahrscheinlich. Auch meine Eltern möchte er sprechen. Ich verstehe nicht mehr alles, was er sagt. Es geht mir zu schnell. So allmählich beginnen die Tabletten zu wirken. Alles erscheint gedämpft wie im Nebel. Irgendwann werde ich von zwei Sanitätern zu einem Krankenwagen geführt, weil ich selbst kaum noch gehen kann. Ich muss mich dort auf eine Bahre legen. Ich sehe noch ein kreisendes Blaulicht. Dann weiß ich nichts mehr.

Einmal komme ich während der Fahrt kurz zu mir. Ein Sanitäter sitzt neben meiner Trage und fragt mich, wie lange es her sei. „Ein paar Stunden vielleicht?", lalle ich mühsam. Wieder hüllt mich die Schwärze ein.

Im Krankenhaus

Zwei Tage später wache ich in einem Krankenbett auf: Infusionsschläuche über mir und an meinem Arm, Sauerstoffschlauch in die Nase, überall sehr grelles Licht. Verschwommen taucht das Gesicht meiner Schwester auf und

63

dann ein mal das von K. Ich dämmere vor mich hin. Am nächsten Tag kommt meine Schwester wieder und ich bin etwas wacher und klarer. „Wo bin ich?"

„Du bist auf der Intensivstation des …Krankenhauses. Sie haben dir vor zwei Tagen den Magen ausgepumpt!" Nun hänge ich also seit zwei Tagen an den Infusionen. Ich leide. Meine Muskeln tun mir so weh! Meine Hände und Arme sind außer meiner Kontrolle! Alles tut weh! Das sind die Wirkungen meiner geschluckten Antidepressiva und Schlaftabletten. Nachts ist es hektisch und unruhig in diesem Zimmer. Ständig werden Neuzugänge eingeliefert und das Pflegepersonal kommt und geht. Ein Vorhang zwischen den Betten wird jetzt zugezogen. Aber ich bekomme trotzdem vieles mit und Neugierige gaffen ab und zu um den Vorhang herum. Schrecklich!

Wieder ein neuer Tag

Die Schwester vom Frühdienst sagt: „Heute bekommen Sie von uns ein richtiges Frühstück. Versuchen Sie mal selbst zu essen!" Ich kann nicht einmal das Messer zum Streichen halten. Meine Finger gehorchen mir nicht. Auch habe ich überhaupt keine Kraft in den Händen, nur starke Muskelschmerzen!

Nun bin ich seit fünf Tagen im Krankenhaus. Zwischendurch haben sie mich verlegt. In ein richtiges Krankenzimmer. Es geht mir körperlich etwas besser. Die Tabletten mit ihren Nebenwirkungen sind wohl ausgeschwemmt und ich habe keine Schmerzen mehr.

Seelisch? Nun, gut geht es mir natürlich nicht. Nur eine gewisse Erleichterung, dass ich gerettet wurde, ist da. Heute werde ich entlassen. In der Visite gestern habe ich gesagt, dass es mir gut geht und dass ich es bestimmt nicht mehr tun würde. Sie haben mir alles geglaubt! Diese Psychiater!

Entlassen ins Leere, ins Nichts. Das Grübeln fängt wieder an. Nachts kann ich wieder nicht schlafen. Alles ist genauso zwanghaft und so quälend wie vor meinem Suizidversuch! Es hat sich nichts geändert!!

Wie auch. Viele Wochen der qualvollen Leere und Öde folgen. Ich wende trotzdem meinen letzten Rest an Energie auf, um einen Therapeuten zu finden, der einen Therapieplatz frei hat und bereit ist, mich aufzunehmen. Der oder die bereit ist, mir zu helfen. Zahllose Telefonate führe ich. Welch große Überwindung!

Minutenlang sitze ich manchmal vor dem Apparat, bis ich mich aufraffen kann, eine Nummer zu wählen. (Es wundert mich heute, wo ich diesen Mut und diese Energie hernahm! Ich denke, Gott war stets um mich und hat mir auf alle möglichen Arten geholfen!) Nach vielen, meist vergeblichen Anrufen und Absagen erreiche ich einen Psychotherapeuten, der zumindest bereit ist zu einem ersten Gespräch, zu einem Kennenlernen und Abwägen, ob wir miteinander klar kämen.

Herr F. macht am Telefon einen ruhigen und besonnenen Eindruck. Das bestätigt sich auch im ersten persönlichen Gespräch. Ich bin aufgeregt, nervös, aber auch verzweifelt. Was soll ich ihm sagen? Wird er mich überhaupt verstehen? Wo soll ich bei meinen vielen verschiedenen Problemen anfangen? Kann ich mein Gedankenchaos stoppen, etwas ordnen und darlegen? Werde ich mich überhaupt getrauen, ihm, dem fremden, geistig hoch überlegenen Mann, etwas so Persönliches von mir erzählen? Diese Fragen quälen mich schon Tage vor dem ersten Gesprächstermin.

Und auch jetzt auf meiner Fahrt zu ihm. Ich kann zwar noch kurze Strecken Autofahren, muss mich aber ungeheuer darauf konzentrieren.

Die Therapie

Die ersten Stunden der Therapiezeit sind eigentlich nur angefüllt mit meinem Jammern und Klagen. Sie triefen vor meinem Selbstmitleid. Herr F. ist zwar ein geduldiger Zuhörer, aber er spürt rasch, dass mir dieses Jammern nicht weiterhilft.

Als erstes fordert er von mir ziemlich barsch und nachdrücklich, dass ich wieder zur Arbeit gehen soll: „Sie sind eine erwachsene Frau und dürfen sich nicht vor dem Leben drücken. Wenn Sie nicht in der Lage sind, zu arbeiten, so sind Sie auch nicht stabil genug für eine ambulante Therapie." Zack! Jetzt habe ich's!

März 1983
Der Arbeitsversuch

So beginne ich im März wieder, als Erzieherin in meiner bisherigen Arbeitsstelle zu arbeiten. Der Nervenarzt ist auch damit einverstanden, obwohl er weiß, dass ich nachts nicht schlafen kann und keineswegs psychisch belastbar bin für meine Erziehertätigkeit.

Dahinein begebe ich mich also unter einem gewissen Druck. Meine Kollegen sind wie ich auch skeptisch, ob und wie ich das durchstehen werde. Diese Skepsis ist berechtigt.

In der Arbeit mit behinderten jungen Menschen ist die Erzieherpersönlichkeit total gefordert, sowohl körperlich als auch seelisch. Es ist ein ständiges Geben und Nehmen, Senden und Empfangen, Agieren und Reagieren.

Bei mir in meinem depressiven Zustand ist von all dem nichts mehr da. Ich begebe mich zwar zu den Menschen, spüre in mir aber nur die Angst vor dem Versagen und eine große Überforderung. In mir hat sich eine permanente Mutlosigkeit breitgemacht und dazu das Gefühl, von allem und allen ausgeschlossen zu sein. Insgesamt beherrscht mich eine bleierne Schwere sowohl im Geist als auch im Körper. Ich brauche deshalb riesengroße Mengen an Energie, um mich morgens aus dem Bett zu raffen, den schweren Körper zu pflegen, usw. Duschen wird zur harten Arbeit. Mir ein Essen zu richten ist so ein Berg, dass ich oft von vorneherein darauf verzichte. Hunger habe ich ja sowieso selten.

Anfang April 1983

Zwei Wochen halte ich es mühsam durch. Meine Kollegen sind ja nett und alles. Aber ich bin nicht mehr die aktive und fröhliche Erzieherin wie vor meiner Erkrankung, die sich im Heimalltag und in den Dienstgesprächen voll einbringt. Andere müssen für mich mitdenken und mitreden. Es hat keinen Sinn. Weder für mich, noch für meine Gruppe. Ich gehe wieder zu Dr. S. und lasse mich krankschreiben.

Beim Therapeuten: „Sie dürfen sich nicht vor dem Leben drücken! Ich glaube, Sie haben sich immer noch nicht entschieden. Sie müssen eine für Sie ganz wichtige Entscheidung treffen: für oder gegen das Leben! Wie sieht es da bei Ihnen aus?" Ich überlege lange. Schließlich bringe ich zögernd raus: „Das weiß ich nicht." „Sie müssen mir versprechen, dass Sie während der Zeit, in der Sie bei mir zur ambulanten Therapiebehandlung sind, keinen weiteren Suizidversuch unternehmen." Ich verspreche es.

Die Depression hat mich fest in ihren Klauen und lässt nicht los. Weder am Tag, noch nachts. Es geht mir so schlecht! Ich bin sehr verzweifelt und viel allein in der Wohnung. Ich tigere mal wieder von der Küche ins

Wohnzimmer. Von dort ins Bad und wieder in die Küche. Was soll ich nur tun?

Die Tabletten helfen mir nicht, schlafen kann ich nicht, arbeiten geht nicht, leben kann ich nicht richtig. Was geht dann überhaupt noch? Immer wieder kommen mir diese negativen selbstmörderischen Gedanken: So halte ich es nicht mehr aus!

WAS IST DER SINN VOM LEBEN? WOZU LEBEN?

ICH BIN GEZWUNGEN ZU LEBEN.

MICH FRAGT NIEMAND, OB ICH LEBEN WILL.

ICH BIN DAZU VERDAMMT ZU LEBEN!

Die Therapiestunden helfen mir nicht. Zumindest nicht sofort. Ich als schwer Depressive kann mich nur sehr schwer konzentrieren und wenn, dann nur sehr kurze Zeit. Weder auf eine für mich gewohnte, einfache Tätigkeit (z. B. Lesen, Kochen, Werken), noch auf ein Gespräch. Ich vergesse das Gesagte meist sofort.

Und durch die „geschwärzte Brille" sehe ich alles negativ. Darin bin ich Meisterin. Ich kann bei anderen die Worte umdrehen, bis das Gesagte für mich negativ ist. Oder alles in Frage stellen, anzweifeln, misstrauisch anhören. Ich glaube, es ist schwierig, mit Depressiven zusammen zu sein. Oder gar mit ihnen zu leben. Abends, wenn mein Freund K. von seiner Arbeit kommt, wird leider nicht viel miteinander kommuniziert. Er ist unsicher, weiß meistens nicht, woran er bei mir ist und was er mit mir anfangen soll.

Ende April 1983

Meine ältere Schwester macht sich seit meinem Suizidversuch große Sorgen um mich. Sie hat Angst, dass ich es wieder tun würde. Über Wochen und Monate hat sie am Telefon meine sich ständig wiederholten Aussagen gehört

68

über das „Nicht-mehr-aushalten-können" und „Nicht-mehr-leben-wollen". Heute hat sie mir am Telefon vorge-schlagen, ich solle mich doch zu meiner eigenen Sicherheit freiwillig in eine psychiatrische Klinik einweisen lassen.

Nein, nicht noch einmal in diese Hölle! Ich weiß doch, wie es da zugeht! Außerdem kann mir sowieso niemand helfen! Davon bin ich überzeugt. Ja, aber was dann? Mei-ne Schwester lässt nicht locker. Beim nächsten Anruf wird sie konkreter. Von K. würde ich ja keine Hilfe bekom-men. Auf ihn ist sie nicht gut zu sprechen. „Der schert sich doch gar nicht drum, wie es dir geht. Ich habe ganz einfach Angst, dass du dir noch mal etwas antust. Du bist krank. Und du siehst, was die Krankheit aus dir macht."

Sie hat die Adresse samt Telefonnummer einer Klinik. Dort kann sie auch gut von ihrem Wohnort hinkommen, um mich zu besuchen. Auf der einen Seite bin ich froh, dass sie sich um mich kümmert. Aber auf der anderen Seite macht mir das Thema Klinik große Angst.

In den Therapiestunden ist dies auch ein zentrales Thema: „Dann gehen Sie zurück in das „Körbchen" der Klinik! Ich wünsche Ihnen dabei wirklich alles Gute. Ich verspreche Ihnen, ich werde Ihren Therapieplatz so lange frei halten, bis Sie aus der Klinik zurück sind!" (Zu der Zeit konn-te ich das Versprechen meines Therapeuten gar nicht so richtig wertschätzen. Ein freier Therapieplatz ist etwas sehr Kostbares. Erst nach dem Auftauchen aus meiner ewig langen Depressionsphase konnte ich dieses endlich schätzen und freute ich mich auf jede Therapiestunde.)

Vorbereitung für die Klinik

Der Termin für meine Aufnahme in die Klinik steht. Jetzt geht es zügig. Als Letztes hole ich noch unter Ängsten ein

Einweisungsformular beim Hausarzt. Meine Schwester holt mich ab, d.h. sie hilft mir noch beim Packen. Denn das kann ich nicht allein. Immer das Entscheiden und Auswählen! Was brauche ich überhaupt? Wo passt diese Menge rein? Brauche ich wirklich so viel? Irgendwann haben wir alles beieinander und fahren zunächst mal zu ihr und ihrer Familie. Dort verbringe ich noch eine Nacht, bevor wir am nächsten Vormittag in die Klinik fahren.

10 Uhr
Die Aufnahme

Ich bin 27 Jahre und werde wie ein sperriges Gepäckstück in die Psychiatrie gefahren. Genauso gefühllos, genauso tot. „Es ist besser, du kommst freiwillig rein, als wenn du zwangseingewiesen wirst. Wenn du freiwillig in die Klinik kommst, dann kommst du auch schneller wieder raus." So argumentiert meine große Schwester. Wir sitzen zu zweit im Wartezimmer der Aufnahme. Eine Ärztin stellt sich vor. „Wer von Ihnen beiden kommt in die Klinik?" O, man sieht es mir also gar nicht an, wie schlecht es mir geht! Ich sehe scheinbar ganz normal aus. Die Formalitäten und die Fragen gehen los. Da ich ansprechbar, bei Sinnen und bei Verstand bin, zähle ich hier wohl zu den leichten Fällen. Ich werde es sehen und sie werden es hoffentlich auch bald merken, was mit mir los ist.

„Ach, Sie waren also schon einmal stationär in einer psychiatrischen Klinik?" Die Ärztin fragt sehr interessiert. „Ja, vor fast zehn Jahren", antworte ich leise.

Meine Vergangenheit holt mich wieder ein. Das, was ich eigentlich schon lange innerlich abgehakt habe. Alles, was mich an meine Depressionen erinnert, habe ich weggeschoben, verdrängt. Ich möchte, dass es ist für mich für immer vorbei ist und mich nicht mehr betrifft. So sind meine Gedanken immer nach einer überstandenen Depression. Ich möchte dann am liebsten nichts mehr damit zu tun haben. Die vielen guten Jahre!

Alles entwickelte sich bei mir so normal: Beruf, Privates, Familiäres und Freundeskreis! Aber leider ist es mit der Krankheit für mich nicht vorbei! Die Depression hat erneut zugeschlagen. Sie ist nicht vorbei. Trotz meiner guten Jahre. Nie hätte ich das gedacht! Die Vergangenheit hat mich eingeholt und prägt nun meine Gegenwart.

„Schwester Monika von der D2 holt sie jetzt gleich ab und bringt Sie auf die Frauen-Aufnahmestation. Ich habe Sie dort schon angemeldet."

Die Schwester ist da. Die Ärztin wünscht mir alles Gute und verabschiedet sich von uns. Vor einem neueren Gebäudeblock bleibt Schwester Monika stehen. Sie wendet sich mir zu. „Das ist das Aufnahmegebäude D. Im Erdgeschoß sind die Männer auf D1 und oben sind die Frauen auf der D2 untergebracht. Beides sind geschlossene Stationen!" Ich zucke zusammen. Ich habe nicht mehr daran gedacht! Hier leben die Patienten ja zum Schutz vor sich selbst. Aber das ist jetzt auch egal. Es gibt keinen Weg mehr zurück!

In der geschlossenen Station

„Bitte verabschieden Sie sich jetzt. Die Besuchszeiten sehen Sie auf dem Anschlag neben dem Besuchszimmer da vorne." Meine Schwester darf nicht mit rein! Auch damit hätte ich rechnen müssen. Aber ich habe einfach nicht daran gedacht. Und jetzt geht alles sehr schnell. Eine kurze feste Umarmung, „Ich besuche dich am Sonntag!", und schon schlägt die Glastüre hinter mir zu.

Schwester Monika führt mich einen Flur entlang nach hinten bis zum Wachsaal. Auch das kenne ich ja schon:

alles übersichtlich, ein großer Raum mit zehn Betten, kein Schrank, keine Schublade, nichts, um etwas Persönliches wegzuschließen.

Sie zeigt auf das Bett an einem großen Glasfenster. Es sieht frisch bezogen aus. „Hier Ihr Bett und Ihr Nachtisch." Ich weiß nicht, was ich tun soll. Hilflos stehe ich da.

„Wir nehmen nur das Nötigste aus Ihrem Koffer. Im Bad gibt es offene Regalfächer für Ihre Handtücher und Ihren Waschbeutel. Aber es ist besser, Sie tun ihn unten in Ihren Nachtisch. Da kommt weniger etwas weg. Wir haben Patientinnen, die klauen wie die Raben."

Schöne Aussichten! Der Koffer mit meinen restlichen Sachen wird zunächst einmal weggeschlossen. Kenne ich das nicht?

Unsicher schaue ich mich um. An einem Tisch spielt eine Schwester „Mensch ärgere dich nicht" mit zwei Patientinnen. Eine stiert auf das Spielbrett ohne sich zu rühren. Die andere schreit laut auf und fegt plötzlich die Spielfiguren vom Spielbrett. Die Schwester versucht, die Frau zu beruhigen. Was soll ich jetzt machen?

Eine Frau mit einer Schürze kommt zu dem Schwesterzimmer. An der Wand davor hängt ein Gong. Sie schlägt mit einem Schlegel wie wild drauf los: „Essen! Essen!! Los, zum Essen kommen!" ruft sie den Flur entlang.

„Ich zeige Ihnen kurz noch die Station und bringe Sie dann zu Ihrem Essplatz im Speisesaal." Schwester Monika geht voraus. Dabei schickt sie Patientinnen vor zum Essen. Anscheinend haben es nicht alle mitbekommen. Das Ganze verwirrt mich! So viele Eindrücke auf einmal. Mir ist so elend zumute. Ich bin hilflos in diesem Chaos!

Die vielen Patientinnen, denen wir auf unserem Rundgang durch die Station begegnen, verwirren mich. Und so viele Pfleger und Schwestern! Das Rufen und Geplapper wird lauter. Wir sind im Speiseraum angekommen. An vielen Vierertischen oder Sechsertischen sitzen die Frauen schon beim Essen. Kaum jemand nimmt Notiz von mir! Alles wirkt chaotisch und beängstigend auf mich.

„Hier ist ab jetzt Ihr Platz zum Essen. Das bleibt immer gleich, solange Sie hier auf unserer Station sind. Und jetzt recht guten Appetit!" Schw. Monika verlässt mich und Schwärze und Einsamkeit springen mich so heftig an, dass ich mich auf meinem Stuhl einigle. Beide Arme um meinen Bauch geschlungen sitze ich gekrümmt da. Ich habe Angst! Große Angst!! Hier können sie mir nicht helfen. In so einer Station werde ich niemals gesund! Es ist so laut! In der Küche neben dem Speisesaal wird schon gespült und auch sonstiger Küchendienst erledigt. Das ist Verbunden mit einem für mich fast schmerzenden Krach und Stimmengewirr. Ich habe nichts gegessen, wozu auch. Und in dem Patientengewirr fällt es sowieso niemandem auf, ob ich etwas esse oder nicht.

15 Uhr

Arztgespräch und körperliche Untersuchung liegen hinter mir. Ab morgen soll ich in die Beschäftigungstherapie. Ich sei ja Erzieherin, da könnte ich meine Erfahrungen und Ideen mitbringen. Was für Ideen? In mir ist es leer und tot! Da kommt absolut nichts raus. Die Antidepressiva bleiben wie bisher, nur die Dosis wollen sie erhöhen. Sie werden mich hier gut überwachen, auch wie ich darauf reagiere. Ich glaube nicht, dass die Tabletten mir helfen können. Ich bemerke bei mir schon länger Bematschtheit im Kopf, körperliche Müdigkeit und einen ständig trockenen Mund.

Ein langer Abend und die erste Nacht hier in der Klinik: Im Wachsaal ist etwa die Hälfte der Frauen schon im Bett und manche von ihnen schnarchen so vor sich hin. Nachtschwester Marga ist umlagert von Patientinnen, die irgendetwas von ihr wollen: Schlafmittel, Gespräch, Verbandwechsel oder anderes.

Sie hat mich nach der Dienstübergabe gleich begrüßt. „Ich kann nachts nicht schlafen." Dieser Satz ist die Begrüßung von meiner Seite. „Probieren Sie es erst mal so. Und wenn Sie nicht einschlafen können, dann rufen Sie mich. Hier im Wachsaal bin ich immer da. Ich bring Ihnen dann was zum Schlafen. Aber erst ab 22 Uhr! Vorher gibt es nichts."

Ich sitze auf meinem Bett. Ich kann nichts tun. Ich wüsste auch nicht, was. Unsicher schaue ich mich um. Ganz sicher kann ich hier nicht schlafen! Bei diesem Geschnarche! In einem Raum, in dem mehr als zwei oder drei Menschen übernachten, habe ich schon in gesunden Zeiten nicht gut schlafen können. Wie soll es dann hier funktionieren?

Im Wachsaal ist es nie ganz dunkel wegen der Nachtbeleuchtung und nie ganz ruhig. Ich bin gegen 20 Uhr 30 ins Bett gegangen. Als letzte von allen Frauen hier drin. Mein Grübeln hat sich wieder so stark verselbständigt, dass ich alle Probleme der Welt und noch mehr durchgenommen habe. Endlos! Im Kreis ohne Anfang und ohne Ende. Furchtbar! Im Liegen schaue ich auf meine Armbanduhr. Noch keine 22 Uhr. Warten und dabei unter Zwang weitergrübeln!

Jetzt rufen. Ich soll rufen? Nach einer Schlaftablette? Ich soll von der Schwester was fordern? Nein, das traue ich mich nicht. Das kann ich nicht. Wenn sie mich dabei nicht hört? Soll ich dann noch mal rufen? „Schwester Marga?" „Ich komme gleich zu Ihnen."

Sie hat es vernommen. Plötzlich kommt sie mit leise quietschenden Schuhen an mein Bett. „Klappt es nicht mit dem Schlafen? Ja, die erste Nacht ist schon schlimm. Ich bring Ihnen etwas." Dankbar spüle ich die Tablette mit dem Wasser runter, das mir die Schwester mit ans Bett gebracht hat. Es ist nicht nur das Problem der ersten Nacht, auch zuhause konnte ich ja nicht schlafen. Trotz Schlafmittel. Vor die Glasfenster im Wachsaal wurden am Abend zuvor orangebeige-gestreifte Vorhänge zugezogen. Ich drehe mich mal wieder im Bett zur Fensterseite und sehe, wie es draußen schon heller wird. Eine endlose Nacht! Und trostlose Aussicht, dass der Tag besser wird.

8 Uhr 30
Beschäftigungstherapie

Im Aufzug bringt mich eine Schwester mit fünf weiteren Patientinnen ins UG, wo sie mich einer Therapeutin vorstellt. Beschäftigungstherapie! Ich soll also sinnvoll beschäftigt werden. Dabei kann ich aber nichts mehr. Alles ist weg: meine Fantasie, meine kreativen Ideen, mein Mut etwas auszuprobieren, meine Fingerfertigkeit, alles. Es ist so leer in mir!

Und von außen spricht mich nichts an! Ich schaue mich um. Dort sägt eine Frau etwas aus Sperrholz, eine andere fädelt Perlen zu einer Kette und wieder eine andere malt auf Stoff. Sie wirken sehr eifrig und zielgerichtet auf mich. Ein Patient von der D1 schleift eifrig an einem Holzstück herum. Er schaut mich ab und zu neugierig an. Es ist hier also die gemeinsame Beschäftigungstherapie vom Aufnahmegebäude D. Der Mann macht mir Angst.

„Ich zeig Ihnen erst mal, was es alles hier gibt. Dann können Sie entscheiden, womit Sie beginnen wollen." Entscheiden! Wollen! Alles Worte, die mich belasten. Ich kann nichts entscheiden! Und etwas wollen tu ich schon gar nicht! Aber ich mache mit der Therapeutin die Runde im Raum.

Da sind Werkarbeiten zu sehen, die ich in meiner Ausbildung schon gemacht habe, wie Töpfern, Holz- oder Textilbearbeitung, Zeichnen oder Malen.

Was habe ich früher alles schon hergestellt! Z.B. eine richtige Marionettenpuppe, die ich schon öfters in einen Kindergarten mitgenommen habe. Dort konnte ich sie mit den Kindern gehen und sprechen lassen. Ich lieh sozusagen der Marionette meine Stimme und dabei bewegte ich das Fadenspielkreuz mit meinen Händen. Undenkbar heute! Oder es entstanden durch meine Ideen und mit meinen Händen bunte Plakate oder Masken. Auch viele getöpferte Vasen, Krüge und Schüsseln stehen bei mir zu Hause. Alles mein Werk!

War ich das wirklich? Kaum kann ich es glauben. Es ist alles so weit weg, Lichtjahre entfernt! Für mich fast unwirklich. Jetzt ist es in mir tot und leer. Ich kann mich nicht entscheiden und wozu soll ich überhaupt etwas basteln? Nichts spricht mich an.

WO IST MEINE SEELE?

ICH HABE SIE VERLOREN.

ICH BIN VERLOREN!

„Wie wäre es mit einem Holzpuzzle?" Eine Stimme ruft mich aus meinen Gedanken. Die Therapeutin bemüht sich wirklich um mich. Ich versuche, ihr zuzuhören. „Sie entwerfen auf Papier das Motiv und übertragen es auf diese Holzplatte. Anschließend können Sie die einzelnen

76

Teile mit der Laubsäge aussägen." „Ich weiß nicht."

Die Therapeutin schiebt mir trotzdem ein großes Blatt Papier hin und deutet auf Stifte und Radiergummi auf dem Werktisch neben uns. „Versuchen Sie es ruhig mal." Die hat gut reden! Ein weißes, totes Blatt liegt vor mir. So leer wie ich!

Unwohl sitze ich am Werktisch und starre vor mich hin. Die meisten der Patienten um mich herum sind mit irgendetwas beschäftigt. Manche lachen oder unterhalten sich dabei. Nur ich grüble und grüble. Wozu ein Holzpuzzle? Überhaupt – wozu etwas herstellen? Ich sehe keinen Sinn darin. In nichts! Wozu lebe ich, wenn ich keinen Sinn in irgendetwas sehe? Was ist der Sinn des Lebens?

„Pause!" ruft die Therapeutin. Es gibt Tee oder Mineralwasser. Alle Patienten können sich am Teewagen selbst bedienen. „Sie können sich ruhig auch etwas zu Trinken holen" meint sie zu mir. „Wegen der Mundtrockenheit durch die Medikamente sollen die Patienten hier viel trinken. Und Pausen sind sowieso nötig, weil die Medikamente und die Therapie hier sehr ermüden."

11 Uhr 30
Mittagspause

Im Speisesaal wieder das Übliche. Mir ist so elend und es würgt mich am Tisch. Das Essen ekelt mich heute besonders an! Aber es ist sowieso egal, wenn ich keinen Hunger habe. Ich esse wieder mal nichts. Wozu auch essen! Wieder bemerkt das niemand hier. Alle sind mit sich selbst beschäftigt, zumindest sieht es so aus.

Am Besten ist es, ich lege mich aufs Bett. Einrollen und Decke drüber! Wenn ich doch mal weinen könnte! Aber alles ist so erstarrt in mir! Und nie und nirgends kann ich mal abschalten und mich erholen. Es ist immer der gleich starke depressive Zustand. Das Grübeln treibt mich noch in den Wahnsinn!

In der Mittagspause dürfen wir uns anscheinend aufs Bett legen. Es schnarcht nämlich wieder in meiner Nähe wie heute Nacht. Wenn ich doch auch mal wieder so schlafen könnte wie diese Patientin. Einfach rein liegen und einschlafen! Eine Schwester schließt noch die gestreiften Vorhänge und mahnt einige Frauen zur Ruhe. Ich rolle mich auf meinem Bett ein und starre auf die Vorhänge.

„Sprudel, Sprudel!" Was ist los? Es kommt Bewegung in die Frauen aus dem Wachsaal. Geldgeklimper und Flaschenscheppern zeigen mir an, dass wohl Getränke verkauft werden. „Frau G., Sie können sich immer um halb zwei Uhr bei uns Schwestern hier mit Getränken versorgen", ruft die Schwester in meine Richtung. „Und nur um diese Zeit. Zu anderen Zeiten verkaufen wir nämlich nichts." Mühsam und schwerfällig raffe ich mich in meinem Bett hoch und suche meinen Geldbeutel. Ständige Mundtrockenheit ist wirklich sehr unangenehm. Aber nur deshalb kaufe ich mir eine Flasche Mineralwasser.

14 Uhr
Wieder in der Beschäftigungstherapie

Das große, weiße Blatt Papier liegt immer noch da und wartet auf meine Ideen. Ein Haus, Baum, Wiese, See mit zwei Enten und Wolken. Irgendwie kommen doch die Bleistiftstriche aufs Papier. Aber rein mechanisch und ohne ein Gefühl. Fast marionettenhaft bewegt sich meine Hand. Ungelenkig wie ein Roboter.

Das Ganze ist ein anstrengender Akt für mich und dauert vollends den ganzen Nachmittag! Vor allem grüble ich immer so sehr, dass ich zeitweise aufhöre zu zeichnen und nur still dasitze. Irgendeine Stimme oder ein plötzliches, lautes Lachen bringen mich dann in die Gegenwart zurück.

Abends auf der Geschlossenen

Die Mahlzeiten sind weiterhin sehr schlimm für mich. Jedes Mal, wenn der Gong ertönt, muss ich mich überwinden, in Richtung des Speisesaals zu gehen. Zum Abendessen verteilen diejenigen Patientinnen, die Küchendienst haben, Wurst- und Käseplatten auf die Tische. Dazu auch Brotkörbe und Teekannen. Es wirkt auf mich wieder so laut und chaotisch. Vor allem so laut!! Viele Frauen schreien rum oder rufen sich von Tisch zu Tisch etwas zu. Ich bin am Untergehen!

Aber was macht das schon. Nachher verkrieche ich mich am Besten wieder in mein Bett! Ich hoffe, dass es keine Schwester bemerkt.

Großes Geschrei im Wachsaal!

Zwei Sanitäter und ein Arzt stehen um eine Bahre herum. Eine junge Frau mit wirren langen Haaren liegt darauf und fuchtelt laut schimpfend den Helfern vor dem Gesicht herum. Dabei versucht sie, sich aufzusetzen. „Geht in eure Zimmer! Und glotzt nicht so!" Ein Pfleger scheucht energisch einige neugierige Patientinnen vom Flur weg in ihre Zimmer. Ich habe ja keines. Also schleiche ich mich zu meinem Bett im Wachsaal.

Der Neuzugang schreit und beschimpft die Schwestern und Pfleger. Laut und ordinär! Ich sehe, wie die Bahre in ein Zimmer geschoben wird. Die Frau ist angeschnallt und versucht sich aufzubäumen. Ein Sanitäter hält sie

79

an einem Arm fest. Jetzt ist das ganze Personal in diesem Zimmer verschwunden. Ich höre die Frau aber noch schreien! Eine Schwester kommt und telefoniert – vielleicht nach einem weiteren Arzt.

Mit raschen quietschenden Schritten kommt einer kurz darauf den Flur entlang und verschwindet auch in diesem besonderen Zimmer. Plötzlich ist es ruhig.

Eine Spritze? Ich bin verwirrt und habe Angst. Alles ist so neu für mich. Das Personal ist heute Abend sehr aktiv und wird von der Neuen voll beansprucht. Da drehen auch andere Patientinnen hohl, schreien oder schlagen im Bett um sich. Ich höre Pfleger Kommandos rufen, Schwestern kommen und versuchen erregte Patientinnen zu beruhigen. Plötzlich sehe ich, wie die vielen Personen in Weiß das Einzelzimmer verlassen. Ich schaue mich um, wie aufgeregt sie diskutieren und schnappe das Wort „Zwangseinweisung" auf. Wie sehr sie reden und beschäftigt sind.

Warum kümmert sich eigentlich niemand so intensiv um mich? Ja, ich falle nicht so auf, wie die Neue eben. Ich schreie nicht rum und schlage auch nicht um mich. Da wird man schon übersehen. Depressive sind nicht so pflegeintensiv wie manch andere Patienten hier. Währenddessen schreit es in mir! Aber das kann nur ich hören.

Ich bin 27 Jahre alt.

Ich leide in meiner dritten schweren Depressionsphase. Und ich vegetiere jetzt fast zwei Wochen hier in der Station D2. Es ist ein ständiges Kommen und Gehen von Patientinnen. Die meisten werden auf andere, offene oder geschlossene Stationen verlegt. Es kommen immer wieder neue nach. Tagsüber oder oft auch in der Nacht! Wie viel menschliches Elend auf so einer gedrängt vollen Aufnahmestation! Wie verschieden die Krankheiten des Geistes und der Seele!

7 Uhr 15
Wassertreten

Eigentlich soll ich von Montag bis Freitag in einer Patientengruppe und in Begleitung von einer Schwester zum Wassertreten gehen. Aber erstens hat vom Personal nicht immer jemand die Zeit dazu und zweitens ändert sich die Gruppe ständig. Wenn niemand dran denkt, dann findet Wassertreten auch nicht statt. Das ist mir ja sehr recht. Ich von mir aus sage da sowieso nichts. Bloß nicht auffallen und ja nichts einfordern. Ich habe nämlich einen Horror vor dem Wassertreten! Die „Irren, bzw. Verwirrten" veranstalten dabei ein dermaßen lautes Spektakel, spritzen sich nass und schubsen sich, dass mir jedes Mal angst und bange wird. Außerdem ist es für mich sehr anstrengend! Ausziehen, ins kalte und warme Wasser, mehrere Runden durch die Becken, dabei die Beine hochnehmen usw. Abtrocknen und Anziehen!

Alles so mühsam und furchtbar anstrengend! Den anderen scheint es immer sehr zu gefallen. Ich glaube auch, dass sie – im Gegensatz zu mir – froh sind, die Station wenigstens für eine Weile verlassen zu dürfen. Wir müssen uns ja in ein ganz anderes Gebäude begeben, in dem die Bäderabteilung ist.

10 Uhr 30
Gymnastik

Auch das ist eine Therapie, in die ich eingeteilt werde. Aber auch vor dieser graust es mich jedes Mal! Ich bin eingeteilt, das heißt, sie vertrauen mir, dass ich auf dem

Weg dorthin nicht ausreiße. Wie beim Wassertreten auch dürfen nur ausgewählte Patientinnen daran teilnehmen. Zwei mal die Woche. Ich nehme an, dass nur die mitdürfen, die keinen Blödsinn machen und die medikamentös einigermaßen eingestellt sind. Und auch nur die Frauen, bei denen keine Gefahr besteht, dass sie unterwegs ausreißen. Von einer unserer Schwestern werden wir in das Gebäude begleitet, in dem die Sport- und Bäderabteilung untergebracht ist.

Schwester Susanne ist heute mit dabei. Sie wartet auf einer Bank im Turnraum, bis wir fertig sind. Die Therapeutin überprüft, wer alles da ist und wer neu ist. Dann geht es los. Erst ein paar Runden Joggen zum Aufwärmen. Mein Körper ist starr und ungelenkig. Vor allem ist er schwer wie Blei. So unbeholfen kenne ich mich nur in meinen Depressionsphasen.

Im Fach Sport in der Schule hatte ich immer eine „Zwei". Und es war eines meiner liebsten Fächer. Kaum zu glauben, so wie ich meinen Körper jetzt erlebe. Ich höre die Kommandos der Therapeutin: „Heute erhält jede von Ihnen eine Keule aus Holz. Wir schwingen sie leicht hin und her." Sssst!

Die Keule meiner Nachbarin saust an meinem linken Ohr vorbei. „Bitte Abstand halten! Jetzt schwingen wir die Keulen rechts und links im Wechsel an unserem Körper vorbei. Vor – zurück! Vor – zurück!" Bei mir schwingt nichts. Die Keulen sind so schwer. Ich kann nicht mehr! So, jetzt habe ich die Keulen beim Schwingen einfach losgelassen. Peng!

Da liegen sie auf dem Hallenboden und rollen noch eine Weile hin und her. Eine Keule ist bis zu den Schuhen einer Patientin gerutscht. Beinahe ist die Frau darüber gestolpert.

Ich halte es nicht mehr aus!

Was soll ich hier noch! Ich habe einfach keine Kraft mehr und schon gar keine Hoffnung! Verzweifelt halte ich mir beide Hände vor die Augen. Schwester Susanne nimmt mich auf die Seite: „Wollen Sie sich auf die Bank da setzen?" Ja, bloß nicht mehr turnen. Ich setze mich hin. "Was ist los, Frau G.?" „Mir ist ganz schwindlig geworden", flüstere ich.

Anders kann ich der Schwester meinen Zustand nicht erklären. „Das kommt vielleicht von ihren Tabletten", meint sie. „Die anderen sind ja bald fertig, dann gehen wir zurück auf die Station." Dort wird sie den Vorfall sicher berichten. Aber mir ist jetzt alles egal.

„Frau G., morgen wird ein Bett im Dreierzimmer frei. Frau W. wird verlegt. Das Bett haben wir für Sie gedacht. Dann kämen Sie endlich aus dem Wachsaal heraus." Ich kann mich nicht freuen.

Gut, der Wachsaal ist der reinste Horror. Dort bin ich nun schon fast drei Wochen. Schlimm, was man dort erleben muss! Aber umziehen in ein Zimmer? Das macht mir auch fürchterlich Angst! Wie sind die beiden Patientinnen? Was soll ich mit ihnen reden? Und kann ich in dem Zimmer endlich schlafen?

Auch in einem Dreierzimmer ist es unruhig. Die Nachtschwester kommt (wie im Wachsaal) mindestens zwei Mal in der Nacht zur Kontrolle leise ins Zimmer und leuchtet den schlafenden oder nichtschlafenden Frauen mit der Taschenlampe ins Gesicht. „Ich kann nicht schlafen." Ja, das ist dann jeweils mein verzweifelter Standartsatz.

Regelmäßig nach 22 Uhr quäle ich mich aus dem Bett, um eine Schlaftablette zu holen. Obwohl ich danach immer noch nicht recht schlafen kann, wiederholt sich das Abend für Abend und Nacht für Nacht.

Eine Frau im Zimmer schnarcht dermaßen laut, dass ich noch mehr am Verzweifeln bin als so schon. Es ist wie Hohn, als sie plötzlich aus dem Bett springt und eine Schlaftablette holt, weil sie angeblich nicht schlafen kann.

Tagsüber reden wir drei kaum etwas miteinander, wenn wir im Zimmer sind. Jede ist mit sich und ihrer Krankheit beschäftigt, bzw. von ihr gefangen genommen, ihr ausgeliefert, ganz von ihr beherrscht. Alle drei leiden für sich. Es kann keine Konversation entstehen. Es wird aber auch nicht viel Rücksicht auf die Zimmerkolleginnen genommen. Eine Patientin knallt jedes Mal unsere Zimmertüre laut ins Schloss oder sie lässt ihre Waschutensilien am Waschbecken herumliegen, sodass wir zwei anderen keinen Platz haben.

Die Körperpflege fällt sowieso bei den meisten ziemlich kurz aus. Es ist wirklich eine Schwerarbeit, aufzustehen, sich am Waschbecken die Haare zu waschen oder sich gar zum Duschen aufzuraffen!

Mein Bett steht an der Fensterseite. Draußen regnet es in Strömen. Ich liege trotz Verbot angezogen auf dem Bett und starre zum Fenster hinüber. Alles ist so trostlos! Draußen in der Welt, drinnen auf Station und in mir. Ich sehe nurdiese Schwärze der Hoffnungslosigkeit. Nichts kann mir helfen. Nichts kann meinen Zustand ändern. Manchmal jammern wir im Zimmer untereinander. Aber das ist eher selten.

7 Uhr
Wecken

„Aufstehen!" Schw. Elke kommt schwungvoll ins Zimmer. Ich kann nicht verstehen, wie jemand so energisch und fröhlich sein kann. Und so eine schicke Frisur! Richtig gepflegt sieht die Schwester schon am frühen Morgen aus. Ich dagegen komme mir so unscheinbar und verlottert vor. Und seit Monaten geht es gleich: Nach der schlimmen Nacht jetzt den Tag vor mir! Schrecklich!

Zwischen 9 Uhr und 10 Uhr 30
Tägliche Visite

Erst gehen Ärzte, Psychologen und Pflegepersonal durch die D2 und besuchen diejenigen Patientinnen, die gerade nicht in einer Therapie sind. Das dauert dann. Es sind meist sehr akute Fälle. Anschließend geht es ins UG in die Beschäftigungstherapie.

Bei jeder Frau hält der „Tross" an. Ärzte fragen nach Befinden und schauen zu, was gerade gewerkelt wird. Jetzt kommen sie zu mir! Ich bin innerlich sehr aufgeregt. Was soll ich nur sagen? Wenn ich nichts von mir erzähle, können sie mir auch nicht helfen. Aber können die mir überhaupt helfen? „Nun, Frau G., wie geht es Ihnen heute?"

Die Stationspsychologin Frau Dr. W. steht mit wehendem weißem Mantel neben mir. „Schlecht." „Warum schlecht?" „Ich kann nicht schlafen und muss immer grübeln." „Über was müssen Sie denn immer nachdenken? Jetzt versuchen Sie mal, sich auf Ihr Holzpuzzle zu konzentrieren. Dann vergessen Sie das Grübeln."

Oh, die hat ja keine Ahnung, wie das Grübeln geht. Nämlich ganz automatisch und ganz von alleine, egal wo und egal wann. Man kann ständig grübeln! Beim Essen, im Sitzen oder Liegen, beim Sägen oder Malen, auf der Toilette, immer grübeln!

Beim Versuch zu lesen, beim Spaziergang, im Aufzug, beim Warten in der Schlange vor dem Sprudelverkauf, unter der Dusche, beim Zähneputzen, am Tag und bei

85

Nacht, also immer! Wer das noch nicht erlebt hat, kann nie und nimmer mitreden!

„Sie haben die Holzteile ja schon ausgesägt. Sehr, sehr schön! Machen Sie so weiter. Heute Nachmittag sehen wir uns ja um 15 Uhr bei mir. Bis dann!"

JA, DIE PSYCHOLOGISCHEN GESPRÄCHSTERMINE!

Auch das ist sehr schwierig für mich. Ich kann mir nichts merken. Gesprächsinhalte sind hinterher wie ausgelöscht. Abgesehen davon fällt es mir sowieso immer sehr schwer, einem Gespräch zu folgen. Meine Konzentration ist gleich null! Die Psychologin Frau Dr. W. möchte herausbekommen, was mich so depressiv gemacht hat. Sie ist in der letzten Zeit immer mehr auf meine unbefriedigende Partnerbeziehung zu sprechen gekommen.

„Wie ist es? Können Sie sich vorstellen, dass Ihr Freund zu einem gemeinsamen Gespräch hier bei mir bereit ist? Bitte fragen Sie ihn, wenn er Sie das nächste Mal besucht. Was glauben Sie, wie steht er dazu?" So viele Fragen!

Komisch, wenn sie immer von meinem Freund redet. Ist er das überhaupt noch? Ich spüre schon lange keine Gefühle mehr für ihn. Wir haben uns eigentlich nichts mehr zu sagen. Und für ihn bin ich wahrscheinlich nur noch eine Last.

Mit mir und meiner Krankheit kam er nicht mehr klar. Er hat sich auch nicht mehr bemüht. Seit meinem Suizidversuch im Januar reden wir kaum noch miteinander. Jetzt soll ich ihn auch noch dazu bringen, am Gespräch mit der Psychologin teilzunehmen! Morgen Abend besucht er mich. Nein, der wird nicht begeistert sein.

Er hält nichts von Psychologen oder Psychotherapeuten. Das weiß ich aus Erfahrung. Der belächelt ja meine

Tätigkeit als Erzieherin, bzw. alles, was nicht mit Natur-
wissenschaft und Informatik zu tun hat.

Juni 1983

Ja, es ist in der Zwischenzeit Sommer geworden. Ich
habe nichts davon verspürt. Weder Änderung in der Natur, noch die längeren Tage. Alles ist gleich. Also gleich
schlimm. Nun bin ich schon zwei Monate hier in der
Psychiatrischen Klinik.

Nachher kommt mein Freund K. zum Gespräch mit Frau
Dr. W. in die Klinik. Lange hat er sich geweigert und es als
Blödsinn abgetan. „Solche Gespräche bringen dich doch
nur noch mehr durcheinander! Wie kann man überhaupt
auf so ein psychologisches Geschwätz hören. Das bringt
doch nichts!" So war zunächst seine Reaktion. Er hat sich
zum Schluss aber dann doch entschieden, zu dem Gespräch zu kommen.

Es klingelt an der verschlossenen Stationstüre. Das wird
K. sein. Besucher müssen klingeln und werden vom Sta-
tionspersonal in das Besuchszimmer reingelassen. Von
der Station aus gibt es eine verschlossene Türe ins Besuchszimmer. Die jeweilige Patientin, für die Besuch da
ist, wird ins Besuchszimmer gelassen. Wer im Besuchszimmer ist, kann alleine nicht mehr raus. Es gibt innen
keine Klinken. Wer raus möchte, muss also klingeln.
    Für die Schwestern und Pfleger ist das sehr aufwändig,
aber wohl wichtig zu unserem Schutz. Zurzeit habe ich
nicht den Drang zum Entweichen. Aber das war auch
schon anders.

Ich werde ins Besuchszimmer gelassen, wo K. schon wartet. Meine Psychologin Frau Dr. W. wird uns von hier aus

zu sich holen. Ich habe Angst vor diesem Gespräch. Mir ist ganz schlecht vor Aufregung! Ich höre schon die klappernden Absätze von ihr. Sie geht immer sehr energisch und rasch, im Gegensatz zu mir.

Jetzt sind zwei Stunden vorüber. Nichts mehr weiß ich. Gar nichts mehr. Nur, dass geredet, gestritten, sich verteidigt wurde. Mal er und mal ich. Nichts, aber auch gar nichts hat er von mir und meiner Krankheit verstanden. Ich sei selbst Schuld, so er. Du willst mich nicht verstehen, so ich. Frau Dr. W. hakt ständig nach in unserer Beziehung, die meiner Meinung nach schon vor meiner jetzigen Depression nicht mehr befriedigend war. Das hätte mich krank gemacht, so sagt sie. K. braust natürlich wieder auf und kreidet alles mir an.

Das lange Hin und Her hat mich fertig gemacht. „Siehst du, wo du mit deiner Psychologie hinkommst? Hier in der Klapse geht es dir auch nicht besser. Tabletten kannst du auch zu Hause nehmen. Oder am Besten gar nichts mehr nehmen. Das verwirrt dich bloß noch mehr!" Nichts von dem, was die Psychologin gesagt oder angeregt hat, scheint er zu verstehen. Ich merke, dass er sich innerlich dagegen sperrt. Was soll ich bloß machen?

Ich erlebe mich zwischen sämtlichen Stühlen. Fühle mich nirgends wohl, fühle mich nirgends zu Hause, weil ich auch in mir nicht mehr zu Hause bin. Kein Vertrauen, keine Hoffnung, auch im Privatleben keine Unterstützung, kein tragendes Fundament, nichts – wie soll ich das nur aushalten?

Noch Juni 1983
Neu: die Arbeitstherapie

Nach wochenlangem Werken in der Beschäftigungstherapie wollen sie mich in die sogenannte Arbeitstherapie versetzen. Ich habe wieder die übliche Panik vor allem Neuem! Wirke ich nach außen so gut, dass sie mir den Wechsel zutrauen? Ich fühle mich immer gleich schlecht! Wie kann ich den Ärzten und den anderen meinen Zustand mehr zeigen? Sodass sie es mir endlich glauben? Tags zuvor zeigte mir Frau Dr. W. die verschiedenen Werkstätten, die alle in einem neueren Flachdachgebäude untergebracht sind. „Jetzt schauen sie sich zusammen mit mir alles an und dann entscheiden Sie sich, was für Sie in Frage kommt. Ich bin sicher, es ist etwas für Sie dabei!" Ich stöhne innerlich auf. Alles bereitet mir Probleme! „Wann muss ich da morgens anfangen? Ich finde den Weg hierher nicht. Wie komm ich da hin?" Ich zittere und mir ist ganz übel. „Sie machen sich schon wieder viel zu viele Gedanken! Erst schauen wir uns mal um."

Die Psychologin führt mich durch die verschiedenen Abteilungen: Schreinerei, Töpferei, Näherei und Übungsküche. Sie stellt mich den jeweiligen Arbeitstherapeuten vor. Diese wissen wohl, dass Frau Dr. W. in der geschlossenen Station D2 arbeitet. Aus den Gesprächen höre ich, dass nur wenige Patientinnen von der D2 in der Arbeitstherapie beschäftigt sind. Ich bin da wohl eine Ausnahme. Geht es mir so viel besser als den anderen auf meiner Station?

Sie trauen mir die Arbeitstherapie jedenfalls zu. Nun soll ich mich entscheiden.

Unentschlossen stehe ich in einem Flur und starre vor mich hin. Die Psychologin unterhält sich leise mit einer Arbeitstherapeutin. Naja, denke ich, in meiner Ausbildungszeit habe ich schon sehr viel getöpfert, dann wähle ich halt diese Abteilung.

„Gut. Morgen früh um 8 Uhr geht es dann los. Frau M. leitet die Töpferabteilung und ist für Sie da. Ich hoffe, dass Sie sich gut einarbeiten!" Frau Dr. W. nimmt mich wieder mit in die D2. Wir schweigen auf dem Weg. Ich weiß nicht, was ich sagen soll. Es kommt nichts aus mir heraus. Das Ganze hat mich jetzt sehr angestrengt. Im Moment bin ich innerlich wieder total leer und wie abgestorben.

8 Uhr
Beginn in der Arbeitstherapie

„Guten Morgen, Frau G.!" Die Therapeutin Frau M. begrüßt mich. Zwei Männer im mittleren Alter sind schon da und haben sich dunkelblaue Schürzen umgebunden. Sie beginnen gerade, an Tongebilden weiterzuarbeiten. Dabei schauen sie immer wieder neugierig zu mir herüber und tuscheln miteinander.

„Wir haben eine neue Patientin bei uns. Frau G. wird nun eine Weile in unserer Töpferei arbeiten. Ich habe von Frau Dr. W. gehört, Sie hätten schon ein Mal getöpfert. Im Grunde genommen brauche ich Ihnen nicht viel zeigen. Da hängen die Schürzen. In der Kiste da hinten liegt der rohe Ton und dort in den Regalen ist das Werkzeug zur Bearbeitung. Fragen Sie mich ruhig, wenn Sie nicht weiter wissen!"

Erst stehe ich nur rum. Was soll ich tun? Wie viel Ton soll ich holen? Ich kann mich wieder mal nicht entscheiden! „Dort ist Draht zum Tonabschneiden!" ruft einer der Männer. Ach ja, das kenne ich noch. Ich hole mir einen großen Tonbrocken und lege ihn auf den Tisch. Frau M. kommt zu mir her: „Wir haben dort im Regal da hinten große Bretter. Darauf können Sie den Ton schlagen." Auch das kommt mir sehr bekannt vor. Ich nehme den dicken Klumpen zwischen meine Hände. Langsam drücke ich ihn. Aber ihn schlagen? Mit voller Wucht auf das Brett knallen? Nein, das kann ich nicht. Das traue ich mich nicht. Peng!

Laut knallt es am anderen Tischende. Ich zucke zusammen. Frau M. schlägt einen großen Tonbatzen mehrmals hintereinander aufs Brett. „Nur zu!" ruft sie. „Hier darf man laut sein. Das gehört dazu und es stört echt niemanden!" Ich kann es nicht und bleibe erst mal am Tisch sitzen.

„Trinkpause!"

Alle Patienten in der Arbeitstherapie haben am Vor- und am Nachmittag jeweils für 15 Minuten Pause und sollen sogar raus vors Haus, wo einige Bänke stehen. Zwei Therapeuten machen anscheinend so eine Art Pausenaufsicht. Ich weiß nicht, wo ich hin soll. Am liebsten möchte ich mich verkriechen. Alles und alle sind mir fremd! Es herrscht zum Teil grölendes Geschrei, Rufen und Gelächter. Sie scheinen sich schon lange untereinander zu kennen. Ein Ruf ertönt und mahnt zum Weiterarbeiten.

Bis um 11 Uhr sitze ich vor meinem Brett, unschlüssig was ich tun soll. Frau M. wundert sich sicher, warum ich nicht loslege. Ab und zu schaut sie her oder kommt an meinen Platz. „Ich kann's nicht!" „Nun, heute Nachmittag gelingt es Ihnen vielleicht besser. Da sind andere Patienten da und es ist mehr los in unserer Abteilung."

Die hat gut reden, denke ich. Ob ich allein bin oder in einer größeren Gruppe, es geht mir immer gleich schlecht.

„Mittagspause!" ruft einer durch den Raum. Wie man nur so schreien kann! Das traue ich mich nicht. Aber gut tun würde es mir schon, mal allen Druck rauszuschreien, der auf mir lastet. Da bin ich aber weit davon entfernt. Das spüre ich an meinen Hemmungen.

O Wunder!

Ich darf in einer „Patientengruppe" zur D2 zurückgehen! Also ohne Schwester. „Sie können mit Patientinnen aus Ihrer Station mitgehen. Aber nicht allein! Sonst müssten wir eine Schwester von der D2 rufen, damit Sie abgeholt werden."

Frau M. schaut sich suchend um und fragt die Patientinnen, die in die Mittagspause auf ihre Stationen zurückkehren, ob jemand von der D2 sei. Sie hat Erfolg. Zwei Frauen nehmen mich mit. Ich kenne beide vom Sehen. Eine raucht eine Zigarette. Die andere schaut mich neugierig an: „Sie sind jetzt auch so weit für die Arbeitstherapie? Na, ich kann nur sagen, dass ich froh bin, wenn ich aus der D2 raus bin. Nur Geschuckte und Irre auf einem Haufen! Aber ich bin dort auf jeden Fall nicht mehr lange. Da werde ich noch verrückt! Ach, das sind wir doch alle. Hier kannst du dich benehmen, wie du willst, das ist egal, weil irre sind wir sowieso schon! Wenn ich hier in der Therapie gut arbeite, verlegen sie mich in das S-Gebäude. Dort ist alles offen. Selbst die Stations- und die Haustüren!"

So geht ihr Redeschwall weiter bis wir beim D-Gebäude ankommen. Die andere Frau und ich trotten schweigend neben ihr her.

13 Uhr 30
Sprudelverkauf

„Lass mich vor, du blöde Kuh!! Ich bin schon länger da!" Ich spüre einen schmerzhaften Stoß im Rücken, der mich etwas nach vorne fliegen lässt. „Aua, pass doch auf!" Die Frau vor mir dreht sich empört zu mir um. Eigentlich habe ich ihr gar nichts getan und doch bin ich voller

Schuldgefühle. So geht es mir meistens. Ich kann mich einfach nicht wehren und weiß eigentlich genau, dass ich mich in so einer Situation zur Wehr setzen müsste. Auch erinnere ich mich, dass ich mir vor meiner Krankheit nicht alles gefallen ließ.

Aber jetzt bin ich gerade das Gegenteil. Ich kann mich einfach nicht wehren. Das alles macht mich so hilflos! Solche frechen Patientinnen nehmen sich den ruhigen, depressiven Patienten gegenüber viel heraus. Eben weil die Gegenwehr fehlt. Sei es beim Küchendienst oder beim Anstehen zum Duschen oder wie hier eben beim Sprudelverkauf, es sind diese offenen oder versteckten Schikanen, die einer Depressiven das Leben zusätzlich schwer machen. Als hätte ich nicht genug zu leiden!

14 Uhr 15
In der Arbeitstherapie

„Wissen Sie schon, was Sie töpfern wollen? Vielleicht eine Schüssel oder eine Vase?" Die Arbeitstherapeutin Frau M. setzt sich neben mich. Ich halte meine beiden Hände über den Tonklumpen vor mir. Ich knete ihn ein bisschen. „Ich weiß noch nicht. Vielleicht eine Schüssel." „Sie kennen ja die Aufbautechnik. Aber Sie können mich jederzeit fragen, wenn etwas unklar ist."

Alles ist unklar! Mein ganzes Leben ist unklar! Am liebsten würde ich den Tonklumpen an die weiße Wand dort werfen, aber so, dass er kleben bleibt! Aber soweit bin ich nicht. Wenn ich das mal schaffe, dann bin ich entweder gesund oder aber zumindest auf dem Weg der Besserung. Das kann ich mir einfach nicht vorstellen. Gesund sein. Ich weiß schon gar nicht mehr, wie das war: Mein anderes Leben. Mein Leben vor der Depression. So weit weg und unwirklich ist es schon.

Leicht klopfe ich den Ton auf mein Brett. Ganz zaghaft. Rumms!! Neben mir haut ein Mann seinen Tonklumpen mit voller Wucht auf den Tisch. Erschrocken zucke ich zusammen. Ich versuche es bei meinem Ton etwas stärker. Auf keinen Fall möchte ich laut sein und auffallen. Aber schlagen muss ich den Ton, um die Luftbläschen aus ihm zu bekommen.

Der Nachmittag zieht sich endlos hin. Das wird nie und nimmer was mit meiner Schüssel. Ringsum wird ruhig gearbeitet. Nur in mir bricht so langsam Panik aus. „Ich zeige Ihnen mal ein paar fertige Sachen, so zur Inspiration, kommen Sie!" Jetzt martert sie mich auch noch mit so tollen Töpferarbeiten!

„Schauen Sie hier, unsere neuesten Glasuren. Sind das nicht tolle Farben! Die dürfen Sie gerne ausprobieren. Deshalb stelle ich immer wieder fertige Sachen aus, gerade um zu zeigen, wie die Glasuren nach dem Brand aussehen." Frau M. ist voller Begeisterung und sprüht vor Energie. Ihre Hände scheinen in ständiger Bewegung zu sein. Ich schaue und sehe doch nichts. Ich nicke bloß leicht. Es spricht mich nichts an. Ich weiß nur, dass ich in meinem anderen Leben schon die tollsten Werke getöpfert und dafür Supernoten bekommen habe. Weinkrug mit Trinkbecher und Vasen zum Beispiel.

Ich weiß mit meinem Verstand, dass es mir sehr viel Spaß gemacht hat und ich immer gespannt war, wenn in der Schule der Brennofen geöffnet wurde! Ob ich mich jemals für irgendetwas wieder begeistern kann? Unvorstellbar!

„Feierabend!" Frustriert und mutlos gehe ich zusammen mit den beiden Patientinnen zur D2 zurück. Mein erster Tag in der Arbeitstherapie ist vorüber.

„Na, macht's Spaß? Also ich bin beim Nähen. Total öde,

sage ich, weil es immer dasselbe ist. Ich nähe Taschen auf Schürzen. Also echt langweilig. Ich durfte nicht zum Töpfern. Ich frag mich, warum Sie gleich da rein kamen."

Ich zucke nur mit den Schultern. Was soll ich auf so einen Redeschwall auch antworten. Die Entscheidungen der Ärzte decken sich hier sowieso sehr selten mit den unterschiedlichen Interessen der Patientinnen. Wenn es nach manchen von uns depressiven Patienten gehen würde, so lägen wir Tag und Nacht im Bett, würden nichts mehr essen und irgendwann halt sterben. Da sie das ja nicht zulassen können, schicken sie uns zu den Therapien. Ob wir dies wollen oder nicht.

22 Uhr 05

Wenn ich doch bloß schlafen könnte! Ich quäle mich wie immer durch die Nacht. Seit fast zwei Stunden liege ich im Bett und grüble und kann nicht abschalten. Mein Gehirn läuft auf Hochtouren, wie aufgezogen!

Also hole ich halt wieder eine Tablette. Welche Überwindung kostet es, aufzustehen und meinen Morgenmantel anzuziehen! Langsam schlürfe ich durch den Flur in Richtung Schwesternzimmer. Schattenhaft kommt mir eine Patientin entgegen. „Helfen Sie mir! Ich bin der Tod!" Was sage ich ihr bloß?

Ich kenne sie. Wie oft hat sie mir die Hände schon entgegengestreckt und nach Hilfe gefragt. Nicht laut schreiend, sondern jammernd und angstvoll. „Ich kann Ihnen nicht helfen. Ich kann mir doch selbst nicht helfen. Gehen Sie zur Nachtschwester." Ich möchte an ihr vorbeigehen. Da hält sie mich am Ärmel meines Morgenmantels fest: „Ich bin der Tod. Bitte helfen Sie mir."

Jetzt bekomme ich es selbst mit der Angst. Ich reiße mich los. Unheimlich, diese Frau. Ihre Augen funkeln mich an. Ich erkenne es trotz der Nachtbeleuchtung. Sie leidet sehr, das weiß ich. Wir alle auf der Station leiden. Jede auf ihre eigene Weise. Je nach Krankheit. Ich leide auch. Drum lasst mich in Ruhe. Außerdem will ich endlich einmal tief schlafen und erholt aufwachen! Ich weiß ja schon gar nicht mehr wie das ist!

„Geht's wieder nicht?" Diese Woche hat Schwester Rosemarie Nachtdienst. Sie ist bei den meisten Frauen sehr beliebt. Wenn sie sich im Wachsaal aufhält, herrscht dort meist gute Stimmung und Gelächter. Für jeden hat sie ein Wort parat, weiß über unsere Stimmungen Bescheid und packt tatkräftig an, wenn Hilfe nötig ist.

Mich lässt sie zum Glück in Ruhe. Ich hole halt meine Schlaftablette und sie wünscht mir eine gute Nacht. Kleine Plaudereien wie es andere Patienten zum Teil mit ihr machen, liegen mir eh nicht. Schwester Rosemarie holt mich aus meinen Gedanken:

„Hier, etwas Wasser zum Runterspülen. Schlafen Sie gut, Frau G. Jetzt muss ich mich um unsere Gute dahinten kümmern. Die kommt heute auch nicht zur Ruhe. Wie so viele zurzeit. Was ist bloß los? Haben wir etwa Vollmond?" Also das glaube ich ja schon gar nicht, dass der Mond etwas mit unserer Schlaflosigkeit zu tun hat. Die Krankheit macht es. Im Gehirn ist etwas defekt. Nichts stimmt mehr da oben! Da kann doch niemand was dran ändern. Wir sind hier drin und bleiben auch hier. Wie soll da auch was anderes passieren? Und diese Schwester Rosemarie redet da vom Mond!

Medikamente

Auf die Toilette kann ich schon seit Tagen nicht. Immer diese Verstopfung! Das käme von meinen Medikamenten, sagt die Stationsärztin bei der Visite. Welche Überwindung für mich, dies anzusprechen. Aber es ist für mich ein großes Problem. Wenn der Drang da ist und nichts geht! Am Besten, ich esse weniger oder gar nichts, wenn das Essen auf diese Weise nochmals zur persönlichen Plage wird. Oder ich versuche, die Tabletten wegzulassen. Sie sind hier nicht so genau. Wenn ich sie im Mund lasse und danach in die Toilette spucke? Lieber nicht. Das habe ich bei anderen schon beobachtet.

Aber ich möchte vielleicht doch irgendwann hier heraus. Obwohl – ich habe immer schon angezweifelt, dass die Tabletten helfen. Ach, ich weiß überhaupt nicht mehr, was ich glauben soll. Alles ist verwirrend. Müde machen sie mich. Aber diese Müdigkeit reicht leider nicht zum Schlafen. Es ist mehr ein Schlappsein, der Körper fühlt sich an wie Watte, bloß nicht so leicht, die Schwere ist noch da. Es ist eher ein Leben wie in Zeitlupe und im Kopf ein dumpfes Gefühl. Das sind meine Antidepressiva.

Andere Frauen, besonders diejenigen, die Stimmen hören oder sagen, dass sie jemand anderes sind, bekommen Neuroleptika. Man kann solche Patientinnen gut erkennen. Sie bewegen sich nach einiger Zeit richtig marionettenhaft. Mit ihren starren Muskeln wirken sie wie aufgezogen. Manchen läuft der Speichel runter und sie haben einen stieren, glasigen Blick. Ihre Pupillen sind ganz groß und dunkel. Die eine klagt ja ständig, dass sie der Tod sei. Manche regen sich lautstark über sie auf. Diese Patientin macht den meisten Frauen hier Angst und wird deshalb abgelehnt. Ich habe auch manchmal Angst vor ihr, aber dann sehe ich, wie sie leidet.

„Ich bin ein Vogel.“

Die 25jährige Ingrid sitzt neben mir am Esstisch. „Ich bin ein Vogel“. Ja, das behauptet sie immer wieder. Ihr

Blick geht dann in die Ferne. Ganz verklärt. Sie leidet von außen gesehen weniger und sie lächelt, wenn sie mir von ihrem Vogelsein erzählt. „Ich schwebe über dem Wald. Es ist schön, so hoch und so weit zu fliegen!" Einmal sehen wir uns gemeinsam im Fernsehen einen Naturfilm an. Es wird ein Adler im Flug gezeigt. Sofort schaue ich zu Ingrid hinüber. Sie schaut ganz gebannt auf den Bildschirm. Auf ein Mal lächelt still vor sich hin. Ist sie jetzt bei ihresgleichen? Verrückte Welt!

Das Phänomen des Stimmenhörens gibt es bei vielen Frauen der D2. Heute Nachmittag nach der Mittagsruhe lief auch wieder eine über den Flur. Sie sprach heftig gestikulierend mit jemandem, den keine von uns sah, außer natürlich die Patientin selbst.

Das ist schon „normal" hier auf dieser Station. Gedämpftes Stimmengemurmel, plötzlich ausgestoßene Rufe oder Geschimpfe: alles ins vermeintlich Leere. Aber für die Frauen ist da jemand. Sie hören zu, ja sie lauschen richtig und gestikulieren manchmal heftig mit den Händen. Oft geben sie dann auch Antwort.

Als Depressive kenne ich das ja nicht. In meinem Kopf sind keine Stimmen. Aber meine negativen Grübelgedanken üben genauso wie sie eine ungeheure Macht über mich aus! Das ist im Kopf wie ein ständiges Filtern meiner Gedanken. Alles Positive kommt erst gar nicht zum Vorschein. Selbst das vergangene Positive, das ich ja erlebt habe, kommt nicht in meine jetzige Gegenwart durch.

Und dann immer die Sichtweise durch die „depressive Brille"! Jeder Gedanke wird ja sofort gewertet, alles was ich um mich her sehe, werte ich negativ. Also schwarz oder hoffnungslos: Das kann ich nicht. Das konnte ich noch nie. Das lerne ich nicht mehr. Was die kann, könnte ich nie. Das war nie schön. Die reden so viel und ich weiß nicht, was ich sagen soll. Das hat mir noch nie gefallen. Das wird nichts. Das hilft mir nicht. Die haben immer Pläne und ich?

Das ist jetzt nicht mein Grübeln, denn das depressive Grübeln kann ich niemals in Worte fassen. Ich habe es versucht und aufgeschrieben, aber beim Lesen gemerkt: das trifft es nicht! Aber diese wertenden Sätze eben, das können abschließende einzelne Gedanken sein über meine Beobachtungen und Grübeleien von damals.

Hoffnung auf Besserung? Totale Fehlanzeige. Hoffnung gibt es *nicht* in der Depression. Meine Psychologin Frau Dr. W. hat es im Einzelgespräch mit mir schon oft erklärt, dass das zum Krankheitsbild der endogenen Depression gehört, diese absolute Hoffnungslosigkeit. Ich hätte doch meinen Verstand noch und der müsste mir sagen, dass ich schon zwei Mal wieder aus meiner Depression herausgekommen sei. Also sei es ja höchst wahrscheinlich, dass es auch diesmal klappen würde. Ich solle nicht so ungeduldig sein. Es brauche Zeit.

Mein Verstand – der ist beeinflusst von meinen negativen Gedanken. Meine Geduld – sie ist sehr am Ende. In diesem Zustand, den ich am Tag oder in der Nacht fast nicht mehr aushalten kann, ist die Geduld sehr schnell am Ende.

Selbst eine erfahrene Psychologin wie Frau Dr. W. kann sich da nicht reinfühlen. Nein, sie kann es einfach nicht wissen, wie quälend so ein Zustand ist.

Juli 1983
Hochsommer in der Psychiatrie.

Am nächsten Sonntag soll es hier im Psychiatriegelände ein Sommerfest geben. Von der D1 sind einige Patientinnen ausgesucht worden, die in Begleitung von Schwestern und Pflegern daran teilnehmen dürfen. Viele Auserwählte freuen sich regelrecht darauf, was ich natürlich nicht verstehen kann! Ich soll auch zum Fest! Nein, das darf nicht wahr sein! Panik kommt in mir auf. Wie soll das gehen? Außerdem sehe ich sehe keinen Sinn darin. Wozu überhaupt ein Fest feiern?

Sie wollen, dass ich auf andere Gedanken komme und dass ich wieder mehr unter Menschen bin. Schrecklich!

20 Uhr 30
Im Wachsaal

Schw. Rosemarie führt im Wachsaal wieder lautstark das Regiment. Es geht gerade um das bevorstehende Sommerfest. Zurzeit bin ich voller Unruhe. Ich muss ständig umhergehen. Immer wieder durch die langen Flure der Station. An den Zimmern vorbei, durch den Gruppenraum, wo der Fernseher läuft, und weiter bis zur Küche. Dort versperrt mir eine abends abgeschlossene Glastüre das Weitergehen und ich kehre um. Denselben Weg zurück, an dem Stationsbad vorbei und weiter bis zum Wachsaal.

„Ja, die Frau G. darf ja auch aufs Fest, habe ich gehört!" Schw. Rosemarie legt kurz ihren Arm um meine Schulter. „Es ist schwer, gell?" Sie drückt mich.

Bei ihr habe ich den Eindruck, dass sie am besten von allen Bescheid weiß über das Depressivsein. Sie hat wohl die größte Erfahrung vom ganzen Pflegepersonal im Umgang mit den Patientinnen. Sie nimmt sich auch Zeit für kleine Gespräche und sieht schon im Gesicht oder an der Körperhaltung wie es einem gerade geht. Viele Patientinnen spricht sie daraufhin an, hört zu, gibt Ratschläge aus ihrer Sicht.

„Ich möchte nicht mit zum Sommerfest. Was soll ich denn dort." „Also, es gibt Gegrilltes, Getränke und Eis. Die Patienten, die zu krank sind, um mitzugehen, bekommen das auch zum Mittagessen auf ihrer Station. Wir haben Sie angemeldet, weil Sie nicht so krank sind, um nicht daran teilzunehmen. Jetzt schauen Sie, wie das am Sonntag wird. Lassen Sie es auf sich zukommen, auch wenn's schwerfällt."

Juli 1983
Sommerfest im Psychiatriegelände

Mit Schw. Marion „dürfen" wir in einer ausgewählten Patientengruppe aufs sommerliche Fest. Ich muss ja. So vieles, eigentlich alles „muss" ich zurzeit und in den letzten Monaten. Bis hin zu dem Gedanken: Ich muss leben.

Also trotte ich langsam der Gruppe hinterher. Eigentlich ist es eine „Hocketse" mit Essen, aber ohne Musik. Fest, Fest, wozu ein Fest? Die Zeit vergeht und vergeht nicht. Wir sitzen an den Biertischen, manche holen sich noch eine Rote Wurst.

Wer es wollte, könnte hier gut verschwinden! Es ist ein unübersichtliches Menschenchaos. Da wird wie in der Pause bei der Arbeitstherapie laut gerufen, gewunken und durcheinander geredet. Mir wird es aber mit der Zeit zu viel. In meinem Kopf das Chaos und hier beim Sommerfest dieses Durcheinander! Ich ziehe mich noch mehr als so schon in mich zurück! Erneute Verzweiflung wallt in mir auf, ebenso ein heftiges Panikgefühl.

Schw. Marion schaut gerade zu mir herüber, als ich aufsehe. „Geht's Ihnen nicht gut, Frau G.?" Alle am Tisch drehen die Köpfe zu mir. „Kann ich auf die Station zurück?" frage ich. Schw. Marion zögert. „Also in Ihrem Zustand möchte ich Sie nicht allein gehen lassen. Ach, ich glaube, das dürfen Sie sowieso noch gar nicht. Jetzt bin ich schon ganz durcheinander. Moment mal, da drüben läuft mein Kollege von der D1, Herr L., den frage ich mal."

Ja, der Pfleger Herr L. nimmt mich mit. Er ist mit ein paar Männern auf dem Weg zurück ins D-Gebäude. Bis vor die Stationstüre bringt er mich, schließt auf, lässt mich rein und gibt den Schwestern Bescheid, dass ich da bin. Also sie nehmen es doch genau mit dem Aufpassen auf uns Gefährdete!

Im Zimmer lege ich mich mit den Klamotten auf mein Bett. Nur nichts mehr hören und sehen. Nur noch verkriechen und weg sein!

So anstrengend und „umwerfend" kann ein Sommerfest für mich als Depressive sein.

10 Uhr bis 11 Uhr
Musiktherapie

Es hat eine neue Musiktherapeutin in der Klinik zu arbeiten begonnen. Sie hat eine Gruppe von Patientinnen aus verschiedenen Gebäuden zusammengestellt. Die Psychologin Dr. W. meldet mich nach einem Gespräch mit mir dort an. Musik ist eigentlich schon meine Richtung.

Aber auch da spüre ich in der Depression weder Interesse, noch Freude. Musik spricht mich nicht mehr an. Ich höre sie weder im Radio, noch als Kassette wie früher. Meine Welt hat schon lange ihre Töne und ihren Klang verloren!

Nun soll ich heute also zur Musiktherapie. Wie komme ich hin? Allein darf ich doch nicht raus. Eine andere Patientin aus unserer D2 steht schon vor dem gläsernen Schwesternzimmer und wartet auf mich. Zu zweit dürfen wir raus. Schw. Marion erklärt uns den Weg und das Gebäude. Es ist der Altbau, in dem auch die Aufnahmearztzimmer sind. Dort im UG sind die Räume für die Musiktherapie untergebracht. Stumm gehe ich neben der Mitpatientin her. Wie zielstrebig sie alles findet. Das könnte ich nicht. Die Musiktherapeutin, Frau P. begrüßt die Patienten und weist auf einen Stuhlkreis.

„Bitte setzen Sie sich in den Kreis. Wir beginnen gleich." Sie überprüft ihre Liste. „Ja, wir sind vollzählig. Es kann losgehen." Nach einer Vorstellungsrunde (oh, wie peinlich, auch die eigene Krankheit soll man sagen!) kann jede aus einer Kiste ein kleines Schlaginstrument oder Rassel nehmen. Es wird gesungen, d.h. Frau P. und einige Frauen singen, der Rest ist verstummt. Aber fast alle außer mir betätigen zaghaft oder kraftvoll ihr Instrument. Ich soll Lärm machen? Unvorstellbar! Aufmunternd schaut Frau P. zu mir her. Ich solle meine Rassel bewegen. Nein, es geht nicht.

Dafür machen die anderen umso mehr Krach. Also fällt es kaum auf, dass ich nicht mitmache. „Wir wechseln die Instrumente. Jeder gibt seines an den linken Nachbarn weiter." So erhalte ich zwei Klanghölzer. Auch nicht besser. „Wir singen nun zum Abschluss noch ein Lied. Wer macht einen Vorschlag? Was sollen wir noch singen?" Frau P. blickt fragend in die Runde.

Ich habe dieses Jahr überhaupt noch nie gesungen. Und das, obwohl ich in meinen gesunden Zeiten sehr gerne singe und Gitarre spiele. Auch habe ich in verschiedenen Chören gesungen. Musik gehörte immer zu meiner Welt. Aber jetzt kommt nichts aus mir heraus! Kein Ton, keine Musik, kein Lied – alles ist verstummt, ist tot! Die Therapiestunde ist zu Ende. Ich fühle mich sehr erschöpft und ausgelaugt, obwohl ich doch gar nicht mitgemacht habe. Aber das ständige Konfrontiertsein mit meinem eigenen Unvermögen strengt mich sehr an. In mir tauchen dann immer Fragen auf: Warum geht fast alles nicht mehr?

Wo sind meine Fähigkeiten geblieben? War das vorher auch wirklich so toll, wie ich es in Erinnerung habe?

Bedrückende Tage

Alles strengt mich an. Heute scheint mir der Tag besonders schlimm zu sein. Mein Zustand ist fast nicht mehr auszuhalten. Es ist mir aber überhaupt nicht möglich, mich jemandem auf der Station anvertrauen. In der Depression sind alle Tage schlimm. Aber manche Tage sind besonders schlimm! Da schlägt die Depression mit so einer Macht zu, dass es fast nicht mehr zu ertragen ist!

Ich esse nichts. Der Geruch nach Essen reizt mich zum Würgen. Also begebe ich mich erst mal zur Toilette. Alles ist zum K…!

„Frau G. ist nicht zum Küchendienst gekommen. Die will sich bloß drücken! Das weiß ich genau!" Ich kenne die Stimme der Patientin. Die Frau hat zu Beginn ihres Aufenthalts hier ein Bett nach dem Personal geworfen. Das machte tagelang hier auf der Station die Runde. Seit sie Medikamente nimmt, ist sie friedlich, aber ich habe Angst vor ihr. Wenn ihr etwas nicht passt, kann sie ganz schnell in Wut geraten. Deshalb gehe ich ihr meistens aus dem Weg. Ich kann heute einfach keinen Küchendienst machen. Und ich lege mich ins Bett, ob es erlaubt ist oder nicht!

„Frau G., kommen Sie bitte mit ins Schwesternzimmer!" Jetzt ruft mich auch noch Schw. Marion. Sie steht in der Zimmertüre und schaut mich an. Nein, ich will von der Welt jetzt nichts wissen! Es ist mir alles zu viel.

„Frau Dr. W. ist da und möchte Sie sprechen. Wir haben ihr gesagt, dass es Ihnen zurzeit so schlecht geht. Sie möchte eines Ihrer Medikamente absetzen und ein anderes bei Ihnen ausprobieren. Kommen Sie, Frau Dr.

W. wartet vorne." Da muss ich wohl oder Übel mit. Die Psychologin darf man nicht warten lassen. Auch wenn sie ihrerseits mich manchmal bis zu zwanzig Minuten vor ihrer Tür auf ein Gespräch mit ihr warten lässt. Sie lässt mich oft warten, obwohl der Termin ausgemacht ist.

Auf dem Weg zur Psychologin müssen wir an der Küche vorbei. Ich drücke mich auf die andere Seite von Schw. Marion. Sie spürt, dass ich vor den Frauen in der Küche Angst habe. Ich kann einem verbalen Angriff nicht standhalten. Sie sollen mich bloß in Ruhe lassen. Aber einige Patientinnen sehen, dass ich in den Bereich der Ärzte gebracht werde.

Jede weiß Bescheid, was das bedeutet und da wird niemand mehr angegriffen. Der Respekt vor den Ärzten ist groß. Bei mir selbst ist das eher zwiespältig. Ich habe immer Angst, was die Medikamente aus mir machen. Ich nehme sie aber, weil die Ärzte sagen, dass sie mir helfen. Also tue ich, was sie sagen. Auf der anderen Seite kann ich niemandem glauben oder vertrauen, auch den Ärzten und Psychologen nicht. Mein alter Zwiespalt!

„Es geht Ihnen nicht gut? Was ist passiert?" Wie soll ich Frau Dr. W. erklären, dass mein Zustand immer so mies ist und an manchen Tagen oder Nächten halt noch mieser. Und dass das nicht mit einem bestimmten Ereignis zusammenhängt. „Ich kann immer noch nicht schlafen. Ich grüble ständig." So, das bringe ich gerade noch mühsam heraus.

Meine Standartsätze! Wahrscheinlich kann sie nicht viel damit anfangen. Es ist ja nichts Neues für sie. „Wie ging es Ihnen in der Musiktherapie heute Vormittag? Konnten Sie mitmachen? Oder hat es Sie zu sehr aufgewühlt?"

Sie weiß anscheinend immer noch nicht, dass Depressive massive Konzentrationsstörungen haben, sonst würde sie nicht so viele Fragen auf einmal stellen. Ich falle ja schon bei der ersten Frage weg und dann rauscht alles wie ein Wasserfall an mir vorbei. „Haben Sie mir nicht zugehört? Ist in der Musiktherapie etwas vorgefallen? Seitdem geht es Ihnen schlechter. Schw. Marion ist das zuerst aufgefallen und ich habe gehört, dass Sie auch nichts gegessen haben." Was die Psychologin schon wieder alles weiß!

„Mir war nur etwas übel. Sonst nichts."

Also das ist sehr untertrieben, aber ich kann es ihr nicht sagen, wie es in mir aussieht. Worte treffen meinen depressiven Zustand nicht. Ich kann ihn nicht beschreiben. Und heute schon gar nicht. Ich bin mal wieder total verstummt!

Dafür legt Frau Dr. W. los: „Ich habe mit dem Stationsarzt besprochen, dass wir einen Medikamentenwechsel vornehmen, wenn Ihnen die jetzigen Tabletten nicht helfen. Und es sieht danach aus. Die neuen werden Sie nicht ganz so müde machen, dafür helfen sie verstärkt gegen das negative Grübeln. Sie wirken nämlich mehr stimmungsaufhellend, was jetzt bei Ihnen unbedingt angebracht ist. Sonst kommen Sie aus Ihrem Loch überhaupt nicht mehr heraus." Das hört sich für mich an wie eine neue Wunderpille!

Ich weiß, dass es so etwas nicht gibt, sonst hätten sie es mir und anderen Frauen hier schon längst gegeben. Alles wird schön geredet. Sie versprechen einem Besserung und Heilung und nach ein paar Wochen: „Sorry, wir müssen das Medikament ändern. Es hat bei Ihnen nicht so gewirkt, wie wir erhofft haben."

Auf der anderen Seite beginnt mit einem neuen Medikament auch bei mir die vermehrte Selbstbeobachtung: Kann ich jetzt endlich schlafen? Und was hat das Zittern der Hände zu bedeuten? Warum sehe ich manchmal so verschwommen? Hoffentlich kann ich heute auf die Toilette. Diese kritische Selbstbeobachtung führt weiter zu erneuter Hoffnungslosigkeit und weiterer Niedergeschlagenheit. Ich denke, die Ärzte haben es schwer mit uns Depressiven! Wir haben hypochondrische Züge an uns. Selbst kleine Erleichterungen oder Verbesserungen in unserem Zustand können wir nicht erkennen und wenn, dann auf keinen Fall zugeben. Dieses Verhalten gehöre mit zum Krankheitsbild.

Mit dem Kopf weiß ich so vieles über die Depression, aber sie zu erleiden ist eine ganz andere Sache! Da hilft mir mein Wissen und was ich darüber gelesen habe überhaupt nichts! Die Depression hat mich in Ketten gelegt, mich hinter Mauern eingefangen und meinen Körper samt Seele eingekerkert. Deshalb bleibt mir der Zugang zu meinem Wissen und zu meinen Gefühlen verwehrt.

Ich bin von meinem bisherigen Leben, Fühlen und Denken abgeschnitten! So, als ob ich vorher ein anderer Mensch gewesen wäre. Und jetzt bin ich mir selbst fremd!

Juli 1983
Erste Wochenendbeurlaubung

Und schon wieder sind zwei Wochen hier in der Klinik vergangen. Nichts Neues bei meinen Medikamenten, dafür Neues in der Visite! Obwohl ich keine Besserung in meiner Stimmung und bei meinem Antrieb vermelden kann, teilen mir Stationsarzt und Psychologin heute mit, dass sie einen Versuch mit mir starten wollen.

Ich darf am kommenden Wochenende nach Hause fahren. Am Samstag soll mich mein Freund nach dem Frühstück abholen und am Sonntagabend bis spätestens 19 Uhr wieder zurückbringen. Ganz gemischte Gefühle meinerseits!

„Ja, das wissen wir und wir haben auch nicht erwartet, dass Sie –Hurra!– schreien. Es geht darum, dass wir testen wollen, wie stabil Sie sind und ob Sie zwei Tage zuhause klar kommen. Sie leben ja nicht allein, sodass Sie versorgt sind. Wenn es einigermaßen klappt, so dürfen Sie ab sofort jedes Wochenende heim. Sie sollen ja hier in der Klinik nicht Wurzeln schlagen, sondern Stück für Stück wieder ans normale Leben draußen gewöhnt werden." So viele Sätze! So viele Erklärungen!

Jetzt meldet sich der Stationsarzt auch noch zu Wort: „Für die beiden Tage bekommen Sie Ihre Medikamente genau dosiert mit nach Hause, einschließlich eines Schlafmittels für die eine Nacht. Haben Sie noch Fragen?" Wie immer hätte ich noch viele Fragen. Aber darauf kann mir sowieso kein Arzt eine Antwort geben.

Ich blicke auf den Fußboden vor mir und schweige. Der Arzt seufzt leise. Frau Dr. W. erlaubt mir, meinen Freund anzurufen, damit er mich am Samstag holt. Ich habe ab sofort Angst vor dem kommenden Wochenende.

9 Uhr, Samstag

„Bevor Sie ins Wochenende verschwinden, kommen Sie noch zu mir ins Dienstzimmer. Sie bekommen noch Ihre gefüllte Medikamentenbox mit für zu Hause. Wenn irgendetwas ist am Wochenende, wenn es Ihnen absolut schlecht geht, lassen Sie hier anrufen oder lassen Sie sich wieder herbringen, ja?"

Schwester Edith vom Wochenenddienst der D2 ist wohl besorgt um mich. „Aber ich bin sicher, Sie schaffen das". Nun habe ich meine Reisetasche gepackt, mühsam (!), und meine Medikamente auch noch darin verstaut. In den letzten Monaten habe ich das Meiste meiner Kleidung hierherbringen lassen. Ich brauchte ja in der Zwischenzeit Sommerkleidung. Diese ließ ich mir durch meinen Freund mitbringen. So hat sich jetzt einiges in meinem Schrank angehäuft. Meine ältere Schwester wäscht mir alles und bringt es bei Ihren regelmäßigen Besuchen mit. Wie gut, dass ich solche Hilfe habe.

Es klingelt an der Glastür der Station.

„Frau G., Ihr Besuch ist da!" Ein kurzer Abschied von Schw. Edith und ich stehe plötzlich auf der anderen Seite der Tür. Unsicher gehe ich auf K. zu. Er hat mich in den ganzen Wochen ja schon besucht. Aber dass ich heute nun mitgehen darf, ist für beide was Neues. Im Auto erzähle ich kurz von den letzten Arztgesprächen und Änderungen der Therapie.

Aber ich weiß nicht, ob er mir überhaupt zuhört. Er konzentriert sich aufs Fahren. "Du kannst am Wochenende machen, was du willst", meint er. „Ich muss nachher am Auto noch was reparieren und lackieren. Das wollte ich eigentlich heute Vormittag erledigen.

Aber durch die Fahrerei zu dir und zurück kommt jetzt mein ganzer Plan durcheinander! Ich habe keine Zeit für Händchenhalten oder Psychodiskussionen. Du kennst meine Meinung über deine Frau Dr. W. und Co. Da hat sich bei mir nichts geändert seit dem letzten Gespräch und dabei bleibt es auch!" K. wirkt sehr zornig auf mich.

Ich betrete unsere Wohnung und schaue mich um. Plötzlich breche ich in Tränen aus. „Was ist denn jetzt schon wieder los? Warum heulst du denn?" K. ist jetzt offen aggressiv zu mir. Er lässt meine Reisetasche zu Boden plumpsen. „Ich fühle nichts! Ich fühl mich hier nicht zu Hause. Ich bin nirgends zu Hause! Weißt du überhaupt, wie schlimm das ist?"

„Keine Ahnung, was du faselst. Ich jedenfalls habe zu tun. Du hältst mich bloß auf mit deinem Geplärre!"

Zum Glück treffen wir am Sonntagnachmittag noch gemeinsame Freunde zum Spaziergang und Kaffeetrinken. Die meisten freuen sich, mich hier wieder zu sehen. Manche haben mich vor vielen Wochen auch schon in der Klinik besucht. In Freiheit sei es doch etwas anderes, sagen sie. Ob ich mich schon besser fühlen würde. Ich dürfte jetzt ja schon am Wochenende raus. „Nein, mir geht es immer noch schlecht. Ich grüble viel und kann nachts nicht schlafen".

Ich denke, ich muss mir mal neue Standardsätze zurechtlegen. Ab Sonntagnachmittag geistert mir schon wieder die Klinik durch den Kopf und dass ich bald wieder zurück muss.

Nirgends fühle ich mich hingehörend, weder in der Klinik, noch zu Hause. Das ist die Erkenntnis von meiner ersten Wochenendbeurlaubung. Und dass ich meinem Freund nur noch lästig bin. Da ist nichts Liebevolles mehr zwischen uns. Kein Funken Interesse am anderen. Und das nicht erst seit meinem Klinikaufenthalt, also seit April. Das hat schon im letzten Jahr, also Ende 1982 angefangen. Hat mich das also doch krank gemacht? So, wie es meine Psychologin schon lange angedeutet hat?

Wollte ich es nicht wahrhaben, dass unsere Beziehung krank und kaputt war?

Dass unser Zusammenleben in einer gemeinsamen Wohnung nicht so befriedigend war, wie ich es mir erhofft hatte? Und dass die Spannungen zwischen uns nicht weniger, sondern mehr wurden? Wollte ich mir einfach nicht eingestehen, dass ich mich nur noch an ihn klammerte aus Angst vor Verlust und vor dem Alleinsein?

Im Moment schwirrt mir der Kopf. Ich bin nicht in der

Lage, solche Probleme anzugehen. Seit dem Wochenende zu Hause stehen alle unsere privaten Probleme wieder direkt vor mir: unlösbar und niederdrückend.

20 Uhr 20

Unruhe auf der D2. Es ist für alle zu spüren. In der Zwischenzeit sind alle Patientinnen, die zu Hause waren, aus ihrem Wochenende eingetroffen. Manche so ruhig und still, wie ich. „Hallo, ich möchte mich zurückmelden." Andere schreien schon an der Stationstüre herum. „Jetzt bin ich wieder da in eurem Saftladen! Am liebsten wäre ich fortgeblieben. Aber nein, ich soll wieder zu euch in die Klapse, ihr Idioten!"

„Na na. Wer wird hier denn so rumschreien! Kommen Sie, ich bring Sie in Ihr Zimmer. Dann können Sie erst mal auspacken." Die Nachtschwester kann gut beruhigen. Sie bringt die Patientin in ihr Zimmer.

Meine Zimmerkolleginnen sind auch schon da. Sie durften schon öfters am Wochenende nach Hause. Da hatte ich immer zwei Tage das Zimmer für mich. Das ist gut zum Verkriechen im Bett! Ich betrete das Zimmer. „Hallo." Keine Antwort.

Ich räume meine Tasche aus und die Wäsche in meinen Schrank. Wenn wir im Zimmer nicht oder wenig miteinander reden, so ist das nicht böse Absicht, sondern weil wir nicht können. Ja wie, nicht reden können?

Schwer Depressive können nicht kommunizieren. Vielleicht einfache Fragen beantworten. Mehr nicht. Psychotisch Kranke wahrscheinlich auch nur einseitig. Das weiß ich nicht. Aber ich erlebe es hier hautnah, wie gestört zwischenmenschliche Beziehungen in der Psychiatrie sind. Die verschiedenen Krankheiten machen die Patienten unfähig, sich angemessen anderen mitzuteilen.

Meist ist keine noch so einfache Unterhaltung möglich. Die Gefühlswelt ist ebenso gestört oder eingeschränkt, wie die Verstandeswelt. Wir leben halt jede in unserer eigenen Schatten-Welt, in der dunklen, hoffnungslosen oder in der irrealen, schillernden Wahnwelt. Nur manchmal können wir da andere bruchstückhaft hereinlassen. Aber ob die dann unsere Welt verstehen können? Ich bezweifle das sehr!

11 Uhr 05

Nach der Musiktherapie: Die Therapeutin Frau P. nimmt mich zur Seite. „Bevor Sie auf Station gehen, eine Frage. Ich habe gehört, dass Sie musikalisch sind. Deshalb habe ich Sie ja auch in die Gruppe aufgenommen. Manches lässt sich leichter über die Musik ausdrücken. Aber ich spüre bei Ihnen große Ängste und Hemmungen. Liegt es an der Gruppe oder an Ihrem depressiven Zustand?" Ich zucke nur mit den Schultern. Solche Fragen stelle ich mir nicht. Ursache? Ich allein bin Schuld. Ich bin geschlagen mit dieser Krankheit, von der ich nicht weiß, warum sie kam und wann sie geht! Ob sie überhaupt irgendwann geht.

Wir schweigen uns eine Weile an. Dann redet Frau P. weiter: „Ich habe einen Vorschlag für Sie. Drüben im alten Hauptgebäude S steht ein komplettes Schlagzeug in einem Kellerraum. Wenn Sie wollen, zeige ich es Ihnen mal. Dort könnten Sie sich mal so richtig austoben und abreagieren. Völlig ungestört. Kein Mensch sieht Ihnen dabei zu oder hört Sie.

Naja, vielleicht doch. Aber dann sind Sie anonym. Ich denke, dass es ein Versuch wert ist, oder?" Natürlich bin ich skeptisch. Ehrlich gesagt bin ich richtig erschrocken, als sie das Schlagzeug erwähnte. Laut sein macht mir Angst!

Doch anschauen würde ich mir das Schlagzeug eigentlich schon. Und den Keller. Wie kommt man eigentlich da hin? Darf ich allein gehen? Frau P. schaut mich gerade fast bittend an. Sie ist wirklich immer sehr nett zu mir und versucht oft, meine momentane Erlebenswelt zu verstehen. Da sie mir Zeit lässt mit der Antwort und mich nicht bedrängt, möchte ich sie nicht enttäuschen. „Gut, ich schaue es mir mal an. Aber ich glaube nicht, dass ich darauf spielen werde." Sie lacht. „Wir werden es sehen. Ich kann Sie übrigens heute Nachmittag abholen. Wann ist denn auf Ihrer Station die Mittagsruhe vorbei? Vierzehn Uhr? In der Arbeitstherapie werde ich Sie kurzfristig entschuldigen und sagen, dass Sie heute Nachmittag etwas später kommen."

14 Uhr
Das Schlagzeug

Ich bin mit Frau P. im Park unterwegs zu etwas Neuem. Vorsichtig und ohne besondere Erwartung gehe ich neben der Musiktherapeutin her. Sie zeigt mir einen kleinen Schlüssel. „Wenn Ihnen das Spielen, besser das Trommeln zusagt, bekommen Sie von mir diesen Schlüssel. Der passt in den Schlagzeugraum. Dann können Sie jederzeit rein, wenn Ihnen danach ist. So, da sind wir."

Frau P. gibt mir bei der Eingangstüre den Vortritt. Wir nehmen die Treppen zum UG des Gebäudes S. Alles recht kalt und düster. Am Ende eines Flures bleibt sie stehen und schließt eine Türe auf. Wir sind da. Es scheint ein weiterer Therapieraum zu sein. In ihm verteilt stehen die verschiedensten Instrumente herum. In der Mitte sehe ich ein Halbkreis aus Holzstühlen, auf deren Sitzflächen Rasseln, Triangel und ähnliches liegen.

Da! Das Schlagzeug! Es ist hinter dem Stuhlkreis vor

einer Wand aufgebaut. Wir nähern uns und ich schaue es genauer an. Es gibt eine große und mehrere kleine Trommeln, alle aus dunkelrot lackiertem Holz, zwei Becken und einen Hocker. Auf ihm liegen die beiden Holzstöcke zum Trommeln. Leicht streiche ich über eines der Trommelfelle. Ich spüre die straffe Spannung. „Setzen Sie sich doch mal auf den Hocker. Nur so".

Ich greife nach den beiden Holzstöcken, denn sonst kann ich mich ja nicht auf den Hocker setzen. Frau P. schaut, ob die Höhe des Hockers stimmt. Dazu muss ich meinen rechten Fuß auf das Pedal der großen Trommel stellen. Sie ist zufrieden. „Ja, das passt. Wie wär's, wenn Sie einfach mal drauf los spielen. Ich werte nichts, gar nichts. Schlagen oder streicheln Sie die Trommeln. Egal, was dabei rauskommt." Frau P. geht in die ganz andere Richtung des Raumes. Sie ist schon fast bei der Zimmertüre, so dass ich sie kaum noch wahrnehme. Zaghaft trete ich meinen rechten Fuß und „wumm"! ertönt die tiefe Trommel. Für mich echt laut! Wie klingt das erst, wenn da jemand fest zuschlägt?

Nun ist wieder Stille im Raum. Von Frau P. bemerke ich nichts mehr. Sie ist aus meinem Blickfeld verschwunden und ich vergesse ganz, dass sie da ist. In mir ist viel Hemmung und Angst. Ich traue mich nur langsam, die Stöcke einzusetzen. Zunächst lasse ich sie einfach auf das Trommelfell fallen. Rasselnd kommt das Geräusch! Ich wiederhole dies noch eine Weile und werde dabei mutiger. Es kann mir eigentlich nichts passieren. Frau P. verhält sich weiterhin so ruhig, als wäre sie gar nicht da. Ich habe sie völlig vergessen. Ich bin allein mit mir und trotzdem macht mir die Situation keine Angst.

Ich probiere verschiedenes aus: Große Trommel alleine, kleine dazu, nun ganz allein eine kleine Trommel und dann dazu kleine Schläge auf ein Becken. Ich kann nicht sagen, dass mir das Spaß macht. Was ist überhaupt Spaß und wozu hat jemand Spaß? Aber ich spüre, dass ich etwas tue. Ich bin aktiv, bin laut, seit Monaten mal laut. Es tut sich etwas in mir. Aber ich kann es nicht beschreiben. Ich stehe auf und lege die Stöcke auf den Hocker. Frau P. wartet an der Türe. „Hier ist der Schlüssel. Sie brauchen mich nicht zum Spielen. Abends ab 19 Uhr ist der Raum immer frei. Da können Sie gerne rein. Wir seh'n uns ja in der Musiktherapie. Ansonsten können Sie mich jederzeit anrufen, wenn es etwas Aufwühlendes gibt. Oder Sie sprechen mit Frau Dr.W. in der D2. Ist das in Ordnung für Sie?"

Seit ich hier bin in der Klinik, also seit dreieinhalb Monaten hat sich kaum jemand so um mich gekümmert, wie diese junge Musiktherapeutin. Dabei hat sie ja so viele Patientinnen. Ich weiß nicht, warum sie mein Schicksal so interessiert. Depressive sind keine attraktiven und interessanten Patienten. Eher langweilig, wenig gepflegt, wirken stumpfsinnig und nicht unterhaltsam. Aber um mich hat sie sich oft gekümmert in ihrer unaufdringlichen und einfühlsamen Art. Sie ist ein paar Jahre jünger als ich und fühlt sich mir dadurch vielleicht näher als zu den oftmals ziemlich älteren Patienten.

Trommeln, sich abreagieren, Aufgestautes rauslassen. Vielleicht sieht sie für mich da einen Weg, um aus meinem Kokon rauszukommen. Ohne lange nachzubohren hat Frau P. mir den Schlüssel zum „Schlagzeugraum" gegeben. Sie hat wohl gespürt, dass ich bereit bin für das Experiment.

Ich darf ohne Zeugen meine aufgestaute Hemmungen abbauen und dabei etwas aus mir herauslassen. Sie gibt mir Möglichkeiten, meinen immensen inneren Druck, den ich so mühsam unter Kontrolle halte, etwas abzubauen.

Als Erzieherin verstehe ich, was das psychisch für mich bedeuten kann. Aber werde ich mich von der Station aufraffen?

Werde ich den Weg gehen, den mir die Therapeutin da zeigt? Es gehört ungeheueren Mut dazu und Energie. Ich muss Entscheidungen treffen. Da fangen wieder die Probleme an.

„Wollen Sie, dass ich beim ersten Mal dabei bin?" Ich zögere. „Frau G., ich traue es Ihnen zu, dass Sie es allein schaffen." „Ja, ich versuche es." So, jetzt habe ich eine Entscheidung getroffen! Ich habe mit Angst und trotz Angst etwas für mich entschieden. Frau P. lächelt mich an. Unsicher lächle ich zurück.

August 1983
„Freier Ausgang"

Nach dreieinhalb Monaten Klinikaufenthalt hier gibt es für mich eine neue Regelung: Ich darf ab sofort alleine raus und muss nicht mehr warten bis sich ein oder zwei Patientinnen zusammengetan haben, um spazieren zu gehen oder in der Stadt etwas einzukaufen. Eine Freiheit, mit der ich noch nicht viel anfangen kann. Aber das Wissen, dass ich jederzeit raus kann, ist in meinem Kopf. Vielleicht werde ich es einmal ausprobieren. Ich kenne den Park ja von vielen Spaziergängen her und den Weg in das nahe Stadtzentrum finde ich auch. Bei den anderen Patientinnen bin ich dadurch in der „Stations-Hierarchie" aufgestiegen.

Wer endlich ohne Begleitung Ausgang hat, der steht quasi kurz vor der Entlassung!

Dabei fühle ich mich noch so mies wie einen Monat zuvor beim Sommerfest. Ich spüre keine Besserung. Meine Psychologin meinte nur im Gespräch heute Nachmittag, dass sie es mir zutraut, dass ich verantwortungsvoll damit umgehe. Sie hält mich nicht mehr für suizidgefährdet. Ich hätte in den letzten Wochen auf sie nicht mehr so niedergeschlagen gewirkt, wie in meiner Anfangszeit. Nun, sie muss es ja wissen. Aber irgendwie verblüfft es mich schon, wie sie mich einschätzt. Es stimmt. Ich habe in der letzten Zeit nicht mehr ans Umbringen gedacht oder dass es sinnlos ist zu leben.

Wie kommt das? Ich habe es nicht gemerkt, dass sich etwas an meinem Zustand geändert hat. Aber Frau Dr. W. hat es beobachtet! Und gleich darauf reagiert.

19 Uhr 10
Schlagzeug spielen

Wumm! Die große Trommel tönt dumpf und laut. Wumm, wumm! Mit ihr ist es irgendwie einfach. Das Fußpedal lässt sich leicht bedienen. Mein Fuß gehorcht mir im Moment eher als meine Hände und Arme. Ich versuche es aber trotzdem mit den kleinen Trommeln. Wahllos schlage ich drauf, werde schneller und auch mal lauter. Nach einigem Ausprobieren nehme ich die Becken dazu. Es entsteht kein bestimmter Rhythmus, sondern es wird ein wildes Draufschlagen!

Musikalisch hört sich das bestimmt grausam an, aber darauf kommt es bei meinem Experiment ja nicht an. Ich darf spielen, was ich will und wie ich will. Ohne Wertung und ohne meine ständige innere Kontrolle!

Durch das Fuchteln mit den Armen habe ich den Fuß zur großen Trommel vernachlässigt. Also kommt sie auch wieder dazu. Schreckliches Getöse. Gut, dass mich niemand hört! Ich werde immer lauter und auch mutiger.

Ich vergesse den Raum um mich herum. Ich vergesse, dass ich krank und gehemmt bin.

Plötzlich steigt in mir eine große Verzweiflung hoch. Ein Schluchzen drängt sich in meine Kehle und dann schwimmen meine Augen in Tränen. Ich sehe nichts mehr. Trotzdem schlage ich weiter auf das Schlagzeug ein. Wild und unkontrolliert! Ich weine meine ganze Verzweiflung heraus. Nach einer Weile wandelt sich dieses Verzweiflungsgefühl in eine Wut um. Während der lauten Trommelschläge spüre ich sie in mir hochkommen. Eine ungeheuere Wut lässt mich wie entfesselt noch mehr auf die beiden Trommeln vor mir einschlagen.

Wumm! Wumm! Es ist die Wut auf mein Schicksal, auf diese schreckliche Krankheit, die sich so wüst in meinem Leben breit gemacht hat. Es kommt eine Wut auf meine Mutter hinzu und auch eine ungeheuere Wut auf meinen Freund, von dem ich mich im Stich gelassen fühle. Ich erschrecke vor mir selbst! Ich erschrecke vor dieser immensen inneren Wut, die ich, bzw. die Depression unter „Verschluss" hielt und nie hochkommen ließ.

Wumm! Tsching! Bombom! Es dröhnt in meinen Ohren! Meine Augen verschwimmen durch meine Tränen, sodass ich fast nichts mehr sehe. Aber ich spiele und schlage weiter fast wie in Trance! Etwas später lege ich erschöpft die Stöcke auf eine Trommel. Ich bleibe noch eine Weile auf dem Hocker sitzen und lasse die Tränen laufen.

Endlich weinen! Endlich mich spüren! Im Moment bin ich kein gefühlloses Gepäckstück mehr, kein Koffer, keine Reisetasche. Es hat sich in mir etwas gelöst, befreit. Und irgendwie hat es mir gut getan. Nun weiß ich, dass ich wieder in den Schlagzeugraum kommen werde.

8 Uhr 10
Wechsel in der Arbeitstherapie

„Ihre Psychologin ist der Meinung, dass Sie nach so vielen Wochen beim Töpfern eine andere Tätigkeit ausprobieren sollten. Wie ist es nebenan mit der Schreinerei? Das wäre mal etwas ganz anderes. Bei der Holzbearbeitung kann man sich auch gut abreagieren."

Frau M., die mich in der Töpferei so lange beobachten konnte, kennt mich, bzw. meine ursprüngliche Art immer noch nicht. Trotz der langen Zeit. Wie auch?

Depressive sind so anders in ihrer Krankheit. Um 180 Grad gedreht. Sie können ihr ureigenstes Wesen nicht zeigen. Es ist ihnen abhanden gekommen. So ist Frau M. mir und ich ihr fremd geblieben. Trotzdem habe ich beim Töpfern außer Schalen und Vasen viel anderes probiert, z. B. Tiere und menschliche Figuren.

Dabei hat mich Frau M. immer ermuntert und auch gelobt. Sie meinte, wer so tolle Figuren machen kann, in dem würde noch viel Leben stecken und Kreativität: „In Ihnen ist nicht alles tot. Da steckt noch sehr viel Leben drin." Ja, meine Figuren! Ich nenne sie bei mir meine „Gesichts- und Geschlechtslosen". Ich habe sie meist in kniender oder kauernder Haltung geformt und sie drükken Verzweiflung oder eine abwehrende Haltung aus. An jeder von den Vieren habe ich lange gearbeitet. Bis ich zufrieden war mit Haltung des Körpers oder der Arme, konnten Stunden oder Tage vergehen. Dann die Auswahl der Glasur. Trotz meinem depressiven Zustand ist in mir auch die Spannung: wie kommt die Glasur raus nach dem Brennen.

Und nun soll ich also die Therapie wechseln. Naja, Holzbearbeitung war auch ein Bestandteil in meiner Erzieherausbildung. Mit Holz bin ich immer gerne umgegangen. Es ist ein schönes Naturmaterial, das ich gerne und gut bearbeiten konnte. Sägen, schnitzen, feilen, all das habe ich in meiner Ausbildung kennengelernt. Auch mit meinen Jugendlichen habe ich als Erzieherin manchmal mit Holz gebastelt.

Aber hier? Ich kenne die Schreinerei. Um in die in Töpferei zu gelangen muss man durch die Räume der Schreinerei gehen. Das Ganze dort wirkt auf mich eher wie eine Produktionswerkstätte, nicht wie Therapieräume. „Sie haben das Tonen hier bei mir eigentlich ausgeschöpft. Hier können wir Ihnen nach so vielen Monaten nichts neues mehr bieten." Frau M. lächelt dabei. „Es wird Ihnen beim Holz sicher gefallen. Herr H. ist dort für Sie zuständig. Am Besten wir gehen mal zusammen rüber. Er zeigt ihnen alles und wir besprechen mit ihm, wann Sie wechseln können."

Wieder ein Neuanfang. Wieder tauchen in mir Unsicherheit und Ängste auf! Geht das denn nie vorbei? Aber es scheint besprochene Sache zu sein und ich füge mich – so wie immer in der Depression.

Quietsch! Krrrrrr! Kreissägen und Hobel lärmen. Herr H. kommt auf uns zu. „Frau Dr. W. hat schon angekündigt, dass Sie zu uns in die Schreinerei kommen. Ich bin Herr H. und bin Arbeitserzieher hier. Ich schlage vor, ich zeige Ihnen erst einmal, was wir hier alles haben. Dann besprechen wir, wo Sie arbeiten können." Als Herr H. später von mir erfährt, dass ich als Erzieherin in einem Berufsbildungswerk arbeite, ist er sehr interessiert an dieser Einrichtung und an meiner Tätigkeit.

„Wir fertigen zurzeit Holzspielzeug an und zwar eine Lokomotive und ein Flugzeug. In unserem Laden im Hauptgebäude werden sie später verkauft. Daneben arbeiten wir auch auf Bestellung. Hier bei den Flugzeugen können wir noch jemanden gebrauchen, der die verschiedenen fertig gesägten Teile abschleift und dann nach Plan zusammenleimt."

Ich schaue mich um: Hier in der Schreinerei arbeiten alle relativ selbständig für sich. Nicht so nahe nebeneinander wie in der Töpferwerkstatt. Durch die verschiedenen lauten Maschinen ist kaum eine Unterhaltung möglich. Aber das stört mich nicht. Im Gegenteil. Herr H. zeigt mir ein fertiges Flugzeug. Ich nehme es in die Hand und streiche über die glattgeschliffene Oberfläche. Das Flugzeug hat zwei dicke Räder – natürlich auch aus Holz und vorne an der „Schnauze" einen Holzpropeller. Wer kauft so was? Und warum bloß? Ist so ein Flugzeug schön für Kinder? So denke ich natürlich gleich und frage mich, was Kinder überhaupt damit anfangen können. Sich ins Spielen oder in ein Brettspiel vertiefen und die Zeit vergessen?

Das ist jetzt ein unvorstellbarer Gedanke für mich. Ich weiß, dass ich es konnte. Ich habe oft mit meinen Schwestern oder Freunden gespielt, ganze Abende lang. Es hat mir gefallen. Ich weiß es. Nein, mein Verstand weiß es. Aber ich selbst fühle heute nichts dabei. Keine angenehme Erinnerung, keine Freude, nichts! Spielen, wozu? Alles wieder mal sinnlos!

Herr H. reicht mir einen Korkklotz, um den er ein Stück Schleifpapier gewickelt hat.

„Hier an diesem Flugzeugkörper zeige ich Ihnen mal, wie das Glattschleifen geht und dann dürfen Sie es selbst probieren." Mutlos schaue ich ihm zu. Ich fühle mich mal wieder total überfordert! Ob er es ahnt, wie mir zumute ist? Er kommt mir vor wie ein Arbeiter, der von Depressionen keine Ahnung hat. Ich soll etwas produzieren, das danach verkauft wird?

So exakt und sauber kann ich gar nicht arbeiten! Ich halte den Druck in meinem Inneren und den Druck von außen fast nicht mehr aus! Es wird mir zu viel. Mechanisch schleife ich die Holzteile und lege sie in eine Kiste. Wenn es nur bald zu Ende wäre. Zu Ende mit dem Tag, mit der Nacht voll Verzweiflung, mit allem!

19 Uhr 35
Billardspielen

„Kommst du mit? Ich habe die Billardstöcke bei Schw. Rosemarie reserviert. Wir könnten eine paar Spiele machen!" Gabi ist auch schon ein paar Wochen hier auf der D2. In einem ganz verwirrten und erregten Zustand wurde sie eines nachts hier eingewiesen, hat laut und anhaltend herumgeschrien und alle beschimpft.

Kaum zu glauben, dass es dieselbe Person ist, die mich jetzt zum Billardspielen auffordert. Wenn ich sie jetzt sehe, habe ich zwar keine Angst mehr vor ihr, aber ihre starke Aktivität ist mir nach wie vor nicht geheuer. Sie redet viel und vor allem laut. Dabei hüpft und tanzt sie umher wie eine aufgezogene Puppe. In meinen Augen ist Gabi total überdreht, trotz der Medikamente, die sie bekommt.

Ich habe keine Lust auf Billardspielen. „Klar geht Frau G. mit. Sie traut sich bloß nicht. Auf geht's. Ich gebe euch die beiden Stöcke. Das klappt bestimmt mit euch beiden. Es ist auf alle Fälle besser, als im Zimmer oder vor der Glotze rumzuhängen!" Jetzt mischt sich auch noch die Nachtschwester ein!

Kurz darauf trotteten wir mit Billardstöcken los zum Raum neben dem Besucherzimmer. Dort steht der Billardtisch. Gabi ordnet sogleich die Kugeln und legt los. Sie trifft natürlich. Dass sie fast jeden Abend Billard spielt, ist bekannt auf der Station. Immer wieder läuft sie auf der Suche nach Mitspielerinnen durch die D2.

Aber es wurde wieder einmal über mich bestimmt. Immer wird über mich bestimmt! Alle anderen wissen stets besser, was gut für mich ist. Und ständig gebe ich nach oder lasse über mich bestimmen. Es wurmt mich, aber ich kann momentan nichts daran ändern. Morgen Abend gehe ich wieder Schlagzeug spielen. Vielleicht hilft es mir etwas!

Ende August 1983
Der Weg aus dem Tunnel

Zunächst unmerklich für mich, aber doch deutlich für die Menschen meiner Umgebung, lüftet sich der depressive Schleier. Nein, kein zarter Schleier zerreißt, sondern meine massive und schwarze Mauer bröckelt. Die Mauer, hinter der ich monatelang, genauer gesagt zehn Monate eingekerkert war, bekommt Risse!

Ich spüre noch nicht viel, aber mir fällt die Reaktion verschiedener Menschen auf. Eine Patientin, die erst kurz auf unserer Station ist, fragte mich gestern, ob ich eine Therapeutin hier sei. Dafür haben mich schon manche gehalten. Aber so deutlich und direkt hat mich noch keine gefragt. Wirke ich so normal?

Dann haben mich ein Paar Frauen hier sehr gelobt, als ich vor zwei Tagen meine gebrannten Tonfiguren aus der Arbeitstherapie mit gebracht habe.

„Oh, schön! Hast du die gemacht? Mann, du bist ja eine Künstlerin!" Einige lachten, andere staunten bloß, was ich da auf einem Tablett durch den Flur trug. Ich musste stehen bleiben und sie gewähren lassen. Es war total ungewohnt für mich. Bewundert werden für etwas, das ich geschaffen hatte.

Frau Dr. W. lächelt mich manchmal an, wenn sie mich anfangs unserer Sitzung fragt, wie es mir geht. Sonst lächelt sie eher selten, wirkt konzentriert oder abweisend auf mich. Ja, fast kühl. Was ist los mit ihr? Oder frage ich besser: Was ist los mit mir?

Ich stelle zurzeit fest, dass mich meine Stimmung nicht mehr so sehr nach unten zieht. Es wird leichter zu leben. Leichter, in der Psychiatrie hier zu leben. Ich gehe öfters raus, beginne den Spätsommer zu erleben. Es ist inzwischen Ende August und noch voll warm und sonnig. Ich kann endlich den Sommer spüren!

Auch zieht es mich richtig raus. Ich bin neugierig auf den Park und auf die nahe Stadt. Da beginne ich mit kleinen Einkäufen, wie z.B. Sockenwolle für mich und für andere Frauen, die nicht raus dürfen. Der Wechsel von Wetter oder von den Jahreszeiten habe ich in der tiefsten Depression nicht mitbekommen. Ich sehe da nichts, spüre nichts und werde von nichts berührt.

So langsam entdecke ich das Leben wieder!

Ich kann es nicht sagen, wie und wann meine Heilung begonnen hat. Es gibt keinen bestimmten Tag, ab dem ich angefangen habe zu genesen. Sondern es ist wieder ein Prozess, also innerhalb ein, zwei Wochen, in dem es anfängt, mir besser zu gehen. Wie gesagt, ich merke es erst an den Reaktionen der anderen auf mich.

Und eines Morgens stelle ich fest, dass ich gut geschlafen habe und erholt aufgewacht bin. Und das ist dann nicht die Ausnahme, sondern es wiederholt sich tatsächlich Nacht für Nacht! Unglaublich nach dieser langen Zeit und nach all der Qual! Ich steige morgens aus dem Bett, ohne mich zu zwingen oder mich rauszuquälen.

Manchmal bin ich schon angezogen, wenn eine Schwester zum Wecken durch die Zimmer geht. Abends hole ich keine Schlaftablette mehr, sondern sitze eher bei der Nachtschwester noch eine Weile auf dem Balkon und plaudere mit den anderen Patientinnen. Das hat es alles monatelang nicht gegeben für mich! Das Stationsleben ist mehr oder weniger an mir vorbeigerauscht. Meist war ich für mich in meinem Zimmer in meiner eigenen depressiven Welt. Und nun bin ich dabei, meine dunkle, enge Welt zu verlassen.

Wie ein Falter, der seinen Kokon verlässt und in eine neue Welt flattert, so beginne ich aus meinem dunklen und hoffnungslosen Tunnel wieder aufzutauchen und mich neugierig umzuschauen.

Wie habe ich das alles vermisst! Nie konnte ich in all der vergangenen Zeit daran glauben, dass sich diese Welt wieder für mich öffnet. Und jetzt tut sich doch ein Lichtblick für mich auf. Ich kann das Ende an meinem Tunnel ahnen.

Schw. Rosemarie sagte vorhin auf dem Balkon zu mir, dass sie sich die ganze Zeit sicher war, dass ich da wieder rauskomme. „Woher nehmen Sie diese Gewissheit?" „Ach Kindchen, dass sagt mir meinen Erfahrung! Es ist noch niemand in der Depression steckengeblieben. Sie kommen da alle wieder heraus. Bei einem dauert es länger, bei jemand anderem geht es schneller. Warum, weiß man nicht. Aber rauskommen tun sie alle."

23 Uhr
Nach dem Fernsehen

Ich liege im Bett und träume vor mich hin. Mit der aktiven Gabi habe ich heute Abend im Fernsehen einen Film angesehen.

Neu ist für mich: Ich habe erstens die Handlung verstanden, bin zweitens nicht ein einziges Mal durch Grübeln abgeschweift und drittens hat mich vor allem der Film interessiert! Das habe ich schon lange nicht mehr erlebt und deshalb bin ich innerlich noch so bewegt. Es ist alles so neu! So schön!

Weil ich danach noch nicht ins Bett wollte (!), haben Gabi und ich mit Schw. Rosemarie geplaudert. Es war draußen noch hell und so ließ sie uns eine Weile in den eingezäunten Stationsgarten runter. Die Luft strich warm und mild über meine nackten Arme.

Ein unbeschreibliches Gefühl! Ich entdecke die Welt wieder. Ich spüre und genieße wieder! Überwältigend! Ahh! Jetzt freue ich mich sogar auf den Schlaf!

20 Uhr 30
Abendliches Schachspielen

Jede Nacht hat auf der D2 außer der Nachtschwester noch jemand vom Personal Bereitschaftsdienst. Diese Person schläft in einem Zimmer auf unserer Station und kann im Bedarfsfall von der Nachtschwester geweckt werden. Meist ist es ein Pfleger von uns oder von der unteren Männerstation.

Heute hat Herr L. Bereitschaft. Ein Pfleger, für den wir alle ein bisschen schwärmen. Er hält sich meist nach der Übergabe noch eine Weile im Stationsbereich auf, bevor er sich in sein Zimmer zurückzieht.

Ich nehme meinen ganzen Mut zusammen und frage ihn: „Wollen Sie mit mir eine Partie Schach spielen? Ich möchte mal testen, ob ich es noch kann. Hier auf der D2 spielt es niemand oder sie sind zu krank dazu." Er nickt und lacht.

„Schachspielen im Irrenhaus, das glaubt uns draußen eh niemand." Ringsum weiteres Gelächter.

Ja, wir hier drin dürfen über uns selbst lachen. Das tolerieren wir Patientinnen mit unserem sarkastischen Humor. Aber wir akzeptieren es nicht, wenn „draußen" über uns gelacht oder hergezogen wird. Da kann ich jetzt endlich auch wütend werden.

„Okay, wir suchen uns eine ruhige Ecke. Am besten dort im Wachsaal, wo die ersten schon schlafen. Da kann ich auch nebenher ein Auge auf die Patientinnen werfen, solange Schw. Rosemarie ihre Abendrunde macht." Ich bin einverstanden. Ich stelle die Spielfiguren auf das Brett und muss an meine ersten Nächte hier im Wachsaal denken. In welch furchtbaren Zustand ich mich damals befunden hatte und wie lange er angedauert hat.

Es ist, als könnte Herr L. meine Gedanken lesen: „Ihnen geht es jetzt aber sichtlich besser, oder? Letzte Woche klang bei Ihnen das alles noch so voller Verzweiflung." Ich lächle ihn an (!) und nicke: „Ja es tut sich was bei mir. Ich merke es jeden Tag. Und nachts kann ich endlich wieder schlafen! Was für ein Geschenk!"

Wir beginnen unser Schachspiel. Klar, dass am Schluss der Pfleger gewinnt, aber darum geht es mir nicht. Ich genieße es, meinen Kopf wieder zu gebrauchen und zwar im positiven Sinn und von mir selbst gesteuert.

Ich genieße es richtig, nicht diesem sinnlosen Grübeln unterworfen sein, das ständig und uneffektiv meinen normalen Verstand beeinflusst hat. Welch sinnlos vergeudete Energie!

Telefonieren und Briefe schreiben

Ich bin immer schon eine begeisterte Briefeschreiberin gewesen, schon als Schülerin. Meine Deutschaufsätze formulierte ich gerne und sehr phantasievoll.

In der Depression liegt das natürlich auch alles brach.

Meine Brieffreundschaften ruhen daher zwangsläufig. Meine Schwester hat mir beim Packen vor meinem stationären Aufenthalt geraten, meine Briefschreibmappe doch mitzunehmen.

„Wer weiß, ob du nicht doch jemandem schreiben willst." In meinem gesamten bisherigen Aufenthalt auf der D2 habe ich mühsam zwei Briefe zustande gebracht. Einer davon ist mir besonders schwer gefallen:

Meine jüngste Schwester feierte eine Woche nach meiner Aufnahme hier in die psychiatrische Klinik ihre Konfirmation. Ich habe versucht, ihr in einem Brief zu erklären, warum ich hier bin und warum ich an ihrem Fest nicht teilnehmen kann. An jedem Wort und Satz bin ich lange gesessen. Die Konzentration ist mir sehr schwer gefallen und auch das Schreiben an sich. Meine Hände und Finger sind durch Krankheit oder Medikamente verkrampft und ungelenkig gewesen, mein Schriftbild ein wirres Gekrakel und deshalb fast nicht leserlich.

Ich habe Stunden zu dem Brief benötigt, aber ohne ein persönliches Lebenszeichen von mir wollte ich ihrem wichtigen Fest nicht einfach fernbleiben.

Telefonieren ist auf der Station nicht möglich. In dieser noch handylosen Zeit müssen die Angehörigen eigentlich immer schon im Voraus absprechen, wann sie das nächste Mal zu Besuch kommen. Nur im Ausnahmefall wird eine Patientin ans Diensttelefon gerufen.

Telefonieren: welch eine Qual für mich! Ich will nicht reden, mit niemandem! Ich habe sowieso nichts von mir zu erzählen. Aus mir kommt nichts mehr heraus. Ich bin ja in mir eingekerkert. Total isoliert, weil in mir zurückgezogen. Wie in ein Schneckenhaus mit starken Wänden. Auf der anderen Seite verstärkt es bei mir mein Einsamkeitsgefühl noch mehr, wenn mir niemand anruft oder schreibt. So, als wäre ich tatsächlich gestorben oder als hätte mich die ganze Welt vergessen.

Ende August 1983
Vorbereitung auf die Entlassung –
und auf die Zeit danach

„Sie haben ja, wie Sie mir erzählten, Ihren Therapieplatz noch. Wie ist es? Rufen Sie in dieser Woche Ihren Therapeuten mal an? Besprechen Sie mit ihm, ab wann Sie wieder bei ihm beginnen können." Meine Psychologin Frau Dr. W. bespricht gerade mit mir, wie es weitergeht nach meinem Klinikaufenthalt. Dabei ist die Übergangszeit wichtig. Jedes Detail wird in Gesprächen vorbereitet: Wohnen, Arbeiten, ambulante Psychotherapie und meine Partnerschaft.

Heute geht es gerade auch um Letzteres. „Ich werde mich von ihm trennen. Ich weiß jetzt, dass wir nicht zusammenpassen. Er hat mich nie so recht verstanden. Und in meiner Krankheitszeit schon gar nicht." Frau Dr. W. nickt und macht sich Notizen.

„Haben Sie sich diesen Schritt auch gut überlegt? In der Depression raten wir vor solchen wichtigen Entscheidungen grundsätzlich ab. Nun, in der Zwischenzeit sind Sie sichtlich auf dem Weg der Besserung. Vielleicht können Sie am nächsten Wochenende zu Hause mit Ihrem Freund reden. Aber lassen Sie sich nicht von Ihrem Weg abbringen. Wenn er sich so uneinsichtig und stur zeigt, wie in den Sitzungen hier bei mir, dann treffen Sie Ihre Entscheidung eben ohne ihn." „Ja, ich bin schon gespannt auf sein Gesicht. Ich lasse mir jetzt von ihm nicht mehr alles widerspruchslos gefallen. Ich weiß bloß nicht, wo ich so schnell eine Wohnung herbekomme, denn ausziehen muss ich. Er hat ja die Wohnung gemietet und ich bin später bei ihm eingezogen." Die Psychologin beruhigt mich.

„Wir machen einen Schritt nach dem anderen. Außerdem können Sie ja alles mit Ihrem Therapeuten besprechen. Es gibt immer einen Weg. Sie sind nicht allein. Sie haben Freunde und Familie, wo Sie auch noch Hilfe erwarten dürfen." Nicht allein? Ja, das ist für mich auch wieder eine neue Erkenntnis! Die Depression macht so einsam und allein. Aber seit etwa einer Woche freue ich mich nach langen Monaten wieder auf Kontakte von außerhalb, z. B. auf den Besuch meiner Schwester oder auf einen Anruf einer Kollegin.

13 Uhr
In der Mittagspause

Seit es mir besser geht, lege ich mich in meiner freien Zeit nicht mehr aufs Bett. Nein, dazu ist mir jetzt die Zeit zu schade! Ich habe kein Bedürfnis mehr, mich vor der Welt und vor dem Leben zu verkriechen. Im Gegenteil! Ich strecke meine Fühler wieder aus. Neugierig und erwartungsvoll öffne ich mich dem Leben wieder! Ich fühle mich wie neu geboren, so als würde ich alles zum ersten Mal sehen, hören und erleben.

Ich schaue mich im Spiegel an. Mein Gesicht sieht ganz anders aus! Meine Augen leuchten und strahlen etwas aus. In ihnen sehe ich das Leben wieder und nicht die stumpfe Todesstarre der vergangenen Monate! Ich habe wieder eine Zukunftsperspektive.

Das ganze Hoffnungslose in mir ist verschwunden. Und mit ihm auch die Schwerfälligkeit meines ganzen Körpers! Leichten und beschwingten Schrittes bewege ich mich durch das Zimmer oder über die langen Klinikflure. Und flott! Ich genieße es richtig!

Mein neues Leben! Meine neue Lebendigkeit!

Es klopft an unserer Zimmertüre. „Kommst du mit in die Stadt? Moni und ich wollen in der Drogerie was für uns kaufen und anschließend in der Eisdiele noch ein Eis essen." Gabi steht erwartungsvoll in der Türe. Ja, ich habe in den letzten Wochen so etwas wie Freundschaften geschlossen. So wie es in der Psychiatrie eben möglich ist. Wir akzeptieren einander, verbringen den Teil unserer freien Zeit miteinander und lassen uns ansonsten in Ruhe. Mehr ist uns nicht möglich in unserer Lage, bzw. bei unseren Krankheitszuständen.

„Ja, ich brauche sowieso ein neues Shampoo. Wir können ja mal rumfragen, ob wir für die anderen Patientinnen noch was mitbringen können."

Dabei denke ich an meine Anfangszeit, als ich keinen Ausgang hatte. Die fortgeschrittenen Patientinnen haben für die Kränkeren etwas aus der Stadt mitgebracht. Jetzt bin ich soweit und gehöre zu den Fortgeschrittenen.

Schw. Susanne lässt uns raus. „Ihr denkt dran, nachher ist Arbeitstherapie!" Wir müssen lachen. So lange, wie wir schon hier sind, kennen wir die Zeiten und die Regeln. Da muss uns Schw. Susanne nicht erst darauf hinweisen.

Es ist nicht weit zur Drogerie. Im Geschäft suche ich gezielt nach meinem Shampoo, dann bummle ich noch zwischen den Regalen umher. Ich bestaune die Auswahl, überlege, ob ich noch was brauche. Ich genieße das so richtig! Kein negatives Grübeln in meinem Kopf, wozu man was braucht, wozu die ganze Ware da ist, wer so was überhaupt braucht. Keine Gedanken in mir, dass eh alles sinnlos ist und dass ich nicht weiß, was ich brauche oder ob ich jemals etwas brauche.

Nein, in meinem Kopf herrscht dieses Gedankenchaos nicht mehr. Das Grübeln ist vorbei! Ich bin davon befreit! Ich bin davon erlöst!

Das Eisessen ist ein Genuss! Schon bei der Auswahl der Sorten läuft mir das Wasser im Mund zusammen. Ja, ich kann mich wieder freuen und vor allem wieder etwas genießen! Es macht mir nichts aus, dass wir danach wieder zurück in die Klinik und zur Arbeitstherapie müssen. Der Alltag dort belastet mich nicht mehr. Ich kann mich jetzt besser abgrenzen. Das ging während der Depression gar nicht.

13 Uhr 50

Vor dem Aufnahmegebäude D steht ein Krankenwagen. „Mal sehen, ob jemand neues zu uns kommt oder zur Männerstation." Langsam schlendern wir an dem Fahrzeug vorbei. Zwei Sanitäter kommen aus dem Gebäude und schauen uns neugierig an. Also haben sie schon jemand gebracht und sind mit ihrer Arbeit fertig. Schweigend gehen sie an uns vorbei. Ich glaube, sie sind unsicher, wie sie uns begegnen sollen.

Gabi zieht eine Grimasse und stößt zugleich einen wilden Schrei aus. „Huaaah!" „Warum wolltest du sie erschrecken?" frage ich sie hinterher. „Wer uns so blöd anstiert, verdient es nicht anders!" Gabi zittert und ist sichtlich erregt. Ich habe eben ihr altes Fratzen-Gesicht wieder gesehen, mit dem sie vor ein paar Wochen eingeliefert wurde. Ich sehe sie vor meinem geistigen Auge auf der Trage liegen, schreiend und um sich schlagend. Ich denke, dass sie noch einen weiten Weg vor sich hat, bis sie stabil und wieder lebenstüchtig ist.

Schon grenze ich mich innerlich von den anderen Patientinnen ab. Aber das ist normal. Ich bin zu Zeit dabei, mich zu verändern. Ich werde gesund. Ich werde hier bald alle verlassen und meinen Weg gehen.

Ich bin schon zwei Mal am Wochenende mit dem Zug nach Hause gefahren und es hat jedes Mal gut geklappt. Jetzt, da ich aus der Depression aufgetaucht bin, machen mir solche Wege und Aufgaben keine Angst mehr. Ich weiß wieder, wo ich hin will und vor allem dass ich wieder etwas will. Mein Leben bekommt von neuem einen Sinn, ein Ziel und vor allem Hoffnung!

Auf der Fahrt zu meinem Therapeuten bin ich mit Umsteigen über eine Stunde unterwegs. Es macht mir nichts aus, diese Strecke allein zu bewältigen. Die Menschen um mich herum ängstigen mich nicht mehr. Voller Stolz auf meine Leistung sitze ich nach dem Umsteigen in der Straßenbahn. Wie hat sich die Landschaft herbstlich verfärbt. Es ist jetzt Spätsommer geworden. Ich kann diesen Sommer loslassen, der ja kein richtiger Sommer für mich war. Genauso wenig wie es der Frühling und der Winter davor für mich waren. Verlorene Monate! Vor allem verlorene Lebenszeit!

Endlich bin ich angelangt. Ich gehe noch eine kleine Runde, bis es Zeit ist für meine Therapiestunde. „Wie schön, Sie wieder bei mir zu sehen!" Der Psychotherapeut Herr F. öffnet mir freudig strahlend die Türe und bittet mich freundlich herein. Wir reden lange über die Klinik und über meine stationäre Therapie dort. Er ist sichtlich angetan von meiner Veränderung:

„Ich habe Sie ja gar nicht richtig kennengelernt im Frühjahr. Ich wusste zu der Zeit nicht, wer und wie Sie eigentlich sind. Nun bin ich erstaunt, welche Person da nach der Depression zum Vorschein kommt. Welche Veränderung mit Ihnen geschehen ist!"

Ja, auch ich sehe Herrn F. jetzt mit ganz anderen Augen. Noch ist mir sein Zimmer nicht vertraut oder seine persönliche Art. Aber ich fühle mich heute zum ersten Mal wohl hier und bin gespannt auf die weiteren Stunden bei ihm.

September 1983
Die Entlassung

„Werden Sie morgen abgeholt?" Meine Lieblingsschwester Rosemarie vom Frühdienst steht am Fußende meines Bettes. Ich habe wieder sehr gut geschlafen und bin neugierig auf den heutigen Tag. „Ja, mein Freund kommt gegen 16 Uhr und fährt mich nach Hause. Ich freue mich darauf, wieder heimzukommen. Aber der Abschied von hier fällt mir jetzt doch sehr schwer."

„Naja, Sie weilten immerhin viereinhalb Monate bei uns auf der D2. Sie wollten ja nicht auf eine andere Station verlegt werden, als es Ihnen angeboten wurde." Ich seufze leise. „Ja, ich weiß. Aber in der Depression konnte ich einen Wechsel nicht verkraften. Nochmals in einer anderen Station von vorne anfangen, nochmals neue Ärzte, Psychologen und Patienten kennenlernen. Das war mir einfach zu viel."

„Auf einer anderen Station hätte es sicher genauso lange gedauert mit Ihrer Genesung. Nur hätten Sie dort mehr Freiheiten gehabt, als auf unserer geschlossenen Station." „Was nützen mir Freiheiten auf offenen Stationen, wenn ich sie nicht in Anspruch nehmen kann. Wozu soll ich rausgehen oder Besuche aufs Zimmer mitnehmen, wenn ich in der tiefsten Depression stecke. Da will man es nicht."

„Auf jeden Fall wünsche ich Ihnen jetzt schon, dass Sie sich wieder gut einleben in Ihre alte Welt. Viel Kraft bei allem, was jetzt auf Sie zukommt. Sie werden es brauchen können."

Bei diesen Worten wird mir zum ersten Mal so richtig bewusst, dass heute das große Abschiednehmen für mich ansteht.

Schw. Rosemarie verlässt unser Zimmer, um sich um andere Patientinnen zu kümmern. Um solche, die schwer aus dem Bett kommen, so wie ich vor gar nicht zu langer Zeit. Der Alltag hier auf der Station geht weiter. Nur meiner ändert sich ab morgen gewaltig. Manchmal habe ich starkes Herzklopfen, wenn ich daran denke. Wie wird es anfangs sein mit meinem Freund? Wann ist der geeignete Zeitpunkt, um mit ihm Schluss zu machen? Wo finde ich so schnell eine eigene Wohnung, wenn ich aus unserer, bzw. seiner ausziehen möchte? Wann bin ich so stabil, dass ich mit der Arbeit als Erzieherin wieder anfangen kann? Wie werde ich dies bewältigen?

Ja, es kommt da viel auf mich zu. Zum Glück kann ich ja zwei Mal in der Woche das meiste mit meinem Therapeuten besprechen. Und Geschwister sind bei mir auch da, die telefonische oder praktische Hilfe anbieten.

Mein Abschiedstag

Ich hätte nie gedacht, dass mir der Abschied von der Klinik und von vielen Menschen hier einmal schwerfallen würde. Das Verabschieden beginnt schon beim Frühdienst und setzt sich in der Arbeitstherapie fort. Manche vom Personal und von den Patienten sind mir in den letzten Wochen, seit es mir besser geht, richtig ans Herz gewachsen. Manche fragen, ob ich sie hier ein Mal besuchen komme.

„Ich will nicht, dass du gehst! Dann kümmert sich doch kein Schwein mehr um mich!" Ich seufze. Von manchen ist richtig schwer, mich zu verabschieden. „Kommst du mich wenigstens besuchen?" „Klar komme ich her. Ich bin ja noch krankgeschrieben. Außerdem will doch wissen, wie es dir geht."

Gabi weicht mir in der Mittagspause nicht von der Seite. Ich schaue sie an und spüre: auch ihr in ihrem akuten Zustand scheint der Abschied schwerzufallen. Dass ich hier in der Klinik ein Mal eine kleine Lücke hinterlasse, hätte ich nie gedacht! Ich habe es schon oft erlebt, dass eine Patientin verlegt oder entlassen wurde. Dabei habe ich kein Bedauern empfunden. Es war mir egal, weil ich in meiner tiefsten Depression nichts für andere empfinden konnte. Ich freute mich z. B. nicht, jemanden wieder zu sehen. Ich vermisste auch keine Patientin, die entlassen wurde. Es rührte sich nichts in mir, meine Gefühle waren tot und alles Zwischenmenschliche sowieso. Kein Interesse an mir und daher auch kein Interesse an meinen Mitmenschen.

Heute erlebe ich das Gegenteil. Es fällt mir schwer zu gehen. Es fällt mir schwer, manche Frauen loszulassen, zurückzulassen. Ich spüre das Bedauern von Patientinnen, die mich in den letzten Wochen ins Herz geschlossen haben. Ja, auch ich habe einige von ihnen richtig lieb gewonnen und wir haben auf der Station Scherze gemacht und gelacht. Richtig rumgealbert, was nicht immer auf Verständnis gestoßen ist.

Es ist so etwas Neues und Lebendiges zwischen ein paar Frauen gewachsen. Ich habe das sehr genossen. Vielleicht, weil ich das monatelang nicht mehr erleben konnte: Das, was zwischen den Menschen in Worten und in Gefühlen hin und her wechselt.

Eben das, was uns Menschen als lebendige Menschen ausmacht, was uns unterscheidet von Koffern oder anderen Gepäckstücken. So habe ich mich in meinen schweren Depressionen ja immer beschreiben.

Abschiednehmen ist emotional ein Stück Schwerarbeit. Ich lasse einen Teil von mir zurück.

Am Vormittag war ich in der Bäderabteilung und in der Arbeitstherapie zum Verabschieden. Nun bin ich ziemlich müde ins D-Gebäude zurückgekommen.

12 Uhr
Mittagessen

Meine letzte Mahlzeit in der Klinik! In meinem gesamten Aufenthalt hier hat es mir in diesem Speisesaal zu 90 % nicht geschmeckt. Das liegt nicht an einer guten oder schlechten Küche. Depressive sehen keine Notwendigkeit zu essen. Warum sollten sie ihren Körper ernähren, in welchem sie sowieso nicht mehr leben wollen. Außerdem schmecken sie nichts. Das hat ja auch mit dem Verstummen der Sinne zu tun. Es gibt nichts Schönes oder Farbiges, es gibt nichts Süßes oder Duftendes. Alles ist stumpf und öde! Nichts macht einen an. Im Gegenteil!

Wie oft saß ich würgend am Tisch. Das Essen und der Geruch ekelten mich an. Oder ich brauchte sehr lange, etwas zu kauen und zu schlucken. Der Bissen saß mir wie ein Kloß im Mund. Manchmal musste ich eine Hand vor meinen Mund halten, damit nichts wieder raus kam. Ich denke daran und freue mich, dass ich wenigstens die letzten ein, zwei Wochen hier mit Appetit essen konnte. Ich bin sehr dankbar, dass ich jetzt alles wieder genießen kann!

„Gibst du mir die Schüssel mit den Nudeln rüber?" „Wenn du mir dafür den Salat gibst?" Gabi und ich lachen. Sie wirkt auf mich jetzt nicht mehr so bedrückt wie heute Vormittag. Auch ihre Zeit wird kommen und dann darf sie ebenfalls nach Hause. Am Nebentisch das übliche Geschrei und Gezeter. Irgendwie bin ich froh, dass alles hinter mir zu lassen.

In der Mittagspause

Ich packe gerade meine restlichen Dinge zusammen. Meine beiden Zimmerkolleginnen verabschieden sich von mir, weil sie in die Arbeitstherapie müssen. Hier fällt es mir das Abschiednehmen nicht so schwer, weil wir keinen Draht zueinander gefunden haben. Sie stecken noch zu sehr in ihrer jeweiligen Krankheit. Ich wünsche ihnen, dass sie bald gesund werden und wieder heim dürfen. Eine nickt nur stumm, die andere verlässt ohne eine sichtbare Reaktion das Zimmer. Ich seufze. Wie gut ich das kenne. Dieses mühsame Leben! Dieses Sich-durch-den-Tag-Schleppen.

Dankbar und froh über meinen jetzigen Zustand packe ich meinen Waschbeutel in die Reisetasche. Mit Genugtuung ziehe ich mein Klinikbett ab! Wie viele Nächte lag ich darin und suchte verzweifelt den Schlaf und das Vergessen. Vorbei, vorbei! Zum Schluss räume ich noch meine Nachtischschublade aus. Was sich da alles angesammelt hat im Lauf der Monate! Vieles werfe ich jetzt in den Müll und das mit einem richtig zufriedenen Gefühl. Das brauche ich in meinem neuen Leben nicht.

Es klopft an der Zimmertüre. „Na, alles gepackt?" Schw. Susanne schaut herein. „Raten Sie mal, wer an der Stationstüre geklingelt hat? Ja, Sie werden abgeholt, jetzt wird es ernst. Soll ich etwas nach vorne mitnehmen?" „Ja, das wäre lieb. Es ist jetzt zum Schluss doch mehr, als ich gedacht habe."

Nun bin ich ganz aufgeregt! Mein Leben bekommt eine neue Wende. Obwohl ich einige Wochen darauf hingearbeitet habe, berührt mich heute alles sehr. Meine Emotionen kochen sozusagen hoch. Ich kann es kaum ertragen.

Meine Psychologin Frau Dr. W. steht vorne neben ihrem Zimmer und reicht mir die Hand: "Meinen Brief haben Sie ja für Ihren Arzt. Und Ihr Therapeut bekommt auch noch einen Entlassbericht von mir zugeschickt. Somit wünsche ich Ihnen alles Gute für Ihr neues Leben draußen. Viel Erfolg in Ihrer ambulanten Therapie." Ich bedanke mich bei Ihr und auch bei den Schwestern, die gerade aus dem Stationszimmer heraustreten.

Ich sehe durch die Glastüre K. im Treppenflur stehen. Vor viereinhalb Monaten stand meine Schwester dort an dem Tag, als sie mich hierher gebracht hat. Was für eine Zeit! Wie viel Leid musste ich durchleben! Welche Qualen aushalten! Vorbei, vorbei! Ich hoffe, es ist für immer vorbei!

September/Oktober 1983
Das Leben draußen

Es folgen schöne Wochen voller Aktivität und innerer Freude. Ich lebe auf, habe ja viel nachzuholen. Ich genieße jeden Tag neu!

Kurz nach meiner Entlassung beende ich unsere kaputte Beziehung und ziehe aus unserer gemeinsamen Wohnung aus. Vorerst kann ich bei meiner Schwester in ihrer Wohnung ein Zimmer beziehen. Meine wenigen Möbel und Hausrat lagere ich bei einer Bekannten in zwei Kellerräumen ein. Ich bereue nur, dass ich nicht schon letztes Jahr Kraft zu diesem Schritt gehabt habe. Vielleicht wäre mir diese ganze zehn Monat dauernde depressive Episode erspart geblieben. Aber sicher kann ich mir da nicht sein. Wie gesagt, es ist nur eine Vermutung von mir.

Ende Oktober 1983

Es folgen gute und depressionsfreie Monate und Jahre nach der Klinikzeit. Ich kaufe mir eine Dreizimmer-Altbau-Wohnung und ziehe im März 1984 dort ein. Endlich ein eigenes Zuhause! Endlich eine Wohnungstüre, die ich hinter mir zumachen kann. Kein Mensch kommt ohne meine Erlaubnis hier herein. Niemand darf da über mich bestimmen oder mich nerven. Es ist ein Zuhause, das ich mir selbst nach meinen eigenen Vorstellungen gestalten und einrichten kann. Ideen habe ich viele und in meiner Freizeit lege ich mit großem Eifer los.

Seit Oktober 1983 arbeite ich wieder als Erzieherin im Internat. Voll innerer Vorfreude und mit neuem Tatendrang beginne ich wieder meine Tätigkeit in meiner alten Arbeitsstelle, in der ich mich immer wohlgefühlt habe!

Die Jugendlichen und meine Kollegen haben mich erwartungsvoll und gut aufgenommen. Ich sei ja wieder ganz die alte. Das stimmt: Die Erzieherarbeit macht mir wieder Spaß und bereitet mir keine Probleme. Im Gegenteil. Sie befriedigt mich jeden Tag mehr. Ich bekomme Selbstbestätigung und Anerkennung von allen Seiten. Über all dem vergesse ich aber nie, wie ich mich im März 1983 und davor so mühsam durch den Berufsalltag gequält habe.

Frühling 1984

Welche Blütenpracht! Welches Aufbäumen in der Natur! Alle Knospen jetzt platzen auf und verschwenden ihre Formen und Farben! Es ist unbeschreiblich.

Ich erwähne diese Zeit, weil ich in meinem Leben noch nie so einen Frühling erlebt habe. Sicher ist es ein Frühling wie jedes Jahr auch, aber für mich ist es der Schönste und der, den ich in meinem Leben am meisten bewusst genossen habe. Ich werde diesen Frühling 1984 nie vergessen!

Auf sehr vielen Spaziergängen in der Umgebung meines neuen Heims kann ich alles sehen, riechen und berühren. Habe ich Nachholbedürfnisse? Was ist los in mir? Ich denke, dass ich in der Depression ausgiebig das Dürre und Schwarze in meinem Leben so mühsam kosten musste. Jetzt, wo ich wieder gesund bin, darf ich auch die andere Seite im Leben probieren. Welch ein Glücksgefühl!

Nicht, dass ich manisch wäre (der krankhafte Gegenpol zur Depression). Aber ich darf mich endlich über alles Positive in meinem Leben freuen. Ich kann bewusst in und um mich herum alles wahrnehmen. Das gibt meinem Leben eine Tiefe und Bewusstheit, die ich vorher in dieser Intensität nicht gekannt habe. Ich war früher auch bewusst und dankbar. Aber meine vorige Lebenseinstellung hat sich jetzt nach meiner überstandenen Depressionsphase noch gesteigert. Ich darf alles sehr intensiv und dankbar erleben!

Ich lebe auf und verliebe mich wieder neu. Das Leben ist für mich wieder schön geworden und vor allem lebenswert. Ich knüpfe wieder alte und neue Kontakte, arbeite mit Elan in meiner eigenen Wohnung und lasse mir dabei von Freunden helfen.

Aus einer gedachten Renovierung ist eine komplette Sanierung geworden. Ich schleppe Baumaterial und Zementsäcke. In der Zwischenzeit arbeite ich jeden Samstag in „meinem Bau" und an den meisten Abenden, an denen ich frei habe. Trotzdem sehe bei den Arbeiten kein Ende. Da ich viele Tätigkeiten selber erledige und voll berufstätig bin, zieht sich diese Sanierung in die Länge. So langsam fehlt mir der Ausgleich zu meiner Erziehertätigkeit und vor allem fehlt mir die körperliche Erholung.

Aber ich möchte fertig werden, möchte mein Heim gemütlich einrichten und normal darin leben. Im Moment ist es aber mehr eine Baustelle als eine Wohnung!

Sommer 1985
Mein Körper streikt

„Wenn ich nicht solche Schmerzen in den Hüften hätte, dann wäre das Wohnzimmer schon längst fertig. Übrigens, morgen kann ich im Baumarkt die fünf neuen Türen abholen. Ich weiß bloß noch nicht, wie ich das schaffen soll?" Baubesprechung mit Freunden. Einer von ihnen besitzt einen Anhänger. Damit können wir die Türen abholen. Aber er braucht zum Tragen eine weitere Person. Leider hat außer mir niemand Zeit.

Und ich leide an meinen Hüftschmerzen! Schon seit Wochen! Meine Ärztin hat mir Fango und Massage verschrieben. Sehr schwierig, diese Termine auch noch in meinen vollen Kalender unterzukriegen. So langsam wird mir alles zu viel! Das Verlegen der Elektrik und das Wändeverputzen, sowie die Holzdeckenarbeiten sind zum Glück erledigt. Der Feinaufbau kann beginnen. Heizungsmonteur und Elektriker sind fertig. Genauso wie ich. Es hat sich nun doch länger hingezogen. Wenn ich das alles vorher geahnt hätte, was da auf mich zukommt. Wahrscheinlich hätte ich die Wohnung nicht gekauft.

„Da musst du durch. Du kannst jetzt nicht mittendrin aufhören. Schau mal, wie weit du jetzt schon bist." „Ja, ich weiß. Aber manchmal packt mich schon der Frust. Vor allem, wenn die Schmerzen wieder nicht aufhören wollen." Meine Kollegin Elke und ich sitzen bei einem Arbeitsfrühstück in meiner Küche. Es ist Samstag und wir wollen heute zusammen den Flur tapezieren.

„Was sagt deine Orthopädin?" „Sie hat mich in eine Orthopädische Fachklinik überwiesen. Nächste Woche habe ich dort einen Vorstellungstermin. Ich bin gespannt, was die sagen. Laut meiner Ärztin sei es ein vorzeitiger Verschleiß des Hüftgelenkes, also Arthrose."

„Hört sich ja nicht gut an. Das in deinem Alter!" „Sehe ich genauso. Aber was soll ich machen. Die Schmerzen sind jetzt sogar in Ruhehaltung, nicht nur nach Belastung wie anfangs." Mühsam arbeite ich in den nächsten Wochen im Internat und nebenher in meiner Wohnung. So langsam fällt mir alles schwer.

Mein Körper wird schwerfällig und seelisch geht es richtig abwärts. Der erfahrene Chefarzt der Orthopädischen Fachklinik hat mein Röntgenbild genau studiert. Wie im Voraus geahnt lautet die anschließende Diagnose:

Der mir schon bekannte vorzeitige Verschleiß beider Hüftgelenke, ausgelöst durch eine angeborene Hüft-Displasie (= Fehlstellung). Diese muss nun operativ korrigiert werden. Es sieht rechts schlimmer aus als links. Deshalb müsste die rechte Hüfte zuerst operiert werden.

Der Schock

Im Auto kommen die Tränen, die ich im Arztgespräch mühsam zurückgehalten habe. Ohne die OP würden die Schmerzen nicht weggehen, im Gegenteil. So sagen die Ärzte. Also habe ich gar keine echte Wahl. Ich soll mich bald melden, wenn ich mich für die OP entschieden habe. Dann bekäme ich einen Termin.

Was wird aus meiner Arbeit als Erzieherin? Was wird aus meiner unfertigen Baustelle zu Hause? Werde ich nach der OP wieder normal gehen können? Vor allem wirft die OP meine ganze Lebensplanung über den Haufen. Ich werde Ende des Jahres dreißig und wollte immer mit einem Partner eine Familie gründen. Aber das alles rückt mit so einer eingreifenden OP ganz in den Hintergrund. Wenn mein Becken operativ umgestellt wird, kann ich dann überhaupt Kinder bekommen? So viele Fragen!

Im Verwandten- und Bekanntenkreis führe ich in den nächsten Tagen und Wochen viele Gespräche. Auch mit meiner Orthopädin bespreche ich alles. Fazit: Ich komme um die OP nicht herum, da der Verschleiß da ist und eher noch zunimmt. Was das an Dauerschmerzen bedeutet, kann ich mir selbst ausmalen.

Berufstätigsein – das fällt mir auch immer schwerer. Jeder Schritt, jeder Gang in der Arbeitsstelle ist mit Schmerzen verbunden. Solche ständigen Schmerzen auszuhalten, das zermürbt!

Meine Baustelle zu Hause muss halt notgedrungen ruhen. Daran kann ich jetzt leider nichts ändern. Da darf ich auch nicht groß darüber nachdenken. Meine Lebensplanung – auch dieses Thema verdränge ich. Darüber denke ich erst nach, wenn ich die OP und alles drum herum überstanden habe.

Spätsommer 1985
Abschiednehmen

Von vielem muss ich Abschied nehmen: Von den Menschen in meiner Arbeitsstelle, von den Jugendlichen und von den Kolleginnen und Kollegen, die mir ans Herz gewachsen sind. Von meinen Mitbewohnern im Haus verabschiede ich mich, die mir zum Teil echte Freunde geworden sind beim „Bauen" und auch von Verwandten und Freunden.

Abschied muss ich nehmen von meiner Wohnung, meiner unfertigen Baustelle. Und auch von meinem Psychotherapeuten verabschiede ich mich im Oktober für eine ungewisse Zeit. Er möchte mir auch dieses Mal den Therapieplatz freihalten, wie im Jahr 1983. Seine Abschiedsworte: „Gehen Sie ins Nicht-mehr-gehen-können!"

4. Kapitel

AUF KRÜCKEN IN DIE
SCHRECKLICHE NACHT

Meine vierte Depression
(November 1985 – April 1986)

In der Orthopädischen Fachklinik

Ich liege flach in meinem Krankenbett. Mein Körper ist eingegipst wie in einem Kokon. Oberkörper, Rumpf und rechts runter das ganze Bein, alles unbeweglich. Nur mit den Zehen kann ich etwas wackeln. „Becken-Bein-Gips" haben sie mir im Gespräch vor der OP gesagt. Sechs Wochen müsste ich so liegen. Ich habe alle Erklärungen der Ärzte mit meinem Verstand registriert. Aber mir vorstellen konnte ich es natürlich nicht.

Das Erleben jetzt ist eine ganz andere Sache! Ich liege meinem Krankenbett in einem Drei-Bett-Zimmer. Die OP im Oktober habe ich gut überstanden und auch die ersten Wochen danach. Viel Besuch ist gekommen und alles scheint soweit in Ordnung.

15 Uhr 20

Meine Kollegin Elke sitzt neben meinem Bett. „Na, wie geht es dir? Ehrliche Antwort." Ich seufze. „Wie soll es mir schon gehen. Meine rechte Ferse schmerzt höllisch wegen der Druckstelle. Appetit habe ich schon eine Weile nicht mehr und geh du mal im Bett aufs Klo. Bei der kalten Bettpfanne, die sie dir da unterschieben, vergeht dir

145

alles. Willst du noch mehr von meinem Alltag hören?"
Elke nickt.

„Das Warten ist das Schlimmste. Und das hilflose Aus-
geliefertsein." Ich fahre im Flüsterton fort: „Die beiden
anderen Frauen im Zimmer wursteln nachts in ihren
Nachtischschubladen herum oder scheppern mit ihren
Getränkeflaschen. An Schlafen ist da nicht zu denken."
„Warum klingelst du nicht nach den Schwestern?" „Also
das trau ich mich so langsam nur noch, wenn es nicht
anders geht. Die rümpfen schon die Nase, wenn ich die
Bettpfanne brauche. Sie scheinen ständig im Stress zu
sein und lassen einen das auch spüren." Elke schüttelt
den Kopf.

Nach einer Weile spricht sie mir Mut zu und wünscht
mir weiterhin viel Geduld und gute Genesung. Sie verspricht, nächste Woche wieder zu kommen. „Hat sich
heute noch jemand angesagt?" „Nein. Weißt du, dass immer weniger Leute zu Besuch kommen je länger ich hier
liege? Gerade jetzt könnte ich mehr Ablenkung oder gar
Aufmunterung brauchen!"

Ich denke, bei den meisten meiner Kollegen und Kolleginnen oder den Jugendlichen ist mit dem ersten Besuch erstens mal die Neugier befriedigt und zweitens der
Pflichtbesuch absolviert. Echte Freunde und Verwandte
kommen öfters, weil sie Interesse an mir haben. Das spüre
ich auch.

Ende November 1985
Der Absturz

Die Musikkassetten kenne ich jetzt schon fast auswendig.
Jedes Lied. Lesen geht auch nicht immer. Ich döse vor
mich hin. Meine Haare wurden in den sechs Wochen, seit
ich hier im Gips liege, nur ein Mal gewaschen!

Meine Schwester hat sich dabei sehr bei den Schwestern eingesetzt. Im Bett wurde ich ins Bad geschoben. Alles war ziemlich umständlich. Aber für mich eine Wohltat! Das konnte ich noch genießen. Aber dann in den letzten ein, zwei Wochen bin ich stimmungsmäßig total abgesackt.

Nachts kann ich nicht mehr schlafen und das Grübeln hat sich unmerklich eingeschlichen. So heimlich, dass ich es zunächst gar nicht gemerkt habe. Da ich sowieso Tag und Nacht im Bett liege und vor mich hin denke und döse, ist die Gefahr ins Grübeln zu kommen groß! Ich habe hier ja alle Zeit der Welt. Außer Visiten, Mahlzeiten und die Putzfrau gibt es keine nennenswerte Ablenkung. Besuche werden seltener. Es ist nicht mehr interessant bei mir. Immer das Gleiche!

9 Uhr 25
In der Visite

„Die Schwestern haben beobachtet, dass Sie nicht mehr so fröhlich wirken wie zu Beginn Ihres Aufenthaltes hier. Ja, da im Bett kann man schon etwas rammdösig werden. Aber der Beckenknochen braucht eben seine Zeit, um vollständig und stabil wieder zusammen zu wachsen. Haben Sie noch Geduld! In etwa zwei Wochen können wir Sie aus ihrem Gips befreien." Der Stationsarzt schaut in meine Krankenakte. „Schwester Susanne hat mir berichtet, dass Sie nachts nicht schlafen können. Wollen Sie heute Abend ein Schlafmittel nehmen?"

„Das wäre gut. Ich habe nämlich Angst, dass ich wieder in eine Depression falle, wie vor zwei Jahren." „Na, das wollen wir doch verhindern. So weit muss es ja nicht kommen." Der Arzt schüttelt mir die Hand und die Visite wandert weiter zum nächsten Bett.

Ende November 1985

Zwanghaftes Grübeln, schlaflose Nächte und Stimmungstief: Alles wieder da. Ich kann es nicht aufhalten und Arzt und Schwestern müssen fast hilflos zusehen, wie ich in eine Depression absacke. Ich selbst kann es kaum fassen!

Die verschiedenen Telefonate des Stationsarztes mit meinem Nervenarzt und mit meinem Psychotherapeuten haben es auch nicht aufhalten können. Medikamente wirken bei mir meist nicht mehr, wenn ich auf dem „Absturz" bin. Das ist wie eine Sackgasse ohne Wendemöglichkeit, wie ein Weg ohne Umkehr. Einmal eingeschlagen musst du ihn auch gehen.

Anfang Dezember 1985

„Wie ist es? Wir würden Ihnen morgen den Gips abnehmen. Muntert Sie das nicht etwas auf?" Schweigend sehe ich den Stationsarzt an. Ich fand ihn immer nett und zu Späßen aufgelegt. Aber sein Verhalten hat sich auch mir gegenüber etwas geändert. Wahrscheinlich ist er unsicher. Er ist ja Orthopäde und kein Nervenarzt.

„Unser Pfleger Rudi wird mir assistieren. Damit haben Sie das perfekteste Gips-ab-Team unseres Hauses, das Ihnen wieder zur Freiheit verhilft!"

Trotz meiner miesen Lage verziehe ich das Gesicht zu einem Lächeln. „Na, also. Jetzt lächeln Sie ja schon wieder. Sie werden sehen, dass das für Sie ein Schub nach oben bedeutet." Zu schön, um wahr zu sein, denke ich. Das würde echt an ein Wunder grenzen. Ich habe da keinerlei Hoffnung. In keine Richtung.

Der „Gipsraum" befindet sich im UG des Krankenhauses. Vier Personen haben mich soeben von meinem Krankenbett auf einen schmalen Behandlungstisch gehoben, samt Becken-Bein-Gips versteht sich. Denn der soll nun entfernt werden. „Keine Angst! In unseren Sägen ist eine Sicherheit eingebaut. Wir werden Sie nicht verletzen." Krrrrrrr!

Laut kreischend lässt der Arzt die Minisäge rotieren und setzt sie an meinem Gips an. Er sägt in den Gips rechts und links an meinem Körper entlang. Die ganze Länge runter. Ich bin aufgeregt und dann doch wieder nicht beteiligt. So, als würde das Ganze bei jemand anderem geschehen. Irgendwie irreal. „Wir können jetzt die vordere Gipshälfte abnehmen. Achtung, bei drei geht es los: eins, zwei, drei!"

Pfleger Rudi und der Arzt heben den Gips an und klappen ihn von meinem Körper weg. Platsch! Nun liegt er auf dem Boden. Nackt liege ich in der unteren Gipsschale. Ich sehe meine vom Sommer gebräunte Haut und die helleren Bikinistreifen.

„So, nun springen Sie heraus!" Der Arzt möchte wieder scherzen, aber mir ist das Scherzen vergangen. Ich versuche mein rechtes Bein zu heben. Nichts tut sich. Nach wochenlanger Unbeweglichkeit eingeschlossen im Gips funktionieren die Muskeln nicht mehr. Ich kann mich noch so anstrengen.

Mein Gott, die haben dich zum Krüppel gemacht! Das ist mein erster Gedanke. Auch das noch! Depressiv und hilflos im Krankenhaus, unfertige Baustelle zu Hause und verschuldet, dazu für unübersehbare Zeit arbeitsunfähig! Und nun wahrscheinlich auch noch ein Krüppel auf Lebenszeit. Wie zahle ich je meine Schulden ab? Wie soll ich diese vielen Probleme alle bewältigen?

Irgendwie schaffen sie es, mich aus dem Gips zu heben. Schwester Susanne wäscht mich in meinem Bett von Kopf bis Fuß, was mir dann doch gut tut. Sie plaudert betont munter weiter: „So, nun geht es zurück auf Ihr Zimmer. Sie werden sehen, dass es Ihnen bald besser geht. Wenn dann die Gehübungen losgehen, dann werden Sie wieder Aufwind spüren. Wir haben Sie übrigens zur Reha angemeldet. Dort werden Sie gezielt auf das Stehen, Gehen und sonstiges Bewegen im Alltag vorbereitet."

Während Schwester Susanne weiterplaudert, wird mein Bett in den Aufzug geschoben. In mir tun sich neue Probleme auf. Reha? Darauf hat man mich nicht vorbereitet in all den Gesprächen vor der OP. Aber das hätte ich eventuell selbst wissen müssen. Ich bin eben ganz unbedarft hier in die Klinik gegangen.

18 Uhr, am selben Tag

Es gibt hier manchmal in besonderen Fällen eine abendliche Kurzvisite. Oder wenn die OPs so lange gedauert haben, dass sich die Visite erst am Nachmittag oder frühen Abend ergeben haben. So auch heute. Der Chefarzt kommt persönlich. Er hat mich auch operiert. Aber das ist mir jetzt nicht so wichtig.

„So, da wollen wir mal sehen, wie beweglich Ihre Hüfte jetzt ist." Er nimmt mein rechtes Bein und winkelt es an. Dann drückt er mit seinem Oberkörper mein angewinkeltes Bein hoch gegen meinen Bauch. „Aah!" Schreie ich auf vor Schmerzen. Er dreht einige Mal meinen Unterschenkel nach rechts und links, wobei mir noch mal Schmerzen ins Kniegelenk fahren. „Au!" Jetzt bin ich total erledigt.

„Ja, das tut weh, muss aber sein. Nach so langer Ruhigstellung der beiden Gelenke sind sie schon etwas versteift. Aber ich versichere Ihnen, es ist wirklich alles okay." Sichtlich zufrieden wünscht der Chefarzt uns eine gute Nacht und verlässt mit seinem Gefolge das Krankenzimmer. Die vielen Gedanken und Grübeleien lassen mich nicht schlafen. Werde ich jemals wieder gehen können?

Eine Woche später
Erster Gehversuch

Es klopft an der Zimmertüre. Mit einem scheppernden Geräusch fährt Frau K. einen altmodischen Gehwagen ins Zimmer und hält direkt vor meinem Bett. „Nachdem wir nun schon fast zwei Wochen im Bett ihre Beinmuskulatur trainiert haben, sind Sie jetzt soweit, dass Sie zum ersten Mal aufstehen können." Ob ich das kann, wird sich ja herausstellen. Ich hinterfrage zurzeit wieder alles. Und bin ständig am Grübeln.

„So, erst einmal Sitzen. Ganz vorsichtig die Beine über die Bettkante. Ja, so ist es gut. Nun ziehe ich Sie hoch zum Sitzen, denn alleine werden Sie es noch nicht können." Ich sitze! Frau K. hält mir den Rücken. Sie stützt ihn. Ich stelle fest, dass ich ohne Hilfe nicht sitzen kann. Mein Oberkörper sackt sonst sofort schlaff nach hinten. O je! Nicht mal sitzen kann ich mehr!

Ich erlebe alles wieder so negativ. Ich kann mich über die heutigen Fortschritte überhaupt nicht freuen. Im Gegenteil. Es tun sich für mich nur noch neue Probleme auf.

Schwester Klara kommt auch noch ins Zimmer, um beim Aufstehen dabei zu sein. Die Krankengymnastin Frau K. gibt nun die Kommandos: „Sie halten sich jetzt am Gehwagen fest und bei drei stehen Sie mit unserer Hilfe auf. Alles klar? Eins, zwei, drei!"

Ich stehe … und weiß nichts mehr!

„Ah, sie ist wieder da!" Ich höre die Stimme von Schwester Klara. Verwirrt schaue ich um mich. Ich liege auf meinem Bett. Bin ich nicht gerade noch gestanden? „Sie waren kurz ohnmächtig." Frau K. erklärt mir, dass das oft vorkomme, wenn jemand so lange Zeit im Bett gelegen ist, wie ich. Kreislaufproblem. Ich bin frustriert. Wenn das schon so anfängt! Da werde ich nie gehen können. Ich bin schon so depressiv, dass ich nicht mehr rational denken kann.

Mitte Dezember 1985
Im Treppenhaus

Nach einer Woche mit vielen für mich mühsamen Gehübungen trainiert Frau K. mit mir heute das Treppensteigen mit „Gehhilfen", wie sie meine Krücken nennen.

Das brauche ich für die Reha. Nach dem Üben mit dem Gehwagen hat sie die Stöcke mitgebracht. Ich darf mein rechtes operiertes Bein nicht Belasten. So muss ich sehr bewusst Beine und Stöcke einsetzen. Es macht mir viel Mühe. Ich kann mich schlecht konzentrieren. Alles andere in meinem Krankenhausalltag fällt mir auch schwer. Meine Stimmung hat sich nicht gebessert, im Gegenteil!

Schwester Klara redet jetzt mit mir immer wieder von der Reha. Ich habe Angst, dort hinzugehen. Als Depressive habe ich immer Angst vor Neuem und Angst, dass ich irgendwo untergehe oder übersehen werde.

In der Zwischenzeit habe ich gelernt, mit meinen Krücken vom Bett zum Waschbecken zu gehen. Nur das Hinsetzten auf einen Stuhl oder Hocker bereitet mir noch sehr viel Mühe, weil ich meine Oberschenkel noch nicht so gut anwinkeln kann. Da sitze ich besser auf einer Art Sitzerhöhung, ebenso auf der Toilette.

„In der Reha sind sie gut eingerichtet auf solche Fälle wie Sie. Da brauchen sie gar keine Bedenken zu haben. Hier habe ich Ihnen einen kleinen Gruß von mir zum Mitnehmen." Schwester Klara greift in ihre Schürzentasche und gibt mir eine Postkarte, auf der eine bunte Blumenwiese zu sehen ist. „Ich wünsche Ihnen, dass Sie bald wieder auf so einer blumigen Wiese gehen können!" Ich bedanke mich trotz meiner Skepsis. Möchte ich überhaupt wieder auf irgendeiner Wiese gehen?

19. Dezember 1985
Entlassung aus der Orthopädischen Klinik

Meine Schwester, die mich im Oktober bei strahlendem Sonnenschein in die Klinik gebracht hat, ist auch heute wieder gekommen. Allein kann ich ja nicht meine ganzen Sachen packen. Beim Gehen und Stehen habe ich beide Hände an den Gehhilfen und somit meine Hände nicht frei. Alle normalen Handgriffe und Tätigkeiten werden mühsam.

„Wir werden da schon was finden, was dir hilft", meint sie optimistisch. „Ich kann nicht in diese Reha. Ich brauche andere Hilfe." „Du meinst, du wärst in der Psychiatrie besser aufgehoben?" Meine Schwester ist nicht ganz überzeugt von meinem Vorhaben. „In der Psychiatrischen Klinik ist es sicher besser, weil sie mich dort kennen. In der Kurklinik bin ich allein auf mich gestellt. Ich weiß nicht, ob ich da klarkomme in meinem depressiven Zustand und dazu so gehbehindert, wie ich jetzt bin. Die sind doch dort auf Depressive gar nicht eingestellt."

Mit Entlassbericht und sonstigem Papierkram ausgestattet, mit Taschen und Gehstöcken verlasse ich nach zwei Monaten diese Orthopädische Klinik.

Als lebensfrohe und zuversichtliche Frau bin ich hierher

gekommen. Zu meinem Entsetzen bin ich gegen Ende des zweimonatigen Aufenthaltes hier wieder schwer depressiv geworden. Und was hat meine alte Krankheit wieder aus mir gemacht? Körperlich bin ich ein Krüppel, hilflos und abhängig. Ich kann meinen Alltag nicht mehr aufnehmen, geschweige denn, ihn bewältigen. Als gebrochene Frau verlasse ich diese Klinik. Die Zukunft? Schwärzer denn je!

Ein Tag später
In der Geschlossenen

„Die Frau G. ist auch wieder da! Das habe ich schon vernommen!" Ich schaue Schwester Rosemarie an. „Sie haben mich wieder erkannt?" Sie lacht und streicht mir leicht über den Arm. „Aber sicher. So lange wie Sie bei uns waren! Ich vergesse die Gesichter nicht! Und viele kommen mehrmals zu uns. Na, ging es draußen nicht mehr?" Ich schüttle frustriert den Kopf.

In dem mir bekannten Wachsaal habe ich schon vom Tagdienst ein Bett zugewiesen bekommen. Am Nachmittag hat mit meine Schwester hergefahren. Wir haben gestern viel miteinander gesprochen und sie hat telefonisch alles organisiert, damit ich hierherkommen kann. Die Reha ist erst einmal verschoben worden.

In der Zwischenzeit ist es Abend und die fürchterliche Nacht liegt vor mir! Schwester Rosemarie steht neben meinem Bett. „Frau G., Sie wissen ja. Wenn das Schlafen nicht klappt, dann rufen Sie mich und ich bringe etwas ans Bett. In Ihrem Zustand brauchen Sie nicht aufzustehen."

Den Sommer vor zwei Jahren habe ich hier verbracht. Jetzt holt mich das alles wieder ein! So, als hätte es die gute und schöne Zeit dazwischen gar nicht gegeben. Dieser Gedanke drückt mich noch weiter runter.

Weihnachten 1985 in der Psychiatrie

Auf der Station D2 herrscht rege Aktivität. Die Schwestern schmücken gerade einen großen Weihnachtsbaum im großen Aufenthaltsraum. Ich frage mich wozu. Mir ist Weihnachten fremd und so weit weg. Ich kann nichts damit anfangen. Aber ringsum werde ich immer wieder darauf gestoßen. So bekomme ich ein ganz schlechtes Gewissen, weil ich nicht auch in Weihnachtsstimmung verfalle.

Heute Abend findet in einer Kirche direkt neben dem Klinikgelände eine zentrale Patientenweihnachtsfeier statt. Ich soll auch mitgehen.

In der Kirche

Eingezwängt sitze ich in einer Bankreihe zwischen vielen Kranken. Dazwischen kümmern sich verschiedene Schwestern und Pfleger um ihre jeweiligen Patienten. Der Gottesdienst beginnt. Ich wäre am liebsten gar nicht hier!

Es ist wie ein Schock für mich, als die Orgel zu spielen beginnt. Irgendetwas in mir wird berührt und doch finde ich keinen Zugang zu meinen Gefühlen. Jetzt wird gesungen. Manche singen laut und voller Freude. Ich dagegen bleibe stumm. Verzweiflung über meinen Zustand kommt in mir hoch. Ein großes Angstgefühl droht mich zu überwältigen. Aber ich kann aus der Bankreihe nicht heraus. Auch andere Patienten werden unruhig. Es ist für mich eine fürchterliche Situation! Ich muss es bis zum Schluss aushalten!

Ich kenne die Weihnachtslieder, habe sie oft selbst gesungen oder geflötet. Aber dieses Jahr läuft Weihnachten mal wieder an mir vorbei. Ich kann nichts damit anfangen, weil mich nichts innerlich berührt.

155

„Alles Gute für das neue Jahr, Frau G.!" Die Nachtschwester leuchtet mir mit der Taschenlampe ins Gesicht. Ich bin allein in dem Viererzimmer. Die anderen drei Patientinnen sind über Weihnachten und Silvester nach Hause gefahren. „Ich kann einfach nicht schlafen. Bekomme ich noch was?" Meine Sorge wegen des Nichtschlafenkönnens ist größer als die Tatsache, dass wir jetzt ein neues Jahr schreiben. Wieder ein neues Jahr! Furchtbar!

Die Angst davor ist immens. Eine Zukunft gibt es für Depressive eigentlich gar nicht. Die Schwärze ist allgegenwärtig: In mir, um mich herum und auch in der Zukunft! Schwester Marga hat ein Einsehen mit mir. „Ich bring Ihnen etwas zum Schlafen. Trotzdem fürs neue Jahr nochmals alles Gute. Sie werden sehen, das neue Jahr bringt bei Ihnen die Wende. Ich wünsche Ihnen, dass es bald aufwärts geht." Trotz Schlafmittel liege ich einsam mit meinen Grübelgedanken im Bett und habe immerzu Angst, fürchterliche Angst! Welche Qual dies zu erleiden!

Nach vier Wochen

Sie haben in der Psychiatrie nichts für mich tun können, d. h. die Zeit hat wohl nicht dazu gereicht. Die Stationsärztin hat mir immer wieder in der Visite nahegelegt, in die Reha zu fahren, damit mein Bein und meine Hüfte behandelt werden kann. Stets habe ich mich geweigert. Ich habe schreckliche Angst vor dem Neuen. Die Ärztin konfrontiert mich hart mit der Realität.

„Wollen Sie zum Krüppel werden? Und das in Ihrem Alter? Außerdem sollen Sie ja irgendwann wieder zur Arbeit gehen können." Ich sehe in meinem depressiven Zustand immer nur wie schlecht oder wie schlimm alles ist. Auch nach vorne kann ich nichts Positives sehen. Ich habe keine

Pläne oder Ziele. Irgendwann haben sie mich zur Reha angemeldet und mir den Termin mitgeteilt.

Anschlußheilbehandlung in der Reha

Nun stehe ich am großen Empfangstresen der Klinik für Rehabilitation und erhalte meinen Zimmerschlüssel. Meine Schwester hat mich wie so oft begleitet und gefahren. Draußen liegt Schnee und da ist das Gehen mit Gehhilfen sehr schwierig und mühsam. Auch bewege ich mich im Freien immer sehr vorsichtig. Ich bin sowieso froh, wenn ich nicht raus muss.

Ich teile mein Zimmer mit einer anderen Frau. Sehr schwierig für mich! Sechs lange Wochen liegen vor mir! Meine Therapiekarte ist voll mit Terminen. Es ist echt mühsam, mich durch so einen Tag zu quälen!

Zum Beispiel Einzelwassergymnastik. Das allein ist für mich als Depressive und zugleich Gehbehinderte mit Krükken eine totale Herausforderung! Alles fällt schwer! Ausziehen, umziehen, abtrocknen, erneut umziehen. Krücken fallen um, Kleidungsstücke rutschen mir aus der Hand auf den Boden runter. Draußen höre ich schon das Wasserrauschen von den Duschen. Schrecklich! In einer Plastiktüte trage ich meine Duschutensilien mit mir herum. Das Duschen vor und nach der Wassergymnastik ist für mich noch anstrengender, als die Gymnastik selbst. Und das Ganze immer auf Zeit, da im Hallenbad ein ständiger Patientenwechsel nach Plan ist. Jetzt bin ich total erledigt!

Kampf gegen zwei Hindernisse

Ich kämpfe sozusagen an zwei Fronten. Gehbehindert wie ich bin, schränkt mich das natürlich sehr ein. Deswegen bin ich ja hier: mobil werden, ohne meine operierte Hüfte falsch zu belasten. Wieder normal gehen lernen. Von vorne anfangen wie ein Kind. Langsam mehr belasten und vor allem ein Gefühl dafür bekommen. Ach, wie mühsam das alles ist!

Den zweiten Kampf führe ich gegen meine Depression. Das ist noch schwieriger und noch mühsamer. Vor allem ist beides zusammen fast nicht zu bewältigen oder zu ertragen!

Es quälen mich die schlaflosen Nächte und der innere und äußere Stress am Tag. Dabei herrschen allgegenwärtig das Grübeln und das Hoffnungslose in mir. Ich kann nicht mehr! Wenn es doch bloß vorbei wäre!

Ende der Kur

Morgen darf ich nach Hause. Ich bin froh, dass die sechs Wochen hier vorbei sind. Aber freue ich mich auf meine Wohnung? Auf das Leben in Normalität?

Mein Vater hat sich bereit erklärt, mir in den ersten Tagen zu helfen. Er möchte für mich einkaufen und kochen. Irgendwie bin ich froh, nicht gleich allein zu sein. Hier in der Reha bin ich fast nie alleine gewesen. Ob im Speisesaal oder bei den vielen Anwendungen. Überall viele Menschen!

Februar 1986
Wieder in meiner Wohnung

Innerhalb von zwei, drei Wochen bin ich aus meiner Depression wieder aufgetaucht. Wie immer ist es so langsam geschehen, dass ich es gar nicht gemerkt habe, z. B. wann es anfing. Mein Vater ist nach einer Woche wieder abgereist. Seine Hilfe war gut und wichtig für mich. Jetzt ist er der Meinung, dass ich es alleine packe. Ich bin nun auch froh, die Wohnung wieder für mich alleine zu haben.

Ich kann mich in der Zwischenzeit immer besser bewegen, mich versorgen und meine vielen Arzt- und Gymnastiktermine wahrnehmen. Da ich zu allem etwas länger brauche, muss ich meine Zeit entsprechend einteilen. Aber mit meinen jetzigen Problemen kann ich wieder gut umgehen. Ich schaue nicht mehr so pessimistisch nach vorne. Ich möchte wieder vollständig gesund werden! Und vor allem möchte ich wieder in meinen Beruf zurück!

Nun sehe ich wieder eine Zukunft vor mir. Endlich kann ich wieder Pläne schmieden und nach vorne denken!

Juli 1986
Wiedereinstieg in meinen Beruf

Nach neun Monaten der Berufsunfähigkeit durch meine Hüft-OP kann ich endlich wieder beginnen, im Internat zu arbeiten. Ich habe mich sehr darauf gefreut. Bei meinen zwischenzeitlichen Besuchen in meiner Gruppe habe ich den Kontakt gepflegt und mich auf dem Laufenden gehalten. Die Jugendlichen haben sich immer gefreut, mich zu sehen. „Wann kommst du wieder?"

Dies war eine ihrer meist gestellten Fragen. „Ich denke, dass es nicht mehr lange dauert, bis ich wieder arbeiten kann. Ich freu mich auf euch!"

Nun ist alles wieder in Ordnung. Ich bin wieder voll belastbar und damit gesund geschrieben. Mein Leben läuft wieder in gewohnten Bahnen. Ich kann mich wieder meinem Alltag mit all seinen Anforderungen stellen. Ich fühle mich gesund an Leib und Seele. Was habe ich alles in den vergangenen neun Monaten durchgestanden! Jetzt hoffe ich auf viele gesunde Jahre! Und vor allem ohne eine erneute Depression!

Meine Dreizimmerwohnung wandelt sich von einer Baustelle in bewohnbare gemütliche Räume. Ich beauftrage Handwerker, verschiedene Holzdecken und endlich eine neue Heizung einzubauen. Trotz all dem bleibt noch vieles an mir hängen. Durch meine Hüft-OP und durch meine Depression habe ich aber gelernt, meine Kräfte einzuteilen, rechtzeitig Pausen einzulegen oder mir einfach nicht zu viel auf einmal vorzunehmen. Auch lerne ich, mich weniger unter Druck zu setzen und nicht alles perfekt machen zu wollen. Das ist ganz schön schwierig für mich, wo doch bisher ein Perfektionist in mir das Sagen hatte.

Ich richte mich in meiner Wohnung ein, habe Freunde und viele Kontakte. Eine private Beziehung möchte ich vorerst nicht. Ich habe zu viele Enttäuschungen erlebt. Zum Glück kann ich in meiner Gesprächstherapie, die ja während meiner Krankenhaus- und Rehazeit unterbrochen gewesen ist, alles ansprechen und verarbeiten.

Die Depression – meine ständige Begleiterin?

Ich hoffe nicht! Ich lerne zwar jedes Mal im Nachhinein von ihr. Sie macht mich klein und unscheinbar. Sie tötet mein Seelenleben ab und lässt mich nach einer langen Leidenszeit wieder aufblühen! Es ist eine schreckliche und qualvolle Krankheit mit einem enormen Leidensdruck bis hin zur Selbsttötung. Aber gerade deshalb kann ich gut auf sie verzichten! War es dieses Mal das letzte Mal? Ich wünsche es mir sehr!

5. Kapitel

DEINE FRAU – EIN
PLÖTZLICH UNBEKANNTES WESEN

Meine fünfte Depression
(Mai 1992 – August 1992)

Mitte Mai 1992

Ich sitze auf einer Wolldecke im Gras und halte meine sechsmonatige Tochter im Arm. Ich schaue sie an. Sie blickt mir mit ihren blauen Augen ins Gesicht und lacht. Doch dabei fühle ich nichts. Absolut nichts. Es könnte also auch eine Puppe oder ein Kissen sein, welches ich im Arm halte. Schrecklich!

Wer kann das verstehen? Wie kann ich jemandem meinen Zustand erklären? Mein Ehemann G. sitzt ziemlich verloren und auch verwirrt neben mir. Ich jammere vor mich hin:

„Das Schlimmste ist: Ich fühle nichts! Ich sehe mein Kind an und spüre es nicht! Ich bin eine ganz schlechte Mutter! Deshalb hätte ich nie Kinder bekommen dürfen!" So martere ich mich und verfalle danach wieder in dumpfes Schweigen. G. versucht, mich zu beruhigen. Er erlebt mich zum ersten Mal im schwer depressiven Zustand.

Ja, es hat mich wieder erwischt! Nach sechs (!) guten, depressionsfreien Jahren hat die Depression jetzt wieder unverhofft und mit voller Wucht zugeschlagen! Es trifft mich ganz plötzlich wie aus heiterem Himmel.

Nie habe ich damit gerechnet, mit meiner Krankheit noch einmal so heftig konfrontiert zu werden. Es war doch alles gut. Mein Ehemann G. weiß über meine früheren Depressionen Bescheid. Vor unserer Heirat haben wir uns über meine bisherigen depressiven Phasen offen unterhalten. Viele gute Jahre folgten. Und jetzt dieser Schock!

Dieser Schock, dass mich meine Krankheit nun doch wieder eingeholt hat. Der Schock, dass ich die Depression noch nicht auf Dauer überwunden habe und dass sie immer noch in mir ist. Dass sie nur unbemerkt von mir geschlummert hat, um jetzt nach Jahren erneut wieder los zu wüten.

Ja, mein Ehemann und ich haben vor unserer Heirat über dieses Thema öfters gesprochen. Zwischen meinem damaligen Erzählen über meine Depression und dem jetzigen realen Erleben ist aber ein großer Unterschied. G. ahnt ja noch nicht, was da auf uns zukommt! Wie auch. Es tut mir leid um G., dass er mich, seine Ehefrau so erleben muss. Es tut mir leid um meine beiden Töchter, die eine mit zwei Jahren und die Kleine. Sie können ja nichts dafür, dass sie so eine unfähige Mutter haben! Ja, so sehe ich mich: unfähig und das als gelernte Erzieherin! Ich erledige zu Hause alles rein mechanisch, ohne Gefühl. So, als wäre ich ein weiblicher Roboter.

Meine ältere Schwester ist auch mit auf die Baumwiese gekommen, extra hergefahren, als mein Mann sich per Telefon hilfesuchend an sie gewandt hatte.

Ich höre, wie er zu ihr sagt: „So kenne ich sie gar nicht. Seit Wochen sagt sie, dass sie nicht recht schlafen kann und dass sie Angst hat, den Alltag mit den beiden Kindern nicht zu packen. Das war doch bisher für sie kein Problem!" Ich höre, wie sich G. mit meiner Schwester weiter über mich unterhält. Aber alles Gesprochene rauscht an mir vorbei. Es ist, als sei ich gar nicht da.

So erlebe ich mich auch: als innerlich abwesend, als nur körperlich existent. Mein Körper und meine Seele sind mir fremd und fast unheimlich geworden. Fremde, wer bist du?

Eine Stimme lässt mich zusammenfahren: „Schau die volle Blütenpracht an. Und dahinter der blaue Himmel. Sieht toll aus!" Wie verzückt schaut meine Schwester nach oben in den Baum. Ich sehe auch nach oben und sehe doch nichts. Freude über die schöne Baumblüte? Fehlanzeige! In mir rührt sich nichts. Es ist, als hätte sich in den letzten beiden Wochen wieder ein dichter Grauschleier über meine Seele und meine Welt gelegt.

Ich habe alles verloren! Meine Seele, mein Selbstvertrauen, mein Lachen, meine ganzen Zukunftshoffnungen, meine Liebe zu meinem Ehemann und die Zuneigung zu meinen beiden Kindern, ich habe einfach alles verloren! Mein ganzes Leben ist wie weggewischt. Die guten Jahre sind wie ausradiert! Nur mein Körper funktioniert noch vor sich hin.

Wieder einmal bin ich ein Koffer, der von außen befördert oder irgendwo abgestellt wird. Der herumgeschubst oder einfach übersehen wird. Ein seelenloses Teil eben. Genau so habe ich mich in meinem Leben schon oft erleben müssen. Tot, ohne Gefühle! Einfach schrecklich!

Es gibt für mich aber einen Unterschied zu meinen früheren Depressionen: Es hängt jetzt eine ganze Familie mit dran! Wie soll das gehen? Was tue ich meinem Mann an, meinen Kindern? Selbstvorwürfe und Verzweiflung quälen mich.

Rings um mich her und in mir herrscht wieder nur tiefste Schwärze!

163

G. bekommt heute von unserem Hausarzt eine Beschei-
nigung für seinen Arbeitgeber: Seine Anwesenheit zu
Hause sei dringend angezeigt wegen meiner schweren
Depression und weil die beiden Kinder versorgt werden
müssen. Ich bin ganz niedergeschlagen, als ich das lese. So
weit ist es also mit dir gekommen, dass du nicht einmal
deine eigenen Kinder selbst versorgen kannst. Als könnte
G. meine Gedanken ahnen, nimmt er mich in den Arm:

„Du hast es doch bisher gut gemacht. Du bist jetzt
halt krank, sonst würdest du normal weitermachen wie
bisher." G. versucht, mich aufzumuntern. Ich glaube, er
merkt erst jetzt, was es bedeutet, mit einer Depressiven
zusammenzuleben. Wir sind erst am Anfang, aber auch
zugleich mittendrin und ich denke, dass sich daran so
schnell nichts ändert.

Diese Krankheit ist wie eine Bestie. Wen sie mal in den
Klauen hat, den lässt sie so schnell nicht los! Dass ich noch
einmal durch diese Hölle muss, hätte ich nicht gedacht.
„Depression" war für mich in den letzten sechs (!) Jahren
kein Thema mehr gewesen. Außer in den Gesprächen mit
G. und das war dann sehr aus der Distanz heraus. Es hat
mich ja nicht mehr betroffen. Diese sechs Jahre waren
eine schöne und erfüllte Zeit, auch mit den Geburten von
zwei gesunden Mädchen. Ich war sehr gelöst und glück-
lich! Und vor allem Gott dankbar gegenüber, dass ich dies
alles erleben durfte. So viele Geschenke!

Unfassbar dann dieser Absturz! Einfach unglaublich! Ich
habe sehr verzweifelt mit meinem Schicksal gehadert und
meinen Mann gefragt:

„Nach all den guten Jahren! Gibt es das? Eigentlich kann

ich das nicht glauben. Gott kann doch nicht wollen, dass ich noch einmal durch diese furchtbare Hölle muss!" Aber es ist doch so gekommen. Und Gott ist mir ferner denn je!

Es ist alles wie gehabt: Ich quäle mich wieder durch die langen Tage und endlosen Nächte. Das ist so bekannt für mich. Und doch sage ich anfangs zu G.: „Ich habe gar nicht mehr gewusst, dass die Depression so schlimm ist. Ich habe nicht mehr gewusst, wie verzweifelt und hoffnungslos der Zustand ist!"

Juni 1992
Beim Kinderarzt

Eine Routineuntersuchung bei unserer Jüngsten ist fällig. Seit Tagen habe ich Angst davor! Damit ich es nicht vergesse mitzunehmen, hat mir mein Ehemann Untersuchungsheft und Impfausweis auf den Küchentisch gelegt. Er passt auf unsere Älteste auf, solange wir beim Kinderarzt sind. Diese Termine waren immer schon meine Aufgabe. Ich bin seit zweieinhalb Jahren nicht mehr berufstätig, sondern voll für die Familie da.

Ich habe es bisher auch gern getan. Zurzeit ist es aber für mich der blanke Horror! Angst- und Panikattaken wechseln sich ständig ab. Meine normalen Aufgaben wachsen mir über den Kopf! Und nun noch dieser Arztbesuch!

Obwohl ich den Kinderarzt gut kenne, traue ich mich kaum, ihn anschauen. Ob er meinen Zustand bemerkt? Hoffentlich will er nicht etwas Bestimmtes von mir wissen. Ich zittere, als ich meine Tochter auf dem Wickeltisch ausziehe. „Na, wie geht es. Irgendwelche Probleme?" „Nein, es ist alles in Ordnung." Oh, wie ich lüge! Aber er meint ja meine Tochter und nicht mich. Er fängt mit der Untersuchung an und holt schließlich noch eine Impfspritze. Routiniert impft er meine Tochter, die sofort zu brüllen anfängt! Der Arzt verabschiedet sich und ich nehme die Schreiende in den Arm.

Irgendwie gelingt es mir, sie zu streicheln und mit leisen Worten (!) zu beruhigen. Ganz automatisch habe ich auf ihren Schmerz reagiert. Anscheinend richtig, denn sie wird ruhiger und ich kann sie gut anziehen. Kinderarztbesuch. Welch schwere Aufgabe für mich! Es bringt mich an meine körperlichen und psychischen Grenzen.

Wie so vieles in der nächsten Zeit! Das Thema „Urlaub" ist auch so ein Beispiel, bei dem ich an meine Grenzen komme. Die einen im Bekanntenkreis sagen: Mit Depressiven musst du wegfahren, damit sie auf andere Gedanken kommen. Andere wiederum sind der Meinung, dass ein solcher Tapetenwechsel nur unnötig zusätzliche Verwirrung und Angstgefühle beim Depressiven erzeugt. Und ich? Was will ich?

In Urlaub fahren ist für mich im gesunden Zustand was Schönes, worauf ich mich dann auch wochenlang freuen kann. Jetzt aber habe ich Angst davor! Ich möchte nicht weg ins Unbekannte und Ungewisse. Zu Hause geht es mir zwar auch nicht gut, aber das Thema „Urlaub" macht mir auf jeden Fall Angst. Wir haben im letzten Herbst eine Ferienwohnung im Schwarzwald gebucht. Da konnten wir ja nicht ahnen, dass es im Sommer 1992 so bei mir aussehen würde. G. ist der Meinung, dass es uns allen sicher gut tun würde, wenn wir den geplanten Urlaub trotz meiner Krankheit antreten.

Juli 1992
Urlaubsreise mit Familie

„Ich weiß nicht, was ich packen soll. Ich schaffe das einfach nicht." Die bevorstehende Reise türmt immense Probleme vor mir auf. Der Berg wird höher je näher der Abreisetag kommt. Unsere Kinder spüren wohl die Unruhe im Haus. G. hilft beim Packen der Kleidung, der Spielsachen und Lebensmittel. Nichts geht mehr ohne ihn!

Die Reise beginnt. Endlich oder leider? Unsere älteste Tochter plappert im Auto drauf los. Sie kommentiert alles, was sie draußen sieht. Die Kleine schläft in ihrem Kindersitz oder schaut sich um, wenn sie wach ist. Ich selbst sehe nicht viel, weil ich ständig am Grübeln bin. Autofahren kann ich seit ein paar Wochen auch nicht mehr. Der Absturz geschieht bei mir immer so schnell und radikal. Dann geht sehr viel nicht mehr, was für mich eigentlich Routine oder gar Freude war: Kochen, Backen, Autofahren, Bügeln, Lesen, ein Instrument spielen, usw. „Jetzt kann ich dich nicht mal mehr beim Fahren ablösen." Mein Ehemann macht mir Mut: „Das kommt alles wieder, wenn du aus der Depression raus bist. Für mich ist das Fahren kein Problem." Kein Problem. Das möchte ich auch mal sagen können. Für mich ist das ganze Leben ein Problem!

Wir sind da.

Die Ferienwohnung liegt im Dachgeschoss. Es dauert, bis wir alles nach oben getragen haben. Ich passe oben auf die Kinder auf und G. trägt das Gepäck hoch. Die Wirtin ist entzückt über unsere Kinder. Sie hat sie schon lieber als ich, denke ich. Sie kann sich so freuen! Und so lachen!

Und ich?

Unsere Kinder spielen mit ihren Legosteinen auf dem Boden. Ich höre sie plappern und lachen. G. verteilt die Gepäckstücke und wurstelt in der Küche rum. Ich betrete von unserem Schlafzimmer aus den Balkon und schaue mich um. Das Geländer zieht mich magisch an! Ich halte mich daran fest und schaue nach unten.

So ein bäuerliches Schwarzwaldhaus ist sehr hoch. Wie schnell wäre alles vorbei! Einfach übers Geländer steigen und abwärts! Erschrocken über meine Gedanken trete ich zurück und drehe mich um. Durch die Balkontüre sehe ich ins Schlafzimmer. G. legt gerade einen Koffer aufs Bett. Er ist so ahnungslos!

Ich gehe ins Zimmer zurück mit einem schlechtes Gewissen. Rasch schließe ich die Balkontüre. „Komm, hilf mir hier beim Einräumen oder willst du dich lieber drüben zu den Mädels setzen?" Oder-Fragen darf man mir in meinen depressiven Zeiten nicht stellen. Entscheidungen sind für mich fast nicht möglich. Aber das kann mein Ehemann ja nicht wissen.

„Ich war eben auf dem Balkon und musste sofort zurück ins Zimmer. Ich hatte Angst vor dem Blick nach unten. Ich dachte noch, am liebsten würde ich jetzt springen." G. reagiert entsetzt. Er nimmt mich in den Arm. „Das kannst du nicht machen. Wir brauchen dich doch!"

Er weint, ist verzweifelt. Was tue ich ihm da an? Wie ich ihn belaste mit meiner Krankheit! Er lernt unfreiwillig immer mehr darüber und das hautnah! Dazu die Sorge um die Familie.

Er käme besser ohne mich zurecht und hätte sicher nicht solche Probleme wie jetzt mit mir. Ich bin nicht nur mir eine Last, sondern auch ihm. „Wir stehen das zusammen durch. Aber du musst auch gesund werden wollen." Ich entgegne: „Aber das ist ja das Problem. Ich kann mir nicht vorstellen, dass ich je wieder gesund werde. Ich sehe nur Probleme, egal in welche Richtung ich schaue. Alles ist schwarz. Ich habe keine Hoffnung. Wie soll ich da je wieder gesund werden?" „Jetzt machen wir erst mal Urlaub mit unseren Kindern. Und vielleicht geht es dir bald besser!"

Aber er wird enttäuscht. Der ganze Urlaub ist für mich eine Qual! Nächte so schlaflos wie gehabt, mühsames Aufstehen, wenn die Kinder wach werden. Sie zu versorgen geht ohne meinen Mann überhaupt nicht mehr. Kochen tun wir gemeinsam, weil ich vor dem Herd stehe und nicht mehr weiß, wie es geht. Dazu vergesse ich auch mal, die Herdplatte auszuschalten oder es brennt etwas an! Ich kann mich einfach nicht konzentrieren.

Mit den Kindern tue ich mich auch schwer. Ich weiß nicht, wie oder was ich mit ihnen reden soll. Oft sitze ich mit ihnen auf dem Boden und baue lustlos etwas aus den Legosteinen.

„Mama, was wird das?" „Ich weiß nicht." „Das sieht ja komisch aus. Also ich bau jetzt ein Haus." Wie zielstrebig unsere zweieinhalbjährige C. den Hausbau angeht. Sie hat ein Temperament, das mir in meinem depressiven Zustand viel Mühe macht. Ich kann mich nicht mehr so gut in sie hineinversetzen wie vor meiner Erkrankung. Auch sind ihre ganzen Bewegungen und Gedankensprünge so schnell und so plötzlich, dass ich ihr oft nicht folgen kann. Meine Antidepressiva lähmen mich dazu noch sehr, sodass mir Sprechen, Denken und Bewegen schwer fallen.

Die Schwarzwaldluft sei gut gegen Depressionen. Ich kann mir zwar nicht vorstellen, dass eine andere Luft mir da helfen könne. Aber im Verwandtenkreis war man der Meinung. Wir spazieren daher sehr viel. Bei Wind und Wetter! Die kleine S. im Kinderwagen, C. meist mit ihrem

Puppenwagen und so geht es los die Waldwege entlang. Wir reden wenig. Ich hab nichts zu sagen. Nur durch die Kinder kommen wir ab und zu mal zum Reden. „Willst du einen Apfel?" „Hast du Durst?" „Bist du müde? Sollen wir umkehren?"

Zurück in der Ferienwohnung herrscht für mich das Chaos. Sehr viel Spielzeug ist in allen Räumen verstreut. Kleidungsstücke ebenfalls. Wenn G. mich fragt, ob ich mit unserer Großen aufräumen möchte, so tue ich das mechanisch. Aber nur, weil er das sagt. Aus eigenem Antrieb bringe ich jetzt fast nichts mehr zustande.

Zwei Wochen Urlaub sind vorbei. Endlich? Schade? Nein, schade, dass wir heimfahren, kann ich nicht sagen. Ich fühle mich nach wie vor sehr schlecht. So wie in den zwei Wochen eben. Den Kindern hat es wohl gefallen. Sie haben sich gut eingelebt. Wir sagen, dass wir nach Hause fahren zur Oma, die mit in unserem Haus lebt. Ja, C. nickt und weiß Bescheid.

Ende Juli 1992
Wieder zu Hause

Es hat sich natürlich nichts geändert. Der gleiche mühsame Trott! Mein Ehemann G. sorgt mit Hilfe meines Hausarztes dafür, dass ich zu einer Psychiaterin komme. Ich selbst kann in der Richtung keine eigene Initiative mehr ergreifen. Diese Frau Dr. S. verschreibt mir andere, stärkere Antidepressiva als die von meinem Hausarzt. In einwöchigen Abständen möchte sie mich sehen. Ich jammere bei ihr hauptsächlich, wie schlecht mein Zustand zu ertragen sei und dass ich nicht schlafen könne. Dazu habe ich jedes Mal große Angst vor einem Arztbesuch. Wochenlang geht das so.

G. bleibt zu Hause und erhält auf Wunsch immer wieder von der Ärztin Atteste für seinen Arbeitgeber. Das geht, weil unsere Kinder noch so klein sind. Aber wie lange macht sein Chef noch mit?

Mittel zum Leben

Einkaufen erledigen wir zusammen, also alle vier. Das geht dann so: Ich schiebe den Einkaufswagen, in dem unsere beiden Mädels sitzen. Dadurch habe ich ein wenig Halt und G. füllt den Wagen. Ich weiß sowieso nicht, was wir brauchen. Ich selbst brauche ja nichts! Lebensmittel, wer nicht mehr leben will, braucht auch keine Mittel zum Leben! Ich stelle alles in Frage. Wozu überhaupt einkaufen? Und wozu das Ganze jede Woche? Alles sinnlos.

Juli/August 1992
Auf dem Spielplatz

Ohne G. würde ich überhaupt nicht aus dem Haus kommen. Wir gehen aber jeden Tag mit den Kindern spazieren oder halten uns auf einem Spielplatz auf. G. wechselt da mit den Spielplätzen immer ab. Den Kindern gefällt es. Ich bekomme nicht mit, dass es Sommer ist. Alles läuft an mir vorbei. Ich bin halt körperlich da, sitze meist auf einer Bank und grüble vor mich hin. Furchtbar für mich, dieser Zustand!

Wie ich die Spielplätze hasse! Ich schaue erstens aus, ob ich jemanden kenne. Und zweitens beobachte ich andere Mütter und schneide im Vergleich mit ihnen in meinen Augen natürlich immer schlechter ab. Mein negatives Gedankenkarussell rotiert da immer sehr schnell und zuverlässig: Das kann ich nicht, wie die das macht. So laut die Kinder zu rufen, das würde ich mich nicht getrauen. Wie

leicht und ungezwungen die mit ihren Kindern umgeht.
Und ich? Ich sitze bloß rum.

Ach, immer dieses Vergleichen und Bewerten! Es macht
mich noch mehr fertig. Es ist, als wäre in mir ein „Zensor", der alles um mich herum unter die Lupe nimmt
und mit mir vergleicht. Nichts entgeht seinem Urteil. Sehen, vergleichen, bewerten, aburteilen. Und immer bin
ich unfähiger, schlechter oder hässlicher als andere. Das
Schlimme daran ist, der „Zensor" bin ich selber! Ständiges Aburteilen. Das zieht runter!
     Wenn ich doch nur mal einen Lichtblick spüren würde!
Oder einen Funken Leben. Richtiges pulsierendes Leben.
Nicht so ein Dahinvegetieren wie in den letzten Monaten!

Droht Gefahr? Ich habe meinem Ehemann nach unserer
Rückkehr aus dem letzten Urlaub versprochen, dass ich
keinen „Blödsinn" machen würde, wenn er mal aus dem
Haus ist. „Schon wegen der Kinder würde ich mir nichts
antun." Das sage ich ihm immer wieder auf sein Nach-
fragen zu diesem Thema. Aber wie sicher kann ich sein?
Wie sicher kann er sein? Die Krankheit Depression ist ein
tödliche Krankheit. Ich weiß, wovon ich spreche.

11 Uhr
Im Arztzimmer

„Nun, wie geht es Ihnen?" „Immer gleich. Ich glaube, ich
komm da nie raus." „Aber sie wissen doch, dass es jedes
Mal vorbeiging. Sie werden da raus kommen! Sie haben
doch ihren Verstand noch! Wir werden jetzt auf ein anderes Präparat umsteigen. Das wirkt etwas mehr auf Ihren
Antrieb und dazu noch stimmungsaufhellend."
     Ich schaue sie an, wahrscheinlich eher skeptisch. Sie
reicht mir das Rezept und steht gleichzeitig auf. Das ist

bei ihr immer das Signal zur Beendigung des Gesprächs.

Sie reicht uns über den Schreibtisch hinweg die Hand. Ein höflicher Rausschmiss! So lange mussten G. und ich im Wartezimmer warten und jetzt fertigt sie mich, bzw. uns so rasch ab! Von Mal zu Mal wird sie ungeduldiger mit mir. Aber so hat sie mich noch nie behandelt. So kurz angebunden und vorwurfsvoll. Depressive Patienten sind schwierig, bzw. der Umgang mit ihnen ist nicht leicht. Aber sie als Spezialistin weiß doch, dass ich nichts dafür kann. Ich fühle mich nach diesem Arztbesuch noch mehr unverstanden und im Stich gelassen. G. geht es ähnlich. Aber ich bin abhängig von ihr. Ich brauch ihre ärztliche Betreuung und vor allem die Medikamente!

Das Aufrechterhalten der Normalität

Alle meine Kontakte zur Außenwelt laufen über meinen Ehemann. Zu Verwandten und Freunden hält nur er den Kontakt, meist telefonisch. Zu Geburtstagsfesten gehe ich natürlich sehr ungern, weil ich mit Festen grundsätzlich nichts anfangen kann. Wozu feiern? Verwandte oder Freunde ihrerseits kommen zu Beginn meiner Depression zwar mal vorbei. Aber das lässt nach, weil eine Unterhaltung mit mir relativ mühsam und einseitig ist. Ich habe nichts zu sagen und wenn, dann nur das Klagen über meinen Zustand. Das möchte niemand lange oder öfters hören! Viele sind auch einfach verunsichert, wie sie mir begegnen sollen.

August 1992
Weitere qualvolle Wochen, ein Ende in Sicht?

Der Sommer ist an mir vorbeigestreift. Ich habe ihn nicht gespürt, nicht gesehen, nicht erlebt. Ein weiterer Sommer, den ich in meinem Leben verloren habe! Das Leben geht an mir vorbei. Eine lange Zeit in der dunklen Depression liegt nun schon wieder hinter mir. So viel verlorene Zeit! Verlorene Lebenszeit!

Aber nach einem weiteren Medikamentenwechsel scheint sich bei mir nun doch etwas zu verändern. Es ist schwer zu beschreiben. Langsam und daher fast unbemerkt schleicht sich eine Änderung in mein Leben: Ich sehe nicht mehr alles so negativ. Ich entwickle wieder etwas Interesse an meinem Alltag, an meinen Aufgaben. Dazu entdecke ich wieder meine Hobbies.

Auch meine Kinder interessieren mich wieder und reagieren auch prompt darauf. Wir spielen wieder miteinander und ich kann ihnen manchmal aus einem Buch vorlesen. Das alles vollzieht sich langsam über ein paar Wochen. Plötzlich merke ich, dass ich in einer Nacht schlafen konnte und in der nächsten wieder usw. Mein Ehemann geht wieder zur Arbeit und ich übernehme so allmählich wieder meine Alltagsaufgaben.

Und doch kann ich nicht sagen, was mir letztendlich aus der Depression herausgeholfen hat. Waren es die Medikamente, die Zeit? Hat sich die Depression nach vier Monaten ausgetobt und ist in sich zusammengefallen? Ich weiß es nicht.

Nachschwung aus der Depression

Wie immer bei mir nach so einer langen Depressionsphase schlägt das Lebenspendel danach noch eine Weile in die andere Richtung aus. Das ist die sogenannte post-manische Phase. Ein bis zwei Wochen lang bin ich leicht „high"! Ein tolles Gefühl! Ja, ich erlebe und fühle wieder alles sehr intensiv, liebe das Leben, strahle und freue mich, dass ich lebe. Das Pendel pendelt sich dann sozusagen wieder ein, mein Leben normalisiert sich.

Es geht mir gut, ich bin ausgeglichen, bewältige mit Freude (also mit Gefühlen) meinen Alltag. Schlafen, bzw. Nichtschlafenkönnen ist für mich kein Thema mehr!

Mit mir freut sich natürlich mein Ehemann: „Jetzt bist du wieder du selbst, bist wieder die alte. Nach Monaten erkenne ich dich wieder! Endlich!"

6. Kapitel

ICH LEIDE – UND DIE
GANZE FAMILIE LEIDET MIT

Meine sechste Depression
(Februar 1996 – Januar 1997)

»MAMA, WARUM GUCKST DU SO TRAURIG?«
»ICH BIN HALT TRAURIG, ABER NICHT WEGEN DIR.«

Vier Jahre sind seit meiner letzten, schweren Depression vergangen. Alles ist wieder in normalen Bahnen gelaufen. Die Kinder sind herangewachsen.

Zu unserer Freude ist eine dritte Tochter Ende 1993 dazugekommen. Trotz aller Turbulenzen in der Familie durfte ich noch einmal eine schöne Schwangerschaftszeit erleben. Noch einmal durfte ich spüren, wie ein Kind in mir heranwächst! Welch ein Geschenk! Sicher, es wurde eine arbeitsintensive und aufreibende Zeit mit den drei kleinen Kindern. Die älteste Tochter musste in den Kindergarten gebracht und wieder abgeholt werden, der Säugling versorgt und die Zweijährige durfte ja auch nicht vernachlässigt werden.

Dazu die MS-kranke Oma im Haus. Dazu der Haushalt und der Garten. Wir hatten keine Hilfe. Daher lastete alles auf uns Eltern! Aber wir bewältigten es, ohne groß darüber nachzudenken, unterstützten uns gegenseitig und teilten die anfallende Arbeit unter uns auf.

Bauaktivitäten im und am Haus

Durch die größer gewordene Familie benötigten wir mehr Räume. So bauten wir im Hause um und aus, sodass wir zusätzlichen Wohnraum erhielten. Insgesamt dauerte das mehrere Jahre. Trotz Handwerker und Helfer war es nervenaufreibend! Die Bauaktivitäten waren dann für alle Familienmitglieder so eine Strapaze, dass wir heilfroh waren, als das Gröbste hinter uns lag. Endlich konnte man sehen, wie schön alles wird und vor allem, dass es ein Ende nimmt! Die Kinder erhielten ein weiteres Zimmer und wir alle ein neues großes Wohnzimmer.

Aber jetzt bin ich krank. Welch hoher Preis für die lange Bauzeit mit ihren Belastungen! „Was haben wir falsch gemacht? Waren wir nicht wachsam genug?" Mein Ehemann und ich haben geglaubt, dass wir eine drohende Depression frühzeitig erkennen und rechtzeitig dagegen steuern könnten. Es ist uns nicht gelungen!

Die Depression, diese heimtückische Bestie, gibt sich mir erst zu erkennen, wenn es schon zu spät ist. Es ist für mich unmöglich, sie aufzuhalten, weil sie schon längst heimlich und unbemerkt von mir Besitz ergriffen hat. Seit Wochen kann ich nicht mehr recht schlafen und das ist bei mir immer ein erstes Alarmsignal! Schlaf kann ich nicht herbeizwingen. Schlafen können ist ein Geschenk! Nun geht wieder das vertrackte Karussell los:

Das Schlafen-Können wird beobachtet. Von mir selbst natürlich und von meinem Ehemann. Er fragt häufig am nächsten Tag: „Wie ging es mit dem Schlafen? Nicht gut? Aber wenigstens ein paar Stunden, oder?"

Er hofft natürlich, dass die Schlafstörungen nur vorübergehend sind, weiß aber auch, dass sie auf den Anfang einer neuen Depression hinweisen können. In dieser Situation sitzt mir meine Furcht vor einer erneuten Depression massiv im Nacken!

Ich kenne das ja alles, möchte es aber nicht wahrhaben. Es kann nicht sein, es darf einfach nicht sein, dass mich die Krankheit erneut wieder heimsucht! Ich erinnere mich an die vergangenen schlimmen Phasen und empfinde nur noch Angst und Verzweiflung. Diese Angstspirale windet sich und wird immer enger. Längst schon hat die Depression von mir Besitz ergriffen!

Der erste Weg: Mein Ehemann G. fährt mich zu meiner Psychiaterin. Es wird mit schwach dosierten Antidepressiva angefangen und zur Nacht ein Schlafmittel. Ein- bis zweiwöchige Arzttermine zur Kontrolle folgen. Frust zeigt sich auf meiner Seite, wenn sich bei mir nichts bessert. Wegen des unerträglichen Zustandes neige ich häufig zu Ungeduld oder bin schnell enttäuscht. Wahrscheinlich geht es den meisten Depressiven so wie mir.

Der weitere Verlauf

Es folgen dann meist höhere Dosierungen oder zusätzliche Antidepressiva. Nach Monaten bin ich wieder eine ganze Palette von Medikamenten durch. Entsprechend schlecht geht es mir auch. Wenn es mich mal ganz besonders runterdrückt, dann bekomme ich kurzzeitig ein stimmungsaufhellendes Mittel. „Aber nur zwei Tage, denn das kann süchtig machen!" Die Ärztin ist nach Monaten wahrscheinlich mit ihrem Latein am Ende. Sie spricht von stationärer Klinik oder Tagesklinik. Das möchte ich beides nicht. Mein Ehemann meint auch, dass ich sinnvollere Beschäftigung zu Hause hätte. Es sei gut für die Kinder, wenn ich da wäre. Ja, körperlich anwesend, denke ich.

Der Umgang mit meinen drei Kindern ist für mich in der Depression sehr anstrengend. „Mama, ich hab' Hunger!" „Dürfen wir fernsehen?" „Mama, bekomme ich ein Eis?" „Machst du mit mir ein Spiel?" Das sind Herausforderungen an eine schwer depressive Mutter, wie man sie sich kaum vorstellen kann! Der Antrieb fehlt ja völlig!

Ebenso fehlt das Interesse am Alltäglichen. Und die Sinnfrage stelle ich mir sowieso bei allem Geschehen. Wozu das noch? Warum dieses?

Bei mir das tote, emotionslose Erleben und dort auf der Seite der Kinder das pralle, wuselige Leben. Wenn ich nicht mitmache, verlieren sie das Interesse an ihrer Mutter sehr schnell. Das registriere ich dann auch als negativ. Mein „Zensor" meldet sofort: Du bist eine unfähige Mutter. Wenn die Kinder von mir keine Resonanz erhalten, dann kann es sein, dass sie sich von mir abwenden und machen, was sie wollen. Alles wird noch schwerer für mich.

Aber ich erlebe auch: Vorlesen kann ich mit monotoner Stimme, ganz automatisch Wort für Wort. Puzzeln und Memory spielen ebenso. Das geht. Meine Kinder haben es halbwegs akzeptiert. Ich versuche eben mühsam, für sie die Normalität aufrecht zu erhalten. Das kostet aber meine ganze Kraft! Mehr als von ihrem Spielen- und Vorlesewünschen werde ich aber herausgefordert von ihrem aktiven Verhalten. So wie unter Geschwistern halt üblich!

Das höre ich so oft am Tag: Die hat mich geschlagen, gezwickt, mir was weggenommen, die ist gemein zu mir, usw. Meine Tochter steht vor mir und möchte eine Antwort von ihrer Mutter. Zumindest eine Reaktion oder Stellungnahme. Jetzt sofort. Was soll ich tun? Ich schlichte und werde prompt angefeindet. Ich trenne die Streithähne und biete ihnen aber keine Lösung an. Egal, was ich tue, es ist falsch. Ablenken, eine zur Oma hochschicken – ich bin hilflos und total überfordert!

Das, was mir bisher in der Erziehung meiner Töchter Freude gemacht hat und eine gewisse Erfüllung gegeben hat, das belastet mich in meinem depressiven Zustand sehr! Die ganze Persönlichkeit ist gefragt.

Stets muss ich ansprechbar sein. Es gibt im Laufe eines einzelnen Tages so viele Situationen, in denen ich reden, entscheiden oder sonst wie agieren muss. Meine Kinder, die ich eigentlich liebe, sind mir zu einer Last geworden. Ich, die ich mich selbst nicht liebe, nicht umsorge, nicht mehr schätze, soll meine eigenen Kinder liebevoll versorgen mit allem, was sie zum Aufwachsen benötigen! Welch paradoxe Situation!

16 Uhr 15

G. ist da und bringt auf dem Heimweg von seiner Arbeit zwei unserer Mädels vom Kindergarten mit. Das ist für mich eine große Erleichterung, denn sonst müsste ich mich nachmittags noch einmal mit unserer Dritten auf den Weg zum Kindergarten machen. „Papa, Papa!" Unsere Jüngste zeigt sichtliche Freude, ihn zu sehen. So begrüßt sie mich nicht, wenn ich mal weg war oder vom Arzt komme. Ich bin halt nicht mehr so interessant. Ich bin eine schlechte Mutter. Das sinnlose Grübeln ist stets mein Begleiter. Und die negative Bewertung auch. Ein Selbstwertgefühl gibt es bei mir nicht. Ob alle Depressive sich so sehen?

Ich habe noch nie in meinem bisherigen Leben mit einem Depressiven reden können. Dabei wäre ich an einem Austausch interessiert. Die furchtbare Einsamkeit in diesem Zustand ist extrem: Dieses Von-sich-selbst-abgeschnitten-Sein macht einsam. Die Folge davon ist, dass ich mich auch von anderen abgeschnitten erlebe. Die Einsamkeit steigert sich noch mehr.

Ich kann das manchmal fast nicht mehr aushalten! Wie leiden oder erleben das andere Depressive?

September 1996
Einschulung von C.

An diesem Tag drückt es mich noch mehr runter. Es macht mir sehr viel aus, dass ich bei der Einschulung meiner ersten Tochter so depressiv bin! Ich kann weder die Vorbereitung, noch den Tag selbst genießen. Im Gegenteil! Schon das Basteln der Schultüte im Kindergarten ist für mich eine Qual gewesen! All die tollen und tüchtigen Mütter, die nebenher geplaudert, geratscht und gelacht haben. Ich bin nur für C. hingegangen. Das Opfer musste ich bringen! Im Kindergarten ist es wochenlang das Tagesgespräch gewesen, dass die Mamas ihren Kindern eine Schultüte basteln werden. Das kann ich C. nicht antun, dass ich ihr keine gebastelte Schultüte präsentiere. Den Stoff hat sie mit ausgesucht. Jetzt ist sie fertig und mein Ehemann G. hilft beim Befüllen. C.'s großer Tag ist da!

Verwandte kommen angereist. Ich bin menschenscheu geworden und halte mich am heutigen Tag bei allem im Hintergrund. G. ist besorgt um mich. Er ahnt, wie ich mich fühle. Es ist mir alles zu viel und zu voll und zu laut! Das ganze Fest läuft an mir vorbei. Meine Schwestern helfen, ohne groß zu fragen. Alle wissen ja Bescheid. Am Abend bin ich froh, dass dieser Tag vorüber ist. Wie habe ich mich davor gefürchtet!

Vor den vielen Menschen, vor dem Gottesdienst in der Kirche, vor der Lehrerin meiner Tochter C. und vor den anderen Eltern mit ihren Kindern. Bei allen anderen scheint es so glatt zu gehen. Sie lachen und rufen, fotografieren und setzen ihr Kind in Pose. Und bei uns? G. beruhigt mich und versichert mir, dass es trotzdem ein schönes Fest gewesen sei.

Wie lange muss ich die Krankheit noch aushalten? Diesmal dauert sie schon sehr lange!

Schlafentzug

Die Psychiaterin hat mit meinem Ehemann und mir über einen Schlafentzug gesprochen. Das sei eine anerkannte Methode, um bei Depressiven die Stimmung etwas zu heben und durch Übermüdigkeit den Schlaf zu fördern. Mehrmals sind mein Ehemann und ich an den Wochenenden für eine Nacht wach geblieben. Wir haben ferngesehen, Spiele gemacht oder Fotos eingeklebt. Am anderen Tag sind wir wach geblieben und ziemlich fertig am Abend kurz nach unseren Kindern ins Bett gegangen.

Meine Stimmung ist anderntags etwas besser gewesen. Es hat mich nicht mehr so erbarmungslos nach unten gedrückt. Dann ist die fürchterliche Nacht gekommen und ich bin so gerädert wie zuvor in den neuen Tag. Es hat mir also nicht viel geholfen. G. hat mir öfters einen Schlafentzug vorgeschlagen und ist dann jedes Mal mit mir wach geblieben. Im Herbst 1996 haben wir mindestens vier Mal eine Nacht durchgewacht, gerade nach Tagen, an denen es mir besonders schlecht ergangen ist. So auch nach dem Tag der Einschulung.

November 1996
Geburtstag von unserer Großtante M.

„Anziehen, Kinder! Gleich müssen wir los!" Heute ist Sonntag. Tante M. hat anlässlich ihres Geburtstages einige Verwandte zum Mittagessen eingeladen. Wir treffen uns alle in dem Lokal, das sie uns genannt hat. „Wie viel kommen denn?" frage ich ängstlich. „Na, so zehn bis zwölf Personen werden wir schon sein", überlegt mein Ehemann. „Aber du kennst ja alle. Es sind keine Fremden dabei. Also wird es schon nicht so schlimm werden für dich."

Vielleicht möchte er mich aufmuntern. Oder er will versuchen, mir die Angst vor dem Treffen und vor dem Essen zu nehmen. Ich würde am liebsten zu Hause bleiben. Aber das wiederum möchte G. nicht. „Wir gehen zusammen oder gar nicht!" das ist in den letzten Wochen seine Devise. Ob ich mit Verwandten oder mit Fremden zusammenkomme, das ist für mich beides gleich schlimm. Verwandte sind für mich auch fremd und ich weiß nicht, wie ich ihnen begegnen soll. Was soll ich sagen, wenn sie mich etwas fragen? Ich habe zu nichts mehr etwas zu sagen! Mich interessiert nichts mehr, ich lese nichts, schaue kein TV und höre kein Radio. Meine Welt ist sehr eng geworden.

„Zum Glück ist da noch ein Parkplatz frei. Hier ist echt viel los!" G. parkt unseren Bus ein. Ich helfe meiner gehbehinderten Schwiegermutter beim Aussteigen. Unsere Kinder quirlen um uns herum. G. holt den Rollstuhl aus dem Kofferraum, klappt ihn auf und schiebt ihn zu uns her. „Setzt dich!" fordert er seine Mutter auf. Eine Menschengruppe verlässt gerade die Gaststätte. Erneute Panik steigt in mir hoch! Die sind alle so chic, geht es mir durch den Kopf. Wie sie reden und lachen! Ich möchte da nicht rein.

Mein Ehemann schiebt den Rollstuhl durch den Eingang. „Mama, kommst du?" S., meine mittlere Tochter schaut sich besorgt nach mir um. „Ja, ich komme." Mit müden Schritten betrete ich als Letzte das Lokal. Die anderen Gäste von Tante M. sitzen schon. Jetzt geht das Begrüßen los. Das ist mir in meiner Depression immer sehr unangenehm!

Das Händeschütteln – furchtbar! „Wie geht es dir?" oder gar „Geht es dir besser?" Solche Fragen möchte ich am liebsten gar nicht hören, geschweige denn darauf antworten.

Endlich hat jede und jeder seinen Platz gefunden. G. ist da meist im Zwiespalt. Er möchte auf alle Fälle neben mir sitzen und auf der anderen Seite bei seiner behinderten Mutter, um ihr beim Essen zu helfen. Jetzt hat es geklappt.

Ich schaue in die Speisekarte. „Ich weiß nicht, was ich nehmen soll. Ich habe keinen Hunger." Das Lesen fällt mir schwer. Jetzt brauchen die Kinder meine Hilfe bei der Auswahl. Ich weiß nicht, was ich ihnen raten soll. „Mama, was gibt es für uns Kinder? Liest du mir die Kinderkarte vor?" Oh je, so langsam überfordert mich die Situation. G. reagiert rasch und hilft den Kindern bei der Auswahl von Essen und Getränken. Die Stimmen schwirren um mich her und schwappen über mich hinweg. Ich gehöre nicht dazu. Ich sitze am Tisch wie eine Puppe, die sich manchmal mechanisch bewegt. Stumm schaue ich auf den Tisch vor mich hin. Worüber wird geredet? Keine Ahnung. Der Raum um mich erdrückt mich fast. Auch die vielen Menschen an den Tischen erdrücken mich. Ich spüre wieder, wie in mir die Angst hoch kriecht. Ich halte es bald nicht mehr aus hier drinnen! Wir warten auf das Essen, aber eigentlich möchte ich ja nichts essen. Was suche ich dann noch hier?

Ich rücke meinen Stuhl zurück und greife nach meiner Jacke, die über der Lehne hängt. „Ich muss raus hier. Ich halte es nicht mehr aus!" Ich wende mich ohne mich umzuschauen zur Ausgangstüre und verlasse die Gaststätte. Blindlings wanke ich den Gehsteig entlang. Tränen der

Verzweiflung rinnen mir das Gesicht herunter. Ich blicke in ein Schaufenster, nehme aber nichts wahr. Alles ist verschwommen. Ich lehne meine Stirn gegen das kalte Schaufensterglas. Ich bin so einsam. Es ist die Hölle!

Was soll ich nur tun? Jetzt bin ich einfach davongelaufen. Peinlich für mich. Die denken jetzt sowieso, dass ich verrückt geworden bin. Von der Familie weglaufen, das tut man doch nicht. Dazu auch noch bei einer Geburtstagseinladung von Tante M. Das gehört sich doch nicht. Die anderen werden sich jetzt mit Sicherheit über mich unterhalten. Sollen sie doch! Mir ist jetzt alles egal. Langsam gehe ich an den Geschäften entlang. Ohne Ziel. Jemand berührt mich am Arm. Ich drehe mich um. G. ist mir gefolgt! „Was war los? Ging es nicht mehr?" „Ich habe es nicht mehr ausgehalten da drin!" G. nimmt mich in den Arm. „Komm, ich bringe dich zurück. Ich hätte mir denken können, dass es für dich schwierig wird. Ich mache mir die größten Vorwürfe. Jetzt essen wir fertig und dann nichts wie nach Hause!"

In der Zeit meiner Depression gehen wir nicht mehr zum Essen aus. Einladungen hin oder her. Auch zu Geburtstagen innerhalb der Verwandtschaft gehen wir nicht mehr. Nicht immer stoßen wir dabei auf Verständnis. Auch unsere Kinder fühlen sich um manches Fest gebracht. Unter meiner Depression leiden eben nicht nur ich, sondern auch alle anderen in der Familie und in meinem Umfeld.

Advent/Weihnachten 1996

Furchtbar! Qualvoll! Ohne Worte! Von außen (Kindergarten, Schule, Fernsehen, Geschäfte) kommt es auch zu uns ins Haus. Ich bastle mit den Kindern einige Sterne. Aber nur, weil sie es wollen. Ich fülle drei Adventskalender für sie und schmücke die Räume mit Basteleien vom letzten Jahr. Meinen Kindern, meiner Familie soll es an nichts fehlen. Wir gestalten alles so wie die Jahre zuvor. Nach außen merken sie es mir kaum an. Aber ich verbiege mich innerlich, da ich mich eigentlich am liebsten ins Bett verkriechen möchte.

Weihnachten? Fest der Liebe und der Freude? Wieder ein Mal in meinem Leben kann ich mit diesem Fest nichts anfangen! Ich fühle mich schrecklich.

Jahreswechsel 1996/1997

Solche Termine verstärken meine Ängste und meine Hoffnungslosigkeit noch mehr. Es ist kurz vor 24 Uhr. Neben mir steht mein Ehemann. Wegen meiner Medikamente gibt es keinen Alkohol. Er reicht mir und meiner Schwiegermutter ein Glas Orangensaft. Wir stoßen miteinander an. Ich beginne zu weinen. Mir sitzt etwas in der Kehle und ich kann deshalb nichts sagen. Meine Angst drückt mir den Brustkorb zu. Zitternd stelle ich mein Glas ab.

Meine Schwiegermutter seufzt vernehmlich: „Das neue Jahr. Was wird es wohl bringen?" G. wird es wohl zu viel. Er geht raus, um sich das Feuerwerk anzusehen. Ich schaue bei den Kindern rein. Sie schlafen ruhig. Wie ich sie darum beneide! Ich gehe zu Bett, wohl wissend, dass ich nicht schlafen werde.

Februar 1997

Es ist ein Wunder! Nach elf Monaten in der Hölle geschieht endlich das Unglaubliche! Die lang herbeigesehnte Erlösung aus dem schwarzen Tunnel, aus der Nacht der Nächte ist gekommen. Zart hat sich das neue Leben für mich angebahnt. Ich konnte ich es gar nicht gleich spüren.

Jetzt fühle ich wieder etwas! Ich spüre lebendiges Leben in mir und nicht mehr nur meinen bleischweren, starren Körper. Auf einmal hat es geklappt mit dem Schlafen. Ganz freudig berichte ich es meinem Ehemann.

„Mama lacht ja wieder!" „Doch, du hast eben gelacht!" Meinen Kindern entgeht nichts. Ich kann sie wieder froh und herzhaft in den Arm nehmen! Ich spüre ihren warmen Körper. Ich spüre sie mit allen Fasern meines Lebens. Ja, das sind meine Töchter und das ist das pralle Leben. Es ist nicht mehr so wie damals, als ich meinte, eine tote Puppe im Arm zu halten. Die Kinder haben gut beobachtet: Ich lache wieder.

Von Woche zu Woche tauche ich immer mehr aus der Depression auf und gewinne das Leben wieder zurück! Ich habe viel nachzuholen!

Psychotherapie

Ende 1996 beginne ich eine psychotherapeutische Behandlung. Es ist die zweite in meinem Leben und diesmal bei einer Frau, die selbst Mutter ist. Eine Stunde pro Woche kann ich Ballast abladen, erinnern, reflektieren und meinen eindrücklichen Traumerlebnissen nachspüren. Diese Stunde ist kostbar, weil sie mir allein gehört! Ich darf etwas für mich tun, auch wenn es in den Gesprächen häufig um meine Familie geht. Das ist eben mein Leben und mein normaler Alltag. Manches in den Gesprächen oder aus meinen Träumen bewirkt, dass ich etwas in meinem Leben ändern muss:

„Da müssen Gepäckträger her! Sie schleppen zu viel Aufgaben allein mit sich herum." In einer der ersten Therapiestunden hat mich die Therapeutin einmal gefragt, was ich tun würde, wenn ich einen freien Tag geschenkt bekommen würde. Ich habe nichts gewusst! Mir ist nichts eingefallen, was ich unternehmen möchte. Was soll ich mit einem freien Tag anfangen? Ich weiß schon gar nicht mehr, was mir gefällt oder was mir gut tut. So eingespannt bin ich in mein Hamsterrad.

Ich bin noch zu depressiv gewesen bei dieser Frage. In der Zwischenzeit fällt mir schon mehr ein, was ich mit einem freien Tag anfangen könnte. Aber mit den „Gepäckträgern", die her müssen, hat die Therapeutin recht: Ich brauche Entlastung in meinem Alltag.

Obwohl mein Ehemann G. abends häufig mithilft, z. B. beim Baden der Kinder oder beim Einkaufen, so hängt doch noch sehr viel an mir.

Das erste, was ich ändere, geschieht im Haushalt: Ich stelle eine Putzhilfe ein, die in unserer Wohnung und bei meiner Schwiegermutter ein Mal in der Woche gründlich reinigt. Das entlastet mich natürlich sehr! Des Weiteren übergebe ich auch gegen Bezahlung die gesamte Bügelwäsche einer Frau, die ein Mal pro Woche die Wäsche abholt und sie gebügelt und zusammengelegt am nächsten Tag wieder bringt. Welch ein Luxus! Dafür habe ich jetzt an manchen Tagen etwas mehr Luft und nicht immer das Gefühl, dass ich nie fertig bin und dass mein Alltag mich noch auffrisst!

7. Kapitel

Meine siebte Depression
(Mai 2000 – April 2001)

8. Mai 2000

„Meine liebe Mutter,
ich will dir Blumen schenken.
Was ich dir sagen will,
das kannst du dir schon denken:

Ich wünsch' dir Glück und Fröhlichkeit,
die Sonne soll dir lachen!
So gut ich kann und allezeit
will ich dir Freude machen.

Denn Muttertage, das ist wahr,
die sind an allen Tagen.
Ich hab dich lieb das ganze Jahr!
Das wollte ich dir sagen.“

Ein typisches Gedicht zum Muttertag aus der Grund-schulzeit.

C., unsere zehnjährige Tochter hat mir das zum heu-tigen Muttertag geschrieben. Dazu hat sie viele Blumen und ein großes rotes Herz gemalt. Sie sagt nun das Ge-dicht auswendig auf und schaut mich danach erwartungs-

189

voll an. Ich möchte am liebsten davonlaufen! Muttertage habe ich immer schon schrecklich gefunden! Auch in meiner eigenen Kindheit und schlimmer noch in meiner Jugendzeit.

Heute steht nun meine eigene Tochter vor mir. „Nimm sie doch in den Arm", flüstert mir mein Ehemann leise ins Ohr. Mechanisch tue ich es. Ob C. es merkt? Auch die beiden Jüngeren haben etwas geschrieben oder gemalt. Sie reichen es mir voller Stolz.

Ich heuchle Freude so gut es geht. Sie sollen nicht merken, dass ich keine mütterlichen Gefühle habe, dass mir gerade wieder meine gesamte Gefühlswelt abhanden kommt. Niemals sollen sie unter meiner Krankheit leiden müssen! Ich bedanke mich und lobe sie für ihre Werke. Aber in mir weint alles! Dass ich eine schlechte Mutter bin, die sich nicht einmal über diese Zuneigungsbeweise freuen kann, nehme ich mir sehr übel. Was ist bloß wieder los mit mir?

Letztes Jahr konnte ich ihnen noch zeigen, wie sehr ich mich über ihre gemalten und gebastelten Geschenke gefreut habe. Muttertag 2000 – ein Tag für mich zum Vergessen und Abhaken!

Juni 2000

„Nein, Gott kann doch nicht wollen, dass ich noch ein Mal in diese Hölle muss!"

In mir sträubt sich alles gegen die Erkenntnis, dass sich doch alle Anzeichen einer beginnenden Depression wieder bei mir eingeschlichen haben. „Wir könnten beim Hausarzt Beruhigungsmittel holen, damit du tagsüber ruhiger bist und dann abends besser einschlafen kannst." G. hat in der Zwischenzeit Erfahrung sammeln können, ja müssen. Er weiß auch, dass das Schlafen- bzw. Nichtschlafenkönnen ein wichtiger Hinweis auf eine anschleichende Depression sein kann. „Wir fahren morgen zum Arzt."

Aber zwei Wochen mit Medikamenten zur Beruhigung und Angstlösung haben bei mir nichts bewirkt. Jetzt geht es zur Psychiaterin, die mich ja schon kennt. Die zu milden Mittel vom Hausarzt werden sofort abgesetzt und durch Antidepressiva ersetzt. Erst da wird es mir mit aller Macht klar, wie krank ich schon bin. Auf dem Praxisflur schaue ich G. entsetzt an. „Ich habe jetzt doch Depressionen?"

Fast ist es so, als möchte ich es immer noch nicht wahrhaben, dass diese böse Krankheit wieder zugeschlagen hat. Und dass sie sich heimtückisch und fast unbemerkt wieder in mein Leben eingeschlichen hat. Und nicht nur in meines! „Wir haben es wieder ein Mal nicht verhindern können! Warum haben wir es nicht rechtzeitig gemerkt?" G. ist betroffen und zugleich auch etwas schuldbewusst. Aber niemand spricht von Schuld! Wir haben uns beide nach meiner depressiven Zeit vor vier Jahren vorgenommen, wachsamer zu sein und sofort bei den ersten Anzeichen einer Depression dagegen zu steuern.

Ja, wir dachten, dass wir nur gut genug aufpassen müssten, dann könne uns das nicht noch einmal passieren. Alles Wunschdenken! Auch von meinem Ehemann gut gemeint! Aber die Depression funktioniert leider anders. Sie ist so plötzlich da, bzw. so (un)heimlich am Werk, dass es weder ich selbst, noch die Menschen aus meiner nächsten Umgebung rechtzeitig gemerkt haben. Rechtzeitig ist sowieso meist zu spät!

Ich kann die Depression nicht abpassen und dann irgendwie auffangen. Wenn sie kommt, dann kommt sie auch und zwar unerbittlich! Und dann meist durch die

Hintertür geschlichen! Sehr heimlich und sehr tückisch! Das sage ich aus jahrzehntelanger schlimmer Erfahrung am eigenen Körper, an der eigenen Seele. Die Depression kommt, bleibt bei mir meist sehr lange und verschwindet dann unverhofft und so schleichend, wie sie gekommen ist.

Sommer 2000

Wieder ein Sommer, der für mich kein Sommer ist. Meine inzwischen größer gewordenen Töchter haben Schulferien. Sie freuen sich darauf, was ich natürlich nicht nachempfinden kann. Das schreckliche Packen für den Urlaub überfordert mich sehr. Ich sitze auf einem Kinderbett und weiß nicht, was ich für die Mädchen einpacken soll. Sie helfen mir inzwischen, weil sie auch bestimmte Kleidung, Spielsachen und Bücher mit dabei haben wollen. Dabei plappern sie vor sich hin und lachen und tanzen durchs Zimmer.

Ach, wenn ich doch nur einen kleinen Teil ihrer unbekümmerten Vorfreude empfinden könnte! Am liebsten würde ich daheim bleiben. Aber ich weiß, dass es mir da auch nicht besser geht.

Unseren Urlaub auf dem Bauernhof kann ich nicht genießen. Die Bauersleute kennen mich aus den letzten Jahren, als wir auch schon dort den Urlaub verbracht haben.

Jetzt können wir nicht mehr viel miteinander anfangen. G. unterhält sich öfters mit ihnen. Was sie immer zu erzählen wissen? Ich möchte in kein Freibad mitgehen und auch nicht Kanu fahren oder sonst etwas.

Für G. wird es schwierig. Er zerreißt sich fast zwischen mir und den Kindern. Sie lassen sich nicht mehr so einfach abspeisen wie früher, als sie noch kleiner waren. Sie haben schon ihre eigenen Vorstellungen, was sie in den

Ferien alles unternehmen wollen.

Die Große ist jetzt 10 Jahre, die Mittlere 8 Jahre und die Jüngste 6 Jahre alt. Eigentlich könnte es eine so schöne Zeit mit ihnen sein! Ich hadere mal wieder sehr. Ich bin die Störende in der Familie! Wegen mir läuft so vieles schief. Ich bin der Bremsfaktor, der meinem Ehemann einen unbeschwerten Urlaub verhindert und die Kinder in ihrer Entwicklung stört. Hoffentlich bekommen sie durch meine Depression keinen seelischen Schaden! Oh, wie mein Gedankenkarussell wieder kreist!

Nachts höre ich von der Dorfkirche jeden Viertelstundenschlag. Das habe ich in den Jahren zuvor schön gefunden und es hat mir nie den Schlaf geraubt. Aber in der Depression ist jedes nächtliche Geräusch sehr störend. Ich liege wach im Bett und hadere mit allem!

Im Urlaub kaufen wir an einem Nachmittag für unsere jüngste Tochter eine Schultüte in einem Schreibwarengeschäft. Ja, ich war vor den Sommerferien nicht in der Lage gewesen, selbst eine zu basteln. Beschämt stehe ich im Geschäft neben ihr. „Bist du enttäuscht, dass ich dir keine Schultüte basteln konnte? Du weißt, dass ich krank bin und es eben nicht geht." Sie ist gut gelaunt und nimmt verschiedene Schultüten in den Arm. Nein, es mache ihr nichts aus. Aber ich bin so enttäuscht über mich und mir macht es sehr viel aus. Nicht mal das bringst du fertig! So denke ich für mich.

„Mama, hier hat es doch auch schöne. Ich such mir die allerschönste aus!"

Herbst/Winter 2000

Wochen und Monate in der Depression vergehen. Die Zeit geht zeitlos an mir vorüber! Für mich ist es eine schreckliche, weil hoffnungslose Zeit! Termine für die Kinder kann ich kaum noch wahrnehmen. Zu Elternabenden muss mein Ehemann gehen. Er fragt mich vorher oft, was wichtig ist und er schreibt einiges mit. Ich erlebe auch dies als ein Versagen von mir. Nichts kann ich mehr! Wozu lebe ich eigentlich noch?

Ich bin mir selbst und meiner Familie nur noch eine Last. G. geht zwar weiterhin zur Arbeit, aber es wird zunehmend schwieriger für ihn. Er kennt meine Klagen und hört daraus heraus, dass ich mich trotz der Antidepressiva immer schlechter fühle.

Die gefährliche Krankheit und ihre Zwänge

„Versprich mir, dass du keinen Blödsinn machst, wenn ich weg bin." „Du weißt, dass ich das schon wegen unserer Kinder nicht machen würde. Den Schock könnte ich ihnen nie antun." Aber was heißt in der Depression schon „nie"! Da gibt es keine Garantien. G. schaut mir fest in die Augen.

Ich möchte ihn nicht enttäuschen. Aber es sieht für mich halt alles so aussichtslos aus! Es ist für mich kein Weg zu sehen, auch kein Lichtblick am Ende des schwarzen Tunnels zu erkennen. Selbstmordgedanken sind bei mir jedes Mal dabei. So auch jetzt. Sehr quälend martert mich mein Gehirn bei Tag und bei Nacht: Warum lebe ich überhaupt? Wozu das alles. Was kann ich tun, um meinem Leiden ein Ende zu setzen?

Das hat fast wahnhafte Züge an sich. Meine ständigen Selbstmordphantasien machen mich einsam. Niemandem kann ich davon erzählen, weil alle schockiert reagieren und sich Sorgen um mich machen würden. Meine Gedankenwelt kann niemand verstehen. Deshalb ziehe ich mich noch mehr in mich zurück. Ich lebe in einer einsamen, eigenartig hohlen und von großer Verzweiflung geprägten Welt, in die ein gesunder Mensch niemals hineingelangen kann!

Das Jahr geht zu Ende.

Wieder einmal sind Weihnachten, Silvester und die Schulferien an mir vorbeigezogen. In meinem „depressiven Wahn" ist diese Zeit nur eine einzige Last für mich gewesen. Ich habe große Angst vor dem neuen Jahr! Angst, Angst, Angst!! Ich möchte am liebsten gar nicht hinein in dieses neue Jahr! An diesem Jahreswechsel sehe ich wieder einmal gar keine Zukunft mehr für mich.

Januar 2001

An einem Sonntagnachmittag sind wir mit den Kindern spazieren. Ich trotte mal neben, mal hinter der Familie her. Ich weiß überhaupt nicht mehr, wer ich bin. Mein Kopf ist so hohl und schwammig. Wie soll das alles bloß enden?

Mit diesen wirren Gedanken biege ich einfach in den Wald ab und gehe ohne zu schauen wie blind drauf los. Ich weine und sehe daher fast nichts. Dünne Äste streifen mein Gesicht. Ich höre G. und die Kinder nach mir rufen. Nein, ich will nicht mehr und ich kann nicht mehr! Lasst mich einfach im kalten, dunkler werdenden Wald bleiben, damit ich sterben kann. Mein Ehemann G. hat mich eingeholt, nimmt mich leicht am Ellbogen und führt mich behutsam auf den Weg zurück. „Was ist los?" fragt er leise. „Ich weiß nicht. Ich kann nicht mehr denken, mein Kopf ist so wirr!"

Unsere Kinder stellen Fragen. Die Antwort von G.: „Mama geht es nicht gut." Das lässt mich noch mehr verzweifeln. Die Familie ist mir innerlich so fern und dann doch wieder nicht, weil sie ständig um mich ist.

Weitere Behandlung

G. hat jetzt vermehrt Angst um mich. Er möchte mich tagsüber ungern allein lassen. Meine Ärztin hat ja schon öfters mit mir über einen Klinikaufenthalt gesprochen. Ja, sie hat es mir richtig aufgedrängt. Dort könnten ganz andere und stärkere Medikamente gegeben werden und ich sei immer unter Aufsicht. In meinem Fall sei eine stationärer Behandlung unbedingt angezeigt! Bisher habe ich mich strikt geweigert, in eine Klinik zu gehen. Ich wollte die Kinder nicht im Stich lassen.

Aber nun geht es mir zuhause immer schlechter. G. ruft in einer Klinik an. Nein, es sei gerade kein Platz frei, aber ich bekomme einen Termin für die ambulante Sprechstunde in der Klinik.

G. fährt mich hin. Ich sehe das alte Backsteingebäude mit den großen, kahlen Bäumen drum herum. Alles wirkt auf mich sehr bedrohlich. Manche Fenster sind vergittert. Aha, das sind die geschlossenen Stationen, denke ich.

Drinnen erzähle ich dem diensthabenden Arzt von meiner jetzigen und von meinen früheren Depressionen. Nun bin ich bei ihnen registriert. Ob diese Ärzte mir hier helfen können? Ich bezweifle dies.

Anfang Februar 2001
Medikamentenwechsel und die Folgen

Beim nächsten Gespräch mit der Psychiaterin erzählt mein Mann von diesem Vorfall im Wald. Auch dass ich in letzter Zeit so verzweifelt wäre in meinen Aussagen. Sie schlägt vor, auf ein neues Medikament umzusteigen.

Ich schaue sie bloß wortlos an. Wir holen danach dieses Medikament gleich aus der Apotheke.

Trotz allem beginnt G. jedes Mal zu hoffen, dass ein neues Medikament vielleicht den entscheidenden Durchbruch bringt. Mir selbst ist jede Hoffnung auf Heilung abhanden gekommen, je länger die Depression bei mir andauert. Die Ärztin weiß, dass Depressive so sind. Deshalb wendet sie sich in den Gesprächen oft an meinen Ehemann.

„Ihre Frau wird wieder gesund. Ich weiß, diesmal dauert es schon recht lange. Aber ich sage es Ihnen ja schon seit längerer Zeit: in einer Klinik kann die schwere Depression ihrer Ehefrau ganz anders behandelt werden."

Sofort am nächsten Tag, einem Samstag, lasse ich meine alten Medikamente weg und nehme das neue Antidepressivum. So, wie es die Psychiaterin zu mir gesagt hat. Auch zur Nacht gibt es neue Tabletten. Am Sonntagmorgen stehe ich nach einer üblichen qualvollen Nacht mühsam auf. Ich schwanke, weil es mir schwindelig ist. Ich darf meinen Kopf nicht drehen, er tut mir weh. G. schaut mich fragend an. „Was ist?"

„Ich weiß nicht mehr, wer ich bin! Mein Kopf fühlt sich ganz komisch an, und meine Arme und Beine sind so schwammig. Ich weiß nicht, was mit mir los ist. In meinem Kopf ist es so komisch. Wer bin ich?" Ich gehe ziellos durchs Zimmer, verzweifelt und kaum ansprechbar! G. ist sehr besorgt. So wirr und durcheinander hat er mich noch nie erlebt! Ich mich aber auch nicht! „Morgen rufe ich in der Klinik an. Das geht so nicht mehr weiter. Vielleicht kannst du doch noch aufgenommen werden. So schlimm wie es dir jetzt geht."

Montag, 8 Uhr 30
Hilferuf

„Ja, es geht ihr sehr schlecht. Sie hat wieder neue Tabletten bekommen. Ich bin heute nicht zur Arbeit gefahren, weil ich sie nicht allein lassen kann. Es wäre sehr dringend, dass sie in stationäre Behandlung kommt."

Ich höre, wie G. mit der Klinik telefoniert. Möchte ich überhaupt da hin? Aber eigentlich bleibt mir gar nichts anderes übrig. Zuhause kann ich nicht bleiben. Es geht mir sehr schlecht. Was wird bloß aus den Kindern? Und wie geht es mit der kranken Schwiegermutter? Ich mache mir um alles Sorgen. „Am Donnerstag? Ja, das werden wir überbrücken bis dahin. Um 10 Uhr, ja, das geht. Ich bringe sie hin."

Am darauffolgenden Donnerstag, 9 Uhr 30

Mein Ehemann und ich befinden uns auf der Fahrt in die Psychiatrische Klinik. Wir schweigen längere Zeit. Die Kinder sind jetzt gerade in Schule und Kindergarten. Beim Verabschieden heute Vormittag habe ich keinen Abschiedsschmerz gespürt. Eigentlich habe ich gar nichts gespürt. Das ist so entsetzlich!

Die Kinder wissen, dass ich in ein Krankenhaus gehe und dass sie mich dort mit Papa besuchen dürfen.

G. möchte sich um eine Familienpflegerin bemühen. „Mach dir nicht so viele Gedanken. Es wird für unsere Kinder gesorgt. Du kannst dich voll auf dich und deine Behandlung konzentrieren." G. ist voller Hoffnung und zuversichtlich, dass dies der richtige Weg ist. Ich dagegen bin natürlich skeptisch, ängstlich und ohne jegliche Hoffnung.

In der Psychiatrischen Klinik

Hier gibt es seit einem Jahr ein neues Konzept für depressive Patienten. In einer offenen Station sind zwölf Depressive in Ein-, Zwei- und Dreibettzimmern untergebracht. Da ich seit über sieben Monaten an einer schweren endogenen Depression leide und mir ambulant bisher nicht geholfen werden konnte, werde ich heute in dieser Station aufgenommen. Mein geringer Lebenswille hat für den Stationsarzt noch den letzten Ausschlag dazu gegeben!

Dass die Station offen ist, beruhigt mich irgendwie. In geschlossenen Stationen bin ich in meinem Leben schon zu oft gewesen. In einem Zweierzimmer erhalte ich mein Bett und meinen Schrank zugewiesen.

Ich bin irgendwie gespannt auf die anderen Patienten. Noch nie in meinem Leben habe ich ausschließlich mit depressiven Patienten zusammen gewohnt. Und mit ihnen geredet schon gar nicht. Es interessiert mich, wie andere Betroffene diese schlimme Krankheit erleben. Ob sie bei ihnen auch so oft schon zum Ausbruch gekommen ist, wie bei mir?

Wie sehen die anderen Depressiven ihr Leben, ihren Alltag?

Haben sie auch solche Grübeleien, unter denen sie leiden, so wie ich?

Wie sieht es bei ihnen mit Suizidgedanken aus?

14 Uhr
Erstes Arztgespräch

Ich habe nichts zu Mittag gegessen. Ich habe keinen Hunger. Mein Ehemann bleibt noch, weil ich jetzt einen Arzttermin habe. Danach wird er nach Hause fahren. Fürchte ich mich vor dem Abschied? Er versteht mich einigermaßen und nimmt mir viel ab. Er versucht, mir immer nahe zu sein. Aber unsere Töchter brauchen ihn auch. Und er braucht vielleicht etwas Abstand von mir und meiner Krankheit.

„Frau S., kommen Sie. Ihr Mann kann auch gerne mit reinkommen." Dr. F. ist ein Arzt um die 40 Jahre und wirkt sehr freundlich auf mich. Er fragt mich nicht über meinen momentanen Zustand aus, sondern möchte sich eher ein Bild machen, wie ich vor der Depression war. Mein Leben, meine Hobbies, meine Familie und mein Alltag – all das interessiert ihn. Für mich liegen diese Themen weit zurück. G. muss mir da manchmal helfen.

„Was, Sie spielen Trompete? Also da kann ich Ihnen jetzt schon im Voraus sagen, dass Sie eines Tages hier in der Station Trompete spielen werden." Er lacht dabei. Wahrscheinlich auch deshalb, weil ich so ein ungläubiges Gesicht mache.

„Nein, das werden Sie nicht erleben!" Davon bin ich felsenfest überzeugt. „Wir werden es ja sehen, Frau S., wir werden es sehen. Ich bin da optimistisch und weiß, dass Sie das im Moment nicht so sehen können. Bis morgen werde ich Ihren Therapieplan zusammenstellen. Zwei Mal in der Woche kommen Sie zum Einzelgespräch zu mir. Mittwochs ist Gruppentherapie, dienstags ist Gruppenspaziergang, donnerstags Freizeitprogramm z. B. Kegeln oder ähnliches und freitags Gymnastik. Das ist alles Pflichtprogramm und nur das tägliche Wassertreten vor dem Frühstück ist freiwillig.

Morgen bekommen Sie alles schriftlich. Ja, wir wollen, dass Sie aktiv werden! Kein Stress, sondern Aktivitäten, die Sie bewältigen können. Sie sollen aus dem Grübeln und Untätigsein herauskommen, auch wenn es schwer fällt. Aber im Bett wird es nicht besser. Das wissen Sie ja auch."

Mir schwirrt der Kopf. Der gefürchtete Abschied naht. G. verspricht mir, mich am Sonntag zu besuchen. Das ist für mich eine Ewigkeit!

18 Uhr 40
Nach dem Abendessen

Ich kann nichts essen. Es würgt mich, wenn ich Essen sehe oder rieche. Das ist mir auch zu Hause so gegangen. Ich habe während der Krankheitszeit bisher ziemlich abgenommen. „Ja, das war bei mir anfangs auch so. Das wird mit der Zeit besser." So hat ein Mann mich am Tisch angesprochen. Ansonsten ist es eher ruhig am großen Esstisch, an dem jeder und jede einen festen Platz hat. Ich weiß nicht, was ich tun soll.

Da kommt eine Schwester zu mir her: „Ich bin Schw. Gudrun und möchte mich mit Ihnen unterhalten. Setzen wir uns dort in die Sitzecke." Was will die bloß wissen? Sie ist sehr resolut und energisch. „Wie geht es Ihnen jetzt?" Blöde Frage, denke ich. Schlecht natürlich. Ich schweige vorerst und schaue vor mich hin. „Was war Ihr Hauptproblem zu Hause, bevor Sie zu uns kamen?" Hauptproblem?

Ich habe nur Probleme, mein ganzes Leben besteht aus Problemen. Ich selbst bin ein einziges wandelndes Problem! Wie kann die Schwester da nur so fragen! Sie hat ja keine Ahnung. Jetzt schaut sie mich intensiv an. Ich weiche ihrem Blick aus. Was bezweckt sie mit ihrem Interview? „An was denken Sie gerade?" Ich sage ihr, dass ich ständig am Grübeln bin. „Worüber grübeln Sie?" Oh je. Das kann und will ich ihr nie und nimmer erklären. „Über alles mögliche." „Können Sie das etwas genauer beschreiben?" Ich schüttle nur den Kopf. „Geht es Ihnen nicht gut?" „Nein, ich bin niedergeschlagen und kann wegen diesem Grübeln nicht abschalten. Ich fühle mich elend."

„Ja, ich verstehe Sie." Also das glaube ich nun gar nicht.

Sie hat wirklich keine Ahnung, auch wenn sie auf einer depressiven Station arbeitet und sicher eine spezielle Weiterbildung erhalten hat. Diesen Zustand kann nur jemand verstehen, der das selbst durchgemacht hat!

Schw. Gudrun entlässt mich aus diesem merkwürdigen Gespräch, da sie jetzt Feierabend hat. Die Tür zum Schwesternzimmer macht sie hinter sich zu. Da wird wohl alles Neue vom Tag durchgesprochen. Der Nachtpfleger ist auch schon da.

20 Uhr 50
Meine erste Nacht auf der Station für Depressive

Da ich wie üblich nicht schlafen kann, schlürfe ich im Morgenmantel zum diensthabenden Pfleger. Er hat sich am frühen Abend mir als Herr B. vorgestellt und mich ermuntert zu kommen, falls ich nicht schlafen kann. „Also Dr. F. hat mir Ihre Medikation notiert. Für die Nacht kann ich Ihnen noch ein weiteres Mittel geben."

Ich nehme die Tablette und spüle sie mit dem Wasser runter, welches er mir in einem Plastikbecherchen hinhält. Vielleicht klappt es, denke ich. Denke ich wie immer. Aber wie so oft werde ich enttäuscht.

Klinikleben

Der Stationsalltag ist für mich in den ersten Tagen noch sehr verwirrend. Es dauert, bis ich die Namen der Mitpatienten weiß. Ich kann sie mir einfach nicht merken. Dazu noch die Namen der Ärzte, Schwestern und Pfleger. Jeden Tag tauchen für mich neue Gesichter auf. Die Zahl des Personals scheint mir riesengroß zu sein!

Mein Therapieplan! Der verwirrt mich auch. Auf einem DIN-A4-Blatt ist ein tabellarischer Wochenplan abgedruckt, den der Arzt für mich mit meinen speziellen Aktivitäten ausgefüllt hat. Immer wieder muss ich den Plan anschauen, um mich zu orientieren. Was ist heute für ein Tag? Wann muss ich wohin? Wo ist jetzt wieder dieser Therapieraum?

Irgendeine Patientin oder ein Patient nimmt mich meist in eine Therapie mit. Bald kenne ich mich in der Station und im Haus gut aus. Ich darf mich überall in der Klinik bewegen. Nur Ab- und wieder Zurückmelden muss ich mich bei den Schwestern. Das kostet mich jedes Mal große Überwindung! Dort anklopfen, sagen, wo ich hingehe, womöglich vor verschlossener Tür warten, bis jemand herauskommt. So reden, dass sie mich verstehen. Das alles fällt mir schwer. Ich möchte nicht auffallen oder etwas für mich fordern.

Freitag, 15 Uhr

Es gibt für alle Kaffee und Kuchen. Immer freitags. Und immer werden zwei Kuchen von einem Patient oder einer Patientin gebacken. Am Freitagvormittag. Ich höre das und bin hell entsetzt. Hoffentlich komme ich nicht so bald dran!

Kuchenbacken, also das habe ich ja seit Monaten nicht mehr getan. Ich kann das gar nicht mehr. Ich weiß nicht einmal mehr, wie das geht. Ein neuer Berg türmt sich vor mir auf! Ich nippe an meinem Kaffee, aber Kuchen möchte ich keinen essen. Die anderen sind voll des Lobes. Auch Schw. Gudrun lobt die Bäckerin über alles.

Erst nach dem gemeinsamen Kaffeetrinken dürfen die ersten nach Hause in die vom Arzt genehmigte Wochenendbeurlaubung. Ich stelle fest, dass nur noch vier Depressive übers Wochenende auf der Station sind. Das erste

Wochenende muss ein neuer Patient oder Patientin immer in der Klinik verbringen. Erst danach wird darüber gesprochen, ob eine Wochenendbeurlaubung sinnvoll ist. Ich möchte sowieso nicht nach Hause. Es ist mir da so schlecht gegangen.

Hier ist es am Wochenende sehr ruhig. Tödliche Stille herrscht in Zimmern und Fluren. Das Personal bemüht sich um die wenigen Patienten, die da sind.

Wir gehen spazieren oder machen ein Spiel. Ich liege häufig grübelnd auf meinem Bett. Ich bin allein im Zimmer, weil meine Zimmerkollegin nach Hause gefahren ist.

Sonntag, 14 Uhr 30

Ich höre draußen auf dem Flur Kinderstimmen. Wie ungewöhnlich in diesem Haus! Meine Familie ist hörbar im Anmarsch. Ich bin aufgeregt! Sie kommen!

Meine Mädels schauen sich nach der Begrüßung neugierig in meinem Zimmer um. „Wo sind die Fische?" „Die sind im Aufenthaltsraum. Das ist wie ein Wohnzimmer für alle. Ich zeig' es euch. Kommt mal mit." Vom Aquarium sind sie entzückt. Sie wollen wissen, wer die Fische füttert. „Wow, da steht ja auch ein Computer. Mama, darfst du auch mal ran?" „Später vielleicht." Also das kann ich mir zwar noch nicht vorstellen, aber Kinderfragen muss ich beantworten. Meine älteste Tochter kann da sehr drängend sein.

Wir gehen alle zusammen in einem nahen Park der Stadt spazieren. Ich erzähle etwas von den ersten Tagen in der Klinik. Auch davon, dass sich bei mir noch nichts geändert hat. Na ja, ich bin auch erst ein paar Tage hier. „Du musst Geduld haben", meint G. zu mir. „Wir sind ja erst am Anfang." Am Anfang? Nach all den langen, schlimmen Monaten im letzten Jahr? Ja, am Anfang der stationären Behandlung, das hat mein Ehemann gemeint. Wer weiß, ob sie mich da raus bekommen. Sie sagen alle, dass ich geheilt werde. Die Ärzte und das gesamte Pflegepersonal zeigen einen Optimismus, den ich nicht nachvollziehen kann. Vielleicht haben sie sich dabei abgesprochen.

Mir fällt auf, dass sie sofort dazwischen gehen, wenn sie mitbekommen, dass Patienten miteinander negativ über sich und die Depression reden. „Also wir jammern hier nicht herum. Da ziehen Sie sich gegenseitig nur noch mehr runter. Vom Jammern wird es auch nicht besser." So Schwester Gudrun. Oh, das wissen wir Depressive zur Genüge. Aber über was sollen wir sonst reden? Es interessiert uns doch sonst gar nichts außer unseren Zustand, der quälend und fast nicht auszuhalten ist. Und jetzt dürfen wir nicht einmal untereinander darüber reden! Wenn wir uns schon einmal gegenüber einer anderen Person öffnen, sollte das nicht vom Personal so rigoros unterbunden werden.

Mahlzeiten
„Nein, ich habe keinen Hunger."

Trotzdem ist die Anwesenheit bei den Mahlzeiten Pflicht. Schw. Gudrun steht in meiner Zimmertüre und möchte, dass ich zum Mittagessen komme. Ich bleibe weiter auf meinem Bett liegen. Schw. Gudrun wartet geduldig, dass ich aufstehe und komme. „Wozu soll ich mich an den Tisch setzen, wenn ich doch nichts essen kann. Mich würgt es dauernd."

„Wir legen eben Wert auf die Tischgemeinschaft, Frau S., weil da auch Dinge besprochen werden, die alle angehen. Wir reden nach dem Mittagessen vor allem über das, was am Nachmittag passiert. Manchmal möchte jemand etwas in der Gruppe vorbringen. Jeder ist wichtig und jeder darf seine Meinung zu irgendetwas äußern." Als ob ich etwas am Tisch sagen würde. Vor der ganzen Gruppe!

Nun sitze ich also ohne Hunger am großen Tisch. Ich esse nichts, schaue mich aber vorsichtig um. Es sieht so aus, als wären alle von unserer Station anwesend. Schw. Gudrun hat also konsequent alle zusammengetrommelt! Selbst wenn ausschließlich Depressive an einem Tisch sitzen, gibt es immer welche, die reden, etwas erzählen oder sich über irgendetwas aufregen. Das hätte ich nicht gedacht. Aber manche sind schon länger hier und auf dem Weg der Besserung. Ich dagegen stehe noch am Anfang. Meine Depression ist noch sehr akut.

Zu meiner Rechten sitzt Hans. Auch er hängt tief drin, das ist mir gleich am ersten Tag aufgefallen. Sein trüber Blick, der über alles so teilnahmslos darüber gleitet, ohne etwas wahrzunehmen, kommt mir sehr bekannt vor. Genauso seine Körperhaltung: in sich zusammengesunken, so als laste eine schwere Bürde auf seinen Schultern. Hans jammert selten. Aber wenn er mal von sich spricht, dann ist es genauso leidend und jammernd wie bei mir. Ich kann also seine Hoffnungslosigkeit gut verstehen.

Hans fragt bei mir nach: „Ja, ist das bei dir auch so?" Ich nicke. „Wie lange bist du schon hier?", möchte ich wissen. Er winkt resigniert ab: „Ach, schon viel zu lange. Ich weiß es nicht, ich glaube, es sind schon vier Wochen. Und sie können mir nicht helfen. Ich komme einfach nicht aus der verflixten Depression raus!"

Vier Wochen! Für mich ist das eine unvorstellbar lange Zeit. So lange möchte ich eigentlich nicht von meinen Kindern weg sein.

Aber wenn sie Hans bisher nicht helfen konnten, dann muss ich mich vielleicht auch auf eine längere Zeit hier in der Nervenklinik einstellen.

Wir dürfen nun endlich unser Geschirr abräumen. Alle stellen ihr jeweiliges Geschirr in die Spülmaschine der Stationsküche. Die Patienten, die zum Küchendienst eingeteilt sind, räumen dann nur noch die Schüsseln und die Platten in den riesigen Essenswagen der Großküche. Anschließend muss noch der große Tisch abgewischt werden.

Dienstag, 14 Uhr
Gruppenspaziergang

Alle müssen mit, es sei denn, ein Arzttermin oder ein anderer nicht verschiebbarer Termin liegt vor. Darüber entscheidet der Stationsarzt.

Eine oder selten zwei Schwestern, bzw. Pfleger gehen mit uns auf dem Spaziergang mit. Sie kennen sich im Gelände aus und wissen Spazierwege, die in etwa einer Stunde zu bewältigen sind. Mir graust es jedes Mal davor. Ich grüble ja auch auf solchen Wegen! Heute ist dazu noch ein Nieselregen.

„Wir gehen trotzdem. Ziehen Sie wetterfeste Sachen an. Ein Schirm wäre auch angebracht!" Herr B., der neulich Nachtdienst hatte, geht heute mit uns. Er scheint gute Laune zu haben, lacht viel und macht witzige Bemerkungen. Ich kann das nicht nachvollziehen, aber ich finde ihn nett, weil er mit mir nicht rumalbert. Das zeigt mir, dass er sich bemüht, den verschiedenen Patienten gerecht zu werden. Mit mir redet er ernsthafter. Ich bin ja auch noch neu und voller Angst und tiefer, mutloser Hoffnungslosigkeit.

Herr B. gibt die Kommandos: „Wir warten da vorne bei der Fußgängerampel bis alle da sind. Dann gehen wir rüber und den Fußweg hoch zur Wohnsiedlung." Herr B. verliert trotz Gesprächen nicht den Überblick. Ich beobachte, wie er sich immer wieder nach den hinteren Patienten umdreht.

Spazierengehen ist für Depressive ja so anstrengend! Unseren schweren Körper vorwärts zu transportieren ist mühevollste Arbeit. Wie lange und wie weit will Herr B. eigentlich noch mit uns gehen? Ich sehe kaum etwas von der Umgebung.

Mein Arm, der den Schirm trägt, fühlt sich bleischwer an! Mich fröstelt. Da sehe ich endlich die ersten Häuser vom Klinikgelände. Ich bin in der Zwischenzeit die letzte von uns, die in den Weg zur Nervenklinik einbiegt.

Herr B. wartet auf mich. „Na, wie geht's, Frau S.?" „Ich bin total k.o.!" „War es für Sie zu schnell? Das müssten Sie halt sagen." „Nein, es war in Ordnung. Aber ich finde, alles, was ich aktiv tun muss, so anstrengend. Es ist immer so, als müsste ich gegen meinen Körper ankämpfen. Das ist furchtbar anstrengend."

Wow, also jetzt habe ich zum ersten Mal seit ich hier in der Klinik bin, so viel zu einem Thema gesagt! Ich glaube, zu Herrn B. habe ich schon etwas Vertrauen gefasst. Das fällt mir in meinen depressiven Zeiten nämlich unheimlich schwer! „Jetzt können Sie sich ja hinlegen und etwas ausruhen. Aber vergessen Sie es nicht: nachher um 16 Uhr ist Gruppentherapie!" Ja, das ist mein nächster Berg!

16 Uhr
Gruppentherapie im Wohnzimmer

Zwei Mal pro Woche setzen sich alle Patientinnen und Patienten im Wohnzimmer in einen großen Stuhlkreis. Auch das sind Pflichtveranstaltungen!

Beide Stationsärzte und ein bis zwei diensthabende Schwestern, bzw. Pfleger sitzen auch mit im Kreis. Schon allein diese große Teilnehmerzahl bewirkt bei mir eine innere Blockade zusätzlich zu der Blockade, die ich schon durch die Depression habe.

Mein Arzt Dr. F. beginnt die Sitzung mit den Fragen: „Was macht Ihnen Angst? Vor welchen Situationen haben Sie Angst?" Oh, da könnte ich viel beitragen. Mein ganzes Leben besteht aus Angst! Aber ich schweige und schaue mich um. Einige Antworten höre ich von den anderen.

„Frau S., was macht Ihnen gerade am meisten Angst?" Dr. F. spricht mich direkt und vor allen anderen an. Das finde ich fies. Aber ich habe Antworten: „Ich kann im Moment nirgends hingehen. Nicht in einen Laden und nicht in eine Gaststätte oder in ein Café." „Ja, das ist so wie bei Frau B., die sich auch nirgends hin zu gehen traut. Was könnten wir da machen?" „Die beiden könnten es doch zusammen probieren.", schlägt Christa, meine Zimmerkollegin vor. „Vielleicht packen sie es gemeinsam besser." Alle finden den Vorschlag gut. Dr. F. fragt aber erst einmal, ob wir zwei uns das vorstellen könnten.

Wie immer zögere ich. Hier in der Stadt kennt mich niemand. Das wäre für mich ein Vorteil. Frau B., für mich Rosa, ist eine etwa 60jährige, mütterliche Frau, die viel weint und insgesamt richtig unglücklich wirkt. Sie zeigt im Gegensatz zu mir Gefühle, meist traurige. Ich könnte es mir mit ihr vorstellen. Außerdem muss es ja nicht klappen. Versuchen, ja das sollten wir. Ich nicke zu Dr. F. hinüber.

Rosa meint auch, dass sie es zusammen mit mir probieren wolle. Dr. F. scheint erfreut zu sein und beschließt die erste Runde. Es wird noch weiter gesprochen, worüber – das bekomme ich nicht mehr mit. Jetzt höre ich gerade noch Dr. F.s Stimme: „Gut, dann bis zur nächsten Gruppensitzung. Da hören wir dann auch, wie es unseren beiden Cafébesucherinnen ergangen ist."

Nach zwei Tagen raffen wir zwei Patientinnen uns auf. „Wir müssen doch unsere Hausaufgaben machen. Sonst schimpft der Doktor wieder mir." Manchmal wirkt Rosa ganz schelmisch auf mich. Ich weiß aber, dass das täuscht. Sie leidet auch sehr unter ihren depressiven Anwandlungen. Dann erscheint sie auch ganz verzagt und voller Angst.

Wir sind in der Innenstadt angelangt. Da Rosa schon länger als ich in der Klinik wohnt, kennt sie sich in der Stadt auch schon besser aus.

Sie zeigt mir das Café auf der gegenüberliegenden Straßenseite. „Jetzt geht es los. Geh du voran!" Aber ihrer Aufforderung kann ich nicht nachkommen. Wie angewurzelt bleibe ich vor der Eingangstüre zum Café stehen. „Jetzt haben wir es bis hierher geschafft, da hören wir doch nicht auf!"

Rosa ist da schon weiter als ich. Ihr Problem ist, so etwas nicht allein zu schaffen. Sie braucht mich, um es zu tun. Mein Problem ist, dass ich es mich überhaupt nicht traue, weder allein, noch zu zweit. Das Ergebnis ist, dass ich nach langem Zögern und nach Rosas Zureden endlich nach ihr das Café betrete. Da wartet schon die nächste Hürde.

Depressive können sich fast niemals entscheiden. Nun müssen wir gleich mehrere Entscheidungen nacheinander treffen: Platzwahl, Garderobe aufhängen, Kuchen- und Getränkeauswahl. Es ist die reinste Schwerarbeit für uns!

Wann war ich das letzte Mal in einem Café? Ich kann mich nicht erinnern. Ich schmecke nichts, sitze hölzern da und schaue mich ängstlich nach anderen Menschen um. Rosa plaudert und scheint es zu genießen. „Wir haben es geschafft!" freut sie sich und stupst mich am Oberarm. Aber nur mit Ach und Krach, denke ich bei mir. Für mich ist unser Ausflug kein Erfolg. Es ist noch mit zu viel Qual und Mühe verbunden. Genießen kann ich das deshalb noch nicht so wie Rosa.

In der Klinik freut sich Schw. Gudrun, dass wir es geschafft haben und sie fragt uns, wie es verlaufen ist. Ich verschwinde ganz rasch in mein Zimmer. Ich höre Rosa noch von unserem Ausflug berichten und dass es mir nicht so gut ginge.

Einzeltherapie

Dr. F. hat im Einzelgespräch mit mir auch von unserem Ausflug ins Café erfahren. „Auch wenn Sie sich noch nicht so recht darüber freuen können, Sie waren aktiv, sind raus aus der Klinik und haben Ihre Aufgabe mit Frau B. geschafft. Ich weiß, dass das ein ungeheuerer Kraftaufwand für Sie war. Es war ein erster Erfolg! Deshalb lobe ich Sie sehr! Auch wenn Sie es selbst noch nicht sind, bzw. nicht sein können, so bin ich auf jeden Fall stolz auf Sie! Wir werden daran weiterarbeiten. Nur Mut!"

16 Uhr
Gruppentherapie

„Frau B. und Frau S. haben es geschafft. Erzählen Sie doch mal wie es ging und wie sie sich gefühlt haben!" Dr. F. ist wieder ganz in seinem Element. Mir ist nicht nach erzählen zumute. Ich bin froh, dass Rosa gleich loslegt mit ihrem Bericht. Doch unser Doktor lässt mich nicht außen vor. Das hätte ich mir denken können. „Frau S., wo gab es bei Ihnen Probleme?"

Was soll ich sagen? Die anderen Patienten im Kreis schauen mich alle so erwartungsvoll an. Sie kennen solche Situationen ja aus eigener Erfahrung. Jetzt interessiert sie es, wie ich damit klargekommen bin. Ich nehme meinen ganzen Mut zusammen um zu antworten:

„Das Schwierigste für mich war, überhaupt erst in das Café reinzugehen. Das hat gedauert. Drinnen habe ich mich die ganze Zeit unwohl gefühlt. Ohne Frau B. hätte ich es nicht geschafft." Dr. F. nickt zufrieden und zwinkert mir zu. Er weiß, dass ich gerade eben eine Riesenleistung vollbracht habe. Vier Sätze aus dem Stegreif gesprochen und das vor der ganzen Patientengruppe plus Personal! Es wird weitergesprochen in der Gruppe.

Dabei geht es um Probleme bei den Küchendiensten, ums Kuchenbacken für kommenden Freitag und neue Aufgaben in der Verhaltenstherapie. Ich kann mich nicht mehr auf das Gespräch konzentrieren. Meine Gedanken schweifen ab und sofort ich grüble wieder vor mich hin. Im Moment ist mal wieder nur noch mein Körper anwesend.

Medikamentenwirkung und der achtzigste Geburtstag

Eine Woche lang bekomme ich zu meinen Antidepressiva noch ein angstlösendes, stimmungsaufhellendes Medikament. Da spüre ich schon nach ein oder zwei Tagen, dass ich nicht mehr so hoffnungslos niedergedrückt bin. Auch die ständigen Angstattacken, die mir immer den Brustkorb so einengen, sind verschwunden! „Wir dürfen Ihnen das nicht all zu lange geben, denn es macht abhängig!" meint Dr. F. zu mir.

Am kommenden Samstag wollen wir mit meinem Vater seinen achtzigsten Geburtstag feiern. Meine Schwester hat bei meinem Ehemann nachgefragt, ob ich mitkommen kann. Da es mir Dank der neuen Medikamente etwas besser geht, sagen wir zu. Am Freitag wird das besagte Medikament abgesetzt und am darauffolgenden Tag falle ich wieder in ein dunkles Loch! Schrecklich, diesen Absturz zu erleben!

G. und die Kinder sind da, um mich zum Geburtstagsfest abzuholen. Aber es geht nicht. Ich bin in einem schrecklichen Zustand! Die Depression hat bei mir wieder mit voller Wucht zugeschlagen. Meine Schwester holt unsere drei Mädels in der Klinik ab. Sie wird mich und G. bei der Feier entschuldigen. Ich habe natürlich ein ganz schlechtes Gewissen.

Jetzt wird mein Vater achtzig Jahre alt und ich bin nicht dabei! Ich mache mir große Vorwürfe, ausgerechnet jetzt wieder so krank zu sein. „Warum geben sie hier einem auch solche Medikamente? Erst geht es einem besser und dann wird es abgesetzt. Jetzt bin ich noch tiefer unten als vorher!" G. ist ein geduldiger Zuhörer. „Du hast gesagt, dass die Tabletten süchtig machen können. Da müssen sie natürlich aufpassen und können es nicht so lange geben", meint er.

Meine Krankheit hat mir in meinem bisherigen Leben schon so oft einen Strich durch die Rechnung gemacht, wie man so sagt. Eine Ausbildung musste ich abbrechen, eine Partnerschaft ging auseinander, an der Hochzeit meiner ältesten Schwester litt ich an schwersten Depressionen, zur Zeit der Konfirmation meiner jüngsten Schwester war ich in einer Psychiatrischen Klinik und ausgerechnet beim runden Geburtstag meines Vaters bin ich nun wegen dieser Krankheit abwesend. Gerade mein Vater, der mir sehr nahe steht.

Mein Ehemann bleibt den ganzen Samstag über bei mir. Wir gehen zwischendurch im Klinikgelände spazieren. Viel können wir ja nicht miteinander anfangen.

Montag und Donnerstag
Kunst-Therapie

Heute sollen wir ein Mandala entwerfen und malen! Oh je, da fällt mir nichts ein. Etwas im Kreis malen, das mit uns zu tun hat. Ich sitze mal wieder vor einem weißen Blatt Papier. Weil nichts in mir drin ist, kann auch künstlerisch nichts herauskommen! Das Blatt ist so groß und so leer! Eigentlich müsste ich es total schwarz anmalen! Das hat dann mit mir zu tun. Mit einem Zirkel zeichne ich einen großen Kreis und darin weitere kleinere Kreise.

Ich wähle einen orangefarbenen Buntstift. Mit ihm entstehen viele große und kleine Hände, die sich von innen aus dem großen Kreis hinaus strecken. So als suchten sie Hilfe. Daneben gibt es Hände, die sich abwehrend verhalten. Ich setze schwarze Schriftzüge daneben: „Hilfe!" Oder: „Nein, nein!" Einmal angefangen entwickelt es sich wie von selbst.

Die Therapeutin lässt uns Patienten in Ruhe arbeiten. Schweigend und leise bewegt sie sich von einem Platz zum anderen. Sie fragt nichts und gibt auch keine Kommentare ab. Sie beobachtet nur. Ich schaue manchmal zu ihr hin. Sie hat heute in der Therapie nur uns von der Depressiven-Station. Ich weiß, dass wir zum Abschluss der Kunst-Therapiestunde in einer gemeinsamen Runde unsere „Werke" besprechen. Das fällt den meisten sehr schwer.

In der Mitte meines Mandalas liegt ein gekrümmtes Neugeborenes ebenfalls in Orange. Es sieht eher aus wie ein Embryo. Der Hintergrund ist ganz schwarz. ich stelle mir während und nach dem Malen Fragen: Fühle ich mich in der Depression so hilflos wie ein Säugling? Das Schwarze erinnert an eine dunkle Höhle. Darin bin ich gefangen. Oder ist der Säugling darin geborgen? Die Hände sollen meine stummen Hilferufe andeuten. Das „Nein" ist das Negative in der Depression, das mein Leben völlig bestimmt. Keine Freude, ja keine Gefühle lässt diese Krankheit zu. Alles wird verneint, sogar das eigene Leben!

Die Stunde hat mich sehr erschöpft. Deshalb lege ich mich vor dem Mittagessen noch eine Weile auf mein Bett. Eigentlich habe ich schon immer gern gemalt, gebastelt oder mich sonst wie kreativ ausgedrückt. Aber in der Depression ist alles so leer in mir. Da geht so was fast nicht mehr. Doch heute habe ich das Malen zum ersten Mal nicht so schlimm gefunden. Ich glaube, das Mandala ist mir sogar ganz gut gelungen.

Anfang März 2001
Töpfern

Wie oft schon in meinem Leben habe ich getöpfert! Während meiner Ausbildung zur Erzieherin und in verschiedenen Psychiatrischen Kliniken konnte ich zum einen freiwillig, zum anderen notgedrungen mit Ton arbeiten.

Jetzt sitze ich wieder da und schaue den Klumpen Ton an, der auf einem Arbeitsbrett vor mir liegt. Wie so oft schon! Dr. F. hat mir empfohlen, das zu tun, was ich früher gerne und gut getan habe, sei es in der Therapie oder auf Station. Ich habe lange herumgegrübelt, was mir Spaß gemacht hat. Wenn es mir gut geht, also zu meinen normalen, depressionsfreien Zeiten, dann arbeite ich gerne mit dem Tonmaterial. Ich kann es schlagen, kneten und so formen, wie ich es möchte. Auch die Wahl und das Ausprobieren der verschiedenen Glasuren hat mir immer Spaß gemacht.

Doch jetzt? Nichts macht mehr Spaß! Ich möchte nicht in der Näh- oder Kochgruppe arbeiten, so bleibt noch die Schreinerei oder die Töpferei.

„Heute formen wir eine Wunschkugel! Wir nehmen uns einen Tonklumpen, der in etwa in unsere Hand passt und formen daraus eine runde Kugel. Ja, immer schön drehen bis sie richtig rund in unserer Hand liegt." Wir strengen uns alle an. Trotzdem gibt es bei einigen eher krumme Kartoffeln als schöne runde Kugeln. „Macht nichts! Wir haben Zeit. Überlegen Sie nebenher schon mal, welche Wünsche Ihre Kugel erfüllen soll! Was wünschen Sie sich von Ihrer Wunschkugel?" Wünsche? Mein größter Wunsch wäre, gesund zu werden. Aber da das nicht geht, kann er auch nicht erfüllt werden. Ansonsten bin ich wunschlos. Mir fällt einfach nichts ein. Frau M., unsere Kunsttherapeutin, hilft uns.

„Stellen Sie sich vor, Ihre Tonkugel sei aus Gold! Sie liegt warm in Ihrer Hand. Sie leuchtet hell und schimmert golden." Alle halten ihre Tonkugel in der Hand. Ich schaue meine an. Sie fühlt sich weder warm an, noch sieht sie golden aus. „Frau S., wie ist es bei Ihnen?" „Meine bleibt kalt und grau. Ich sehe keine goldene Kugel! Das geht bei mir nicht!" „Und Wünsche? Fallen Ihnen wenigstens Wünsche ein, die Ihre Kugel erfüllen soll?" „Nein!" Es reicht mir. Das Ganze strengt mich furchtbar an. Ich höre, wie andere Patienten von ihren Wünschen reden. Ich bleibe die restliche Stunde stumm am Tisch sitzen.

Ich bin eben ein hoffnungsloser Fall. Erneut verstärkt sich meine schon lange vorhandene Perspektivlosigkeit. Ich sehe nicht, wie es mit mir weiter gehen soll. Ob es überhaupt weitergehen soll. Manchmal sehe ich keinen Ausweg aus meiner Misere. Das weckt in mir unaussprechliche Angst! Diese Angstzustände schnüren mir wiederum meine Brust beim Atmen ein. Alles wird eng. Zu Leben ist entsetzlich schwer!

Mein Leben, mein Dasein, so ohne Hoffnung ist wie ein dunkles, lebloses Meer, das sich in meiner Seele ausgebreitet hat und mich langsam mit aller Macht aufsaugt! Meine Existenz, mein Dasein, mein Leben, mein Vorhandensein, meine Wirklichkeit gehen verloren!

Samstag, 8 Uhr
Wochenendbeurlaubung

Ich bin an vier Wochenenden in der Klinik geblieben, obwohl Dr. F. mir das Heimfahren erlaubt hätte. Bisher hat mich mein Ehemann mit den Kindern immer am Sonntag besucht. Je länger ich hier in der Klinik bin, desto mehr macht mir der Gedanke ans Heimfahren Angst. Zwei Tage mit der Familie zusammen sein mit allem Drum und Dran, das ist schon ein Berg für mich! Aber heute geht es los. G. wird mich abholen. Ob er die Kinder mitbringt? Wie es wohl zuhause aussieht? Irgendwie bin ich aufgeregt.

„Hier sind Ihre Medikamente fürs Wochenende, Frau S.! Haben Sie schon alles gepackt?" Schwester Monika ist freundlich und besorgt um mich. „Ja, aber ich brauche nicht viel. Werde ich es zu Hause schaffen? Ich habe Angst, dass mir wieder alles zu viel wird." „Probieren Sie es aus. Nehmen Sie es Ihrem Mann und den Kindern nicht übel, wenn manches anders abläuft, als bei Ihnen. Die mussten sich eben neu einrichten ohne Sie. Aber ich bin mir sicher, sie werden sich sehr freuen, dass Sie zwei Tage wieder bei ihnen sind!"

„Mama, Mama!" Meine Familie ist da! Wie bin ich aufgeregt! Nach der Begrüßung haben wir rasch die Tasche und meinen Mantel aus meinem Zimmer geholt. „Auf Wiedersehen, Schwester Monika!" „Ja, bis Sonntagabend. Ich wünsche Ihnen viel Kraft fürs Wochenende, Frau S.! Machen Sie es gut!"

Die Wohnung ist mir fremd und doch bekannt. So eine Situation habe ich ja bei meinen früheren Depressionen schon erlebt:

Ich bin nirgends zu Hause, weil ich in mir selbst nicht zu Hause bin. Ich habe den „Draht zu mir selbst" verloren, bzw. die Depression hat ihn gekappt!

Ich bleibe im Wohnzimmer stehen: Einrichtung und persönliche Gegenstände sehe ich jetzt mit anderen Augen. Nichts spricht mich an! Nichts weckt irgendein Gefühl in mir. Im Gegenteil! Mein innerer „Zensor" beurteilt mal wieder alles negativ. Dieses Bild hat dir mal gefallen? Wieso haben wir so viele Pflanzen in der Wohnung? Das macht doch alles viel Arbeit. Die vielen gerahmten Fotos an der Wand kann ich kaum ansehen, weil ich denke, dass diese Menschen darauf aus einer anderen, früheren Welt stammen.

Und diese Welt ist für mich verschlossen und liegt so weit zurück, dass ich an ihre Existenz nicht mehr glauben kann!

„Oma hat einen süßen Auflauf gemacht. Wir essen heute oben bei ihr." G. sagt es mir so nebenbei und die Mädels freuen sich darauf. Da ich nicht kochen kann, ist diese Lösung naheliegend. Aber ich bekomme natürlich gleich ein schlechtes Gewissen meiner behinderten Schwiegermutter gegenüber. Jetzt muss sie als MS-Kranke auch noch für uns am Samstag kochen! Ich komme mir so unfähig vor! „Wenn du einverstanden bist, gehen wir morgen essen und du brauchst dabei kein schlechtes Gewissen zu haben."

Ich schaue meinen Ehemann an und zucke mit den Schultern. Der morgige Tag ist für mich noch weit weg. Es geht alles gut und doch wieder nicht. Ich bin draußen, außerhalb von allem. Das fällt mir bei Vielem auf. Z.B. der Schulalltag der Kinder, Einkäufe für den Haushalt,

Arztangelegenheiten und vieles mehr.

G. erledigt alles hervorragend und hat aus meiner Sicht die Situation, ohne mich die Kinder und den Haushalt zu managen, gut im Griff. Unter der Woche ist tagsüber (bis er von der Arbeit kommt) eine Familienpflegerin da und am Wochenende packt er es allein. Es klappt bestens ohne mich. Ich sitze in der Küche und grüble. Ich werde nicht gebraucht, schlimmer noch, ich werde gar nicht vermisst! Mein „Zensor" schlägt jetzt mit voller Wucht zu.

Sonntag, 19 Uhr 20
Zurück in der Klinik

Damit es für unsere Mädels am Abend nicht so spät wird, bin ich jetzt schon in die Klinik zurückgekommen. Das Wochenende zu Hause hat mich sehr angestrengt. Aber das habe ich mir schon gedacht. Schlafen konnte ich trotz Tabletten auch nicht. Beim Kuscheln mit meinem Ehemann habe ich auch nichts gefühlt. Es war alles wie vor dem Beginn meines Klinikaufenthaltes. Insgesamt ziehe ich eine negative Bilanz.

Ich solle den Kontakt zu meiner Familie nicht verlieren, hat Dr. F. beim letzten Gespräch zu mir gesagt. Deshalb seien ab jetzt die Heimfahrten am Wochenende wichtig. Ich könne ja alles mit ihm besprechen. Vorher und danach.

Mitte März 2001
Schlafentzug oder auch Wachtherapie

„Sie haben ja schon letztes Jahr ein paar Mal den Schlafentzug ausprobiert. Wenn Sie einverstanden sind, dann führen wir hier in der Station einen „kontrollierten Schlafentzug" durch. Das bedeutet, dass Sie an vier Nächten hintereinander zu gestaffelten Zeiten, wachen und schlafen. Ich schreibe es Ihnen aber noch genau auf. Ein Nachtpfleger oder eine Schwester wissen dann Bescheid und wecken Sie zu meinen angegebenen Zeiten."

Ich bin einverstanden. Dass mich dabei jemand wecken muss, erscheint mir aber fraglich! Nun soll es in dieser Woche stattfinden, sodass ich mich danach am Heimfahrtwochenende evtl. besser fühle. Herr B. hat diese Woche Nachtdienst. Heute Abend kommt er bei seiner Begrüßungsrunde in unser Zimmer. Ich finde ihn immer noch ausgesprochen nett und bin froh, dass mein Schlafentzug von ihm betreut wird.

Herr B. kommt gleich zur Sache: „Also hier steht es. Um 19 Uhr ins Bett und um 2 Uhr wecke ich Sie. Er schaut mich an, ob ich ihn verstanden habe. „Okay, Sie stehen leise auf und dürfen sich dann im Wohnzimmer und in der Küche die restliche Nacht um die Ohren schlagen. Keine Angst. Sie sind nicht allein. Wenn Sie wollen, werde ich Sie wach halten." „Wir könnten ja ein Spiel spielen", schlage ich vor. „Ja, schauen Sie heute Nacht einfach in unserer Spielesammlung nach. Im Wohnzimmerschrank können Sie nach Herzenslust kramen. Sie haben ja die ganze restliche Nacht Zeit dazu." Er lacht und wünscht mir eine gute Nacht. „Bis zum Wecken. Ich komme ganz leise herein, damit ich ihre Zimmerkollegin nicht wecke." „Ach, die kann sowieso nicht schlafen!"

Um 19 Uhr ins Bett und auf Kommando schlafen ist für Depressive eigentlich unmöglich. Von draußen klingen viele Geräusche und Stimmen herein. Obwohl die anderen von unserer Station von mir und meinem Schlafentzug wissen, denken sie meist nicht mehr daran. So ruhe ich eben in meinem Bett und kann mein negatives Gedankenkarussell einfach nicht stoppen.

„Frau S., es ist Zeit zum Aufstehen." Der Krankenpfleger Herr B. steht neben meinem Bett und schüttelt sanft meinen rechten Arm. Ich habe ihn leise hereinschleichen gehört. Also ist es soweit. In der halbdunklen Notbeleuchtung ziehe ich mich an. Christa, meine Zimmerkollegin atmet leise vor sich hin. Ob sie schläft?

In der Stationsküche hole ich mir etwas zum Trinken und schaue anschließend im großen Wohnzimmerschrank nach, was an Spielen da ist. Ich finde ein Landschaftspuzzle mit 500 Teilen. Wie oft habe ich zu Hause in der Winterzeit gepuzzelt! Ich lege die Schachtel auf den Tisch. Ich weiß nicht, ob ich mich auf ein Puzzle konzentrieren kann. Mal sehen. Als nächstes finde ich ein Kartenspiel, das zu zweit gespielt werden kann. Herr B. kommt gerade ins Wohnzimmer. „Na, was gefunden?" „Ja, das hier. Kennen Sie es?" „Aber klar! Ich habe Zeit für eine Runde. Es kann losgehen." Kaum zu glauben, dass ich hier mitten in der Nacht einen einfachen Dialog führen kann! Wir spielen, bis er seine Kontrollrunde machen muss.

Ich schaue mir in der Zwischenzeit das Puzzle etwas genauer an. Eine Landschaft mit Wald, See und einer Dorfkirche im Vordergrund. Und viel blauer Himmel mit weißen Wolken. Schwierig, aber machbar. 500 Teile sind für mich normalerweise und vor allem, wenn ich gesund bin, keine große Herausforderung. Aber im depressiven Zustand habe ich noch nie gepuzzelt.

„Ah, Sie haben ein Puzzle entdeckt! Wäre das etwas für Sie, Frau S.?" „Ich weiß nicht. Sonst mache ich so was ja gerne. Aber es sind so viele Teile. Und wo kann ich es überhaupt machen?" „Also daran wird es nicht scheitern. Der Couchtisch hier würde ja für den Anfang genügen.

Später können wir am Esstisch einen Platz frei mache, dort am unteren Ende, wo niemand sitzt. Nur Mut, Frau S., Sie schaffen das!"

In den weiteren vier Nächten ist das Puzzle etwa zur Hälfte fertig geworden. Ganz allein habe ich daran gearbeitet! Niemand von den anderen Patienten darf daran mitpuzzeln. Das wird von allen respektiert. Bei vielen unserer Mitpatienten wird im Laufe der Behandlung irgendetwas ausprobiert. Unsere beiden Ärzte sind da sehr erfinderisch. Ihnen ist nicht nur die medizinische Seite wichtig, sondern auch Verhalten, Hobbies oder Familie der Patienten.

Ich betrachte mein angefangenes Puzzle. Es ist mein Werk allein! Das Komische daran ist, dass es mir bisher überhaupt keinen Spaß macht. Trotzdem ist es mir wichtig geworden. Ich arbeite zwar mechanisch daran wie ein Roboter. Aber das Puzzeln lenkt mich ein bisschen vom Grübeln ab! Wenn meine Konzentration zwischendurch nachlässt, kann ich mir etwas zum Essen oder zum Trinken aus der Küche holen.

Der Nachtpfleger Herr B. ermuntert mich immer dazu, weil ich meistens das Essen vergesse in meiner immer noch andauernden Appetitlosigkeit.

Meine Stimmung wird nach ein paar teildurchwachten Nächten deutlich besser. Es drückt mich nicht mehr so runter und ich zeige mehr Interesse an der Gruppe und in der Therapie. Leider hält es nicht lange an. Höchstens ein oder zwei Tage und dann erfolgt der Absturz! Wie enttäuschend! Aber so ist es letztes Jahr bei mir zu Hause auch immer gewesen.

Dr. F. findet es nicht so schlimm. „Entscheidend ist doch, dass Sie sich wieder einmal anders gefühlt haben! Also mir macht das große Hoffnung. Sie sprechen auf die

Wachtherapie an, das tun nicht alle Patienten. Wenn Sie wollen, dann lassen wir eine Woche verstreichen und danach probieren wir es noch ein Mal mit dem kontrollierten Schlafentzug. Vielleicht hält die Wirkung beim zweiten Mal ja etwas länger an." Ich bin einverstanden. Wenn ich mich wenigstens ein oder zwei Tage anders erleben kann, so nehme ich eben die Mühen des Schlafentzuges erneut auf mich.

Insgesamt drei Mal habe ich hier in der Klinik die Mühen dieses Schlafentzuges auf mich genommen. Jedes Mal fühlte ich mich danach für ein bis zwei Tage etwas leichter. Leider bin ich auch prompt jedes Mal wieder in die tiefe Depression abgestürzt! Warum kann das nicht länger anhalten? Es gibt mir für kurze Zeit das Gefühl, mich normal zu erleben. Und dann?

Ende März 2001
Weitere Behandlungen

Zwei Mal pro Woche müssen wir zur Gymnastikstunde in ein Gebäude nebenan. Mühsam für uns Depressive! Und in unseren Augen ist es eine so sinnlose Plackerei. Wassertreten ist freiwillig. Mich haben sie schon ein paar Mal mitgenommen. Außer dem Wort „schrecklich", kein Kommentar!

In der Mittagspause könnte ich freiwillig an Fitnessgeräten arbeiten. Aber freiwillig geht bei mir nichts! Das liegt nicht am Nicht-Wollen, sondern am fehlenden Antrieb. Als gesunder Mensch kann man sich das nur schwer vorstellen. Da werden Kranke vorschnell mit „keine Lust" oder „Faulheit" abgeurteilt. Aber das ist es bei Weitem nicht. Depressive haben keinen Antrieb mehr!

Andere müssen oft für sie handeln, entscheiden oder sie zu Aktivitäten anregen. Das wiederum kann bei ihnen die

223

sowieso schon vorhandenen Minderwertigkeitsgefühle noch mehr verstärken. Ein Teufelskreis! Gut, dass unser Personal so erpicht darauf ist, uns zu Aktivitäten zu verdonnern.

Neue Aktivität für mich ist die Arbeit in der Schreinerei. Töpfern ist ausgereizt, daher habe ich zur Schreinerei wechseln dürfen. Beim Sägen und Feilen kann ich gut innere Spannungen abbauen. Es kostet auch Mühe, mit dem Stechbeitel Späne aus einem Holzblock zu stechen. So soll eine Vertiefung für eine Holzschale entstehen. Der Schreiner ist zugleich Therapeut und macht nicht viele Worte. Er erklärt mir nur, wie es funktioniert und lässt mich dann in Ruhe arbeiten. Das kommt mir sehr entgegen. Manchmal haue ich voller Wut in das Holz! Manchmal sitze ich auch nur an der Werkbank und stiere vor mich hin.

WOZU ARBEITE ICH HIER?

WOZU LEBE ICH?

Donnerstag, 14 Uhr
Wöchentlicher Gruppenausflug

„Für heute haben wir zwei Kegelbahnen gemietet. Wir gehen jetzt zusammen zur Bushaltestelle und fahren zum Stadtteil H. mit dem Stadtbus. Haben alle ihre Sportschuhe dabei? Mit Straßenschuhen darf keiner kegeln." Ich finde es unruhig auf der Station. Ich bin jetzt schon mehrmals bei solchen Ausflügen donnerstags dabei gewesen. Jedes mal diese Hektik vorher! Leider darf ich nicht zurückbleiben. Alle müssen mit. Das gehört zur Therapie.

Die Schwestern und Pfleger, die an diesem Nachmittag Dienst haben, sind alle dabei. Klar, sie müssen auf uns aufpassen und wenn es einem von uns nicht gut geht, da sein und helfen. Das ganze Drumherum verunsichert mich sehr. Ich weiß es durch Beobachtungen, dass es vielen meiner Mitpatienten auch so geht.

Wir müssen raus aus unserem Schneckenhaus, der Klinik und uns den Realitäten draußen stellen, sagen die Verantwortlichen. Schon kommt der Bus. Es ist ein enges Gedrängel bis alle drin sind.

Ich sehe seit langem mal wieder Menschen von draußen. Menschen, die ihren Alltag meistern und mehr oder weniger gefestigt ihr Leben leben. Manche schauen uns neugierig an. Sind das die aus der Klapse? So scheinen ihre Augen zu fragen. Einigen von uns sieht man die Krankheit an, bzw. die Auswirkung der Medikamente. Manche aber sehen aus wie jeder andere auch. Normal eben.

„Bei der nächsten Haltestelle müssen wir aussteigen. Bitte nach hinten weitersagen!" Schwester Gudrun ist besorgt, dass auch alle aussteigen. Also ich wäre aufgeschmissen und ganz verloren, wenn ich aus Versehen weiterfahren würde. Ich kenne mich in der Stadt nicht aus und wüsste nicht, was ich in dem Fall tun sollte. Der Gedanke, verloren zu gehen, macht mir große Angst! Ich habe mich ja schon selbst verloren. Wenn andere mich auch noch verlieren, gehe ich für immer unter!

Das Kegeln kann beginnen. Wir sind von Schwester Gudrun in zwei Gruppen aufgeteilt worden. An der Bahn komme ich oft dran. Es werden verschiedene Spiele gespielt. Die Stimmung in unserer Gruppe ist lockerer geworden. Ich dagegen spiele halt wieder mechanisch, aber ich drücke mich nicht davor. Ob es Spaß macht? Schwester Gudrun möchte es natürlich wissen.

„Ich weiß nicht. Ich spiele halt, wenn ich an der Reihe bin und dann ganz automatisch. Ansonsten verstehe ich den Sinn nicht. Warum kegeln?" „Wir möchten, dass Sie durch solche Aktivitäten wieder den Zugang zu Freude und Spaß finden. Es wäre ja durchaus möglich. Haben Sie vor Ihrer Erkrankung auch manchmal gekegelt?" Oft mit meinen Kindern bei Kindergeburtstagen, denke ich. Es war immer eine lustige und fröhliche Stimmung dabei. Aber das kann ich jetzt nicht aussprechen. Und vor dieser neugierigen Schwester schon gar nicht. Die erzählt ja alles gleich weiter. Aber das muss sie vielleicht auch.

„Die letzte Möglichkeit, sich noch was zu Trinken zu bestellen. In einer halben Stunde müssen wir zum Bus!" Herr B. ist von der Nebenbahn zu uns rüber gekommen. „Na, Frau S., wie lief es bei Ihnen?" „Ach, ganz gut. Aber ich bin froh, wenn wir wieder zurück in der Klinik sind." „Ja, so ein Ausflug ist ganz schön anstrengend für Sie. Dann noch die dämpfende Wirkung der Medikamente. Aber ich fand es toll, dass Sie mitgemacht haben. Das war ja richtige Schwerarbeit für Sie! Auf der anderen Seite soll es mal ein anderer Nachmittag für alle sein." Ich nicke. „Ja, das war es. Aber nachher ist alles wieder gleich wie vorher und das ist frustrierend. Wir kommen zurück und nach einer Weile ist es wie vorher: schwarz, düster, und so hoffnungslos wie immer!"

Herr B. schüttelt den Kopf. „Nein, denn Sie haben an der Türe zur Normalität gekratzt, wenn auch nur ganz kurz. Das kann ihnen niemand nehmen, auch die Krankheit nicht. Die will ja das alles gar nicht zulassen oder gar wahrhaben! Die möchte alles schöne Erlebte wieder zudecken. Aber das schafft sie nicht immer. Wir müssen daran arbeiten, bis die Krankheit besiegt ist." Wie gut Herr B. das alles erklären kann! Fast wie ein Psychiater!

Ich schaue zum Busfenster raus und sehe nur schwarz. Draußen in der Stadt und in mir drinnen meine depressive, leidvolle Realität. Es ist in der Zwischenzeit Abend geworden. Müde und ohne Appetit schlurfe ich etwas später zum Gruppenraum. Ich höre, wie einige Mitpatienten sich über den Nachmittag unterhalten. Sie scheinen sich amüsiert zu haben. Ich denke, dass sie schon weiter sind als ich. Ach, wenn es mir doch auch einmal wieder Spaß machen würde und ich so darüber erzählen und lachen könnte!

Anfang April 2001
Elektrobehandlungen

Warum machen sie bei mir keine solche Elektrobehandlung wie bei Herrn Sch., der am heutigen Frühstück so davon schwärmt. Ich höre ihm ganz gebannt zu. „Also ich bin wie neu geboren!", erzählt er gerade in der Frühstücksrunde. „Jetzt war es das dritte Mal in dieser Woche und ich spüre mich wieder. Fast so wie früher."

Echt, so was gibt es? Eine Wunderbehandlung! Ja, so hört es sich an. Wie ein Wunder. Ich frage ihn am Besten selbst: „Hat Dr. F. diese Behandlung empfohlen? Wie kam er darauf? Das wäre vielleicht auch etwas für mich." Herr Sch. nickt eifrig.

„Fragen Sie den Doktor danach. Ich selbst freue mich schon auf die nächste Behandlung. Das geht jetzt schnell aufwärts. Ich spüre das!" Das beeindruckt mich sehr. Fast bin ich ein wenig neidisch auf ihn.

Bei meinem nächsten Arztgespräch wage ich es, nach dieser Elektrobehandlung zu fragen und ob es auch etwas für mich sei. „Warum wollen Sie ausgerechnet diese Behandlung haben? Da gibt es nämlich auch Risiken, die ich beachten muss. Narkose, Schäden am Gedächtnis und noch mehr." Ich werde nervöser, aber ich bleibe beharrlich. Das ist für mich als Depressive sehr schwer!

„Herr Sch. hat sich so verändert. Das ist mir aufgefallen. Er fühlt sich deutlich besser, seit er diese Elektroschocks bekommt. Ich habe mit ihm darüber gesprochen." Herr Dr. F. schaut nachdenklich vor sich hin. Es ist still im Raum. Nach einer Weile schaut er mich an. „Diese Elektrokrampftherapie, also EKT, wie wir hier sagen, hilft tatsächlich bei sehr schweren Depressionen effektiv. Wenn nichts mehr hilft, dann versuchen wir es manchmal mit diesem Schritt. Aber wie gesagt, es sind Risiken dabei."

„Ich leide jetzt schon fast ein dreiviertel Jahr unter meiner schweren Depression. Sie wissen ja, dass bis jetzt nichts geholfen hat! Ich komme einfach nicht heraus! Warum können Sie bei mir nicht so eine EKT ausprobieren?" Ich bin echt verzweifelt.

Dr. F. sieht mich immer noch so nachdenklich an. Will er mich testen? Es ist wieder still geworden im Arztzimmer.

Ich warte gespannt auf seine Antwort. Er scheint sich diese gut zu überlegen. Will er mich schonend auf eine Abfuhr vorbereiten?

Endlich beginnt Dr. F. zu reden: „Die EKT hilft besonders bei denen Patienten, die auf biologische Verfahren ansprechen, z. B. auf die Wachtherapie. Das war bei Ihnen ja der Fall. Zeitweise zeigte der kontrollierte Schlafentzug bei Ihnen eine stimmungsaufhellende Wirkung. Diese hat leider kurz darauf nachgelassen.

Ich werde mit unserem Chefarzt Ihren Fall und die EKT besprechen. Wenn er grünes Licht gibt und da gehe ich in Ihrem Fall davon aus, dann nehmen wir Sie nächste Woche in den Behandlungsplan mit auf. Sie müssen nämlich erst darauf vorbereitet werden. Das werde ich mit Ihnen dann genau durchsprechen. Am besten, Sie bereden jetzt am kommenden Wochenende mit Ihrem Ehemann das Ganze. Das hilft Ihnen zusätzlich. Am Montag sehen wir weiter. Ich wünsche Ihnen ein einigermaßen erträgliches Wochenende, Frau S.!"

Montag, 15 Uhr
Die EKT – meine neue Behandlung

Ich sitze im Arztzimmer bei Dr. F. und atme tief und lange durch. Eben hat er mir die ärztliche Entscheidung von der Vormittagsbesprechung mitgeteilt. Ich bin so erleichtert, wie ich als Depressive eben sein kann.

Die Elektrokrampftherapie (EKT) soll mir nun helfen. Da bisher wirklich nichts bei mir angeschlagen hat, weder die Medikamente, noch die vielen Einzel- und Gruppengespräche, soll dies nun ein weiterer Versuch sein, mir aus der Depression herauszuhelfen. Entscheidend für das „Ja" zu dieser Behandlung sei mein gutes Ansprechen auf biologische Verfahren, wie die Wachtherapie gewesen.

„Heute Vormittag haben Sie die verschiedenen psychologischen Tests gemacht. Wir müssen ja eine Ausgangsposition haben als Vergleich. Nach zwei Behandlungen mit der EKT werden Sie noch ein Mal von unserem Psychologen getestet. Wir müssen sehen, wie Ihr Gedächtnis funktioniert. Zeigen sich irgendwelche Einschränkungen, so dürfen wir mit den EKT-Behandlungen auf keinen Fall fortfahren. Es könnten sonst bleibende Schäden am Gehirn entstehen." Ich habe gebannt zugehört und nicke. Ja, das hat er mir letzte Woche schon ein Mal erklärt. Dr. F. ist ganz in seinem Element. Mein IQ sei hoch und auch sonst sprechen die Tests des Psychologen für die EKT. Endlich geht es los, denke ich.

„Wir haben Sie für kommenden Mittwoch in den Plan aufgenommen. Da ist schon eine Patientin drauf. Diese wird nach Ihnen dran kommen. Frau S., Ihre zweite EKT wäre dann am Freitag. Mehr als zwei pro Woche sind nicht vorgesehen. Wir schauen, wie Sie alles vertragen und entscheiden nach dem Wochenende, wie wir weiter verfahren. Hier habe ich das Informationsblatt über die Behandlung und die Einverständniserklärung, die Sie mir noch unterschreiben sollten." Da habe ich aber viel zu lesen, denke ich.

Ob ich mich darauf konzentrieren kann und ob ich das alles verstehe? Egal, ich bin froh, dass ich um die Behandlung gebeten habe und dass sie genehmigt wurde. Ich habe den Eindruck, dass dies meine letzte Chance ist.

Jetzt packt mich die Aufregung! Heute Abend möchte ich mit meinem Ehemann zu Hause telefonieren, um ihm die Neuigkeit mitzuteilen. Im Nebenraum der Patientenküche hängt ein Telefonapparat, wo wir von außerhalb angerufen werden können. Es ist das erste Mal seit ich hier bin, dass ich den Wunsch verspüre, zu telefonieren. Bisher hat mich das nie interessiert. In mir ist immer der Gedanke: Wozu telefonieren? Ich habe doch nichts zu sagen!

Mittwoch, 2. April, 7 Uhr
Meine erste EKT (Elektrokrampftherapie)

Nüchtern liege ich in meinem Bett und warte, dass sie mich zur EKT abholen. Nichts essen und nicht aufstehen müssen kommt mir als Depressive gerade recht. Bin ich aufgeregt? Was fühle ich? Fühlen kann ich nichts. Aber eine winzige Hoffnung sitzt sozusagen am Fußteil meines Bettes und wartete so wie ich. Es klopft.

„So, nun geht es los!" Herr B., mein Lieblingspfleger, betritt das Zimmer. „Ich bringe Sie jetzt runter ins Untergeschoss, wo die Behandlung stattfindet. Keine Angst! Sie wissen ja, dass das Ganze unter Vollnarkose stattfindet. Wenn Sie aufwachen, dann sind Sie längst schon wieder hier oben in Ihrem Zimmer."

Herr B. schiebt mein Bett unseren Stationsflur entlang vor bis zum Arztzimmer. Da tritt auch schon Dr. F. an mein Bett und begrüßt mich. „Jetzt geht es los, Frau S., na, sind Sie bereit?" Ich nicke zaghaft. Gemeinsam schieben die beiden nun mein Bett raus aus der Station bis zum Bettenaufzug. Aus dieser liegenden Perspektive habe ich die Klinik noch nie gesehen. Im UG ist es etwas düster. Im Liegen fliegen die Neonröhren über mir vorbei. Wir biegen am Ende des Flures nach rechts ab. Herr B. hält mein Bett langsam an und bringt es zum Stehen. Dr. F. wendet sich einer breiten Türe zu:

„Ich schau mal nach, wie weit die da drin sind." Er klopft kurz an dieser seltsamen Türe an und verschwindet in dem Raum dahinter. Hoffentlich lassen sie mich nicht so lange hier warten. In meinem Nachthemd und in meinem Bett komme ich mir ziemlich hilflos vor. Und dann noch in diesem düsteren Kellerflur. „Wir können rein!" Herr B. und Dr. F. fahren mich in den Behandlungsraum. Der Narkosearzt und der Narkosepfleger beginnen gleich mit den Vorbereitungen. Wie soll ich das alles beschreiben? Es wird wenig gesprochen. Jeder ist konzentriert auf seine Handlungen. Dr. F. lächelt mir zu: „Es wird alles gut gehen. Haben Sie Vertrauen. Dr. E. ist unser Experte. Er legt Ihnen jetzt ein Metallband um den Kopf." Das Metall fühlt sich hart und kühl an.

Der Narkosepfleger hat in der Zwischenzeit von mir fast unbemerkt eine Nadel in meine linke Armvene gelegt. „So, wir spritzen jetzt das Narkosemittel in die Vene und dann werden Sie ganz schnell schlafen." Ja, schlafen, da habe ich schon lange darauf gewartet. Einfach weggespritzt zu werden. Endlich tief und lange schlafen. Ob sie das bei mir schaffen? Ich liege auf dem Rücken, über mir blendet mich eine Neonröhre. Jetzt beginnt das Licht zu flackern und verschwimmt vor meinen Augen. Aus.

231

„I., bist du das?" Ich kenne die Stimme. Sie kommt von Karla, einer Mitpatientin aus unserer Station. „Ja, ich bin es. Wo sind wir?"

Ich bin etwas verwirrt. Aber da klärt mich Karla schnell auf. Sie ist nach mir zur EKT dran gewesen und anschließend zur Überwachung zu mir auf mein Zimmer gekommen. So stehen unsere beiden Betten hintereinander und es ist praktischer für das Personal, uns beide zu überwachen. Da kommt auch schon Herr B. ins Zimmer.

„Na, jetzt sind Sie ja beide wach. Also es verlief anscheinend alles gut. Der Doktor wird noch bei Ihnen beiden vorbeischauen. Für heute haben Sie es geschafft. Zwei Stunden müssen Sie liegenbleiben und wir kontrollieren zwischendurch Ihren Blutdruck. Bis jetzt ist alles in Ordnung. Wir sagen, wer wann aufstehen darf, dann können Sie duschen und frühstücken, falls die anderen noch etwas übriggelassen haben." Er lacht und beginnt, bei beiden den Blutdruck zu messen.

Wir sind wieder unter uns im Zimmer. Karla hat auch schon lange sehr schwere Depressionen. Im Gegensatz zu mir kann sie sehr gut über alles jammern und klagen. So unterschiedlich sind wir bei der gleichen Krankheit!

Sie hat schon die dritte EKT heute hinter sich und liegt in meiner Nähe und jammert wieder. Ich denke nach und frage mich, ob mir die EKT wohl hilft? Karla bemerkt wohl noch keine Veränderung. Aber Dr. F. hat ja gesagt, dass nicht alle Patienten darauf ansprechen. „Mir hilft das alles nicht! Weder Tabletten, noch das hier. Mir kann niemand helfen!" Karla klagt weiter vor sich hin. „Wart es doch ab. Vielleicht brauchst du eben noch ein paar Behandlungen bis du was spürst."

11 Uhr
Nach der Elektrokrampftherapie

Ich habe geduscht und gefrühstückt. In der Zwischenzeit bin ich wieder klar in meinem Kopf. Der Verwirrtheitszustand nach der Schockbehandlung hält in der Regel nicht lange an. Das weiß ich vom Stationsarzt. Ab wann ich wohl etwas von dieser Behandlung spüre? Ob ich überhaupt darauf anspreche? Ich gehe langsam rüber zum Nachttisch und schaue auf meinen Therapieplan. Zwei Stunden in der Schreinerei wären am Vormittag dran gewesen. Aber heute brauche ich erst an den Nachmittagstherapien teilnehmen.

Deshalb lege ich mich bis zum Mittagessen aufs Bett. Das ist ausnahmsweise genehmigt! Ich bin körperlich so erschöpft, so erledigt, als hätte ich einen langen Dauerlauf hinter mir.

Freitag, 7 Uhr 30
Meine zweite EKT

Nun kenne ich den Ablauf der Behandlung. Auch diesmal bringen mich wieder zwei Personen im Bett runter ins UG: Schwester Edith und wieder Dr. F. persönlich.

„Ihr Fall, Frau S., interessiert mich besonders. Also ich vermute ja stark, dass Sie auf diese Behandlung ansprechen. Es ist nur die spannende Frage, wann!" Ich spüre, dass wir vor dem Raum angekommen sind. Zeitweise habe ich die Augen geschlossen gehabt wegen der blendenden Neonröhren an der Decke. „Guten Morgen, Frau S." Der behandelnde Psychiater Dr. E. schaut mich an und reicht mir die Hand. „Wie geht es Ihnen?" „Gut."

So lautet meine Antwort und das ist nicht einmal gelogen. Ich bin gespannt auf die heutige Behandlung. Ich habe keine Angst davor, sondern ich fühle in mir genau so eine spannende Erwartungshaltung wie bei meinem Stationsarzt. „Das ist schön. Sie brauchen auch keine Angst zu haben. So, dann können wir auch gleich beginnen. Sie kennen es ja schon. Der Pfleger gibt Ihnen das Narkosemittel und Sie werden bald schlafen. Wir passen gut auf Sie auf!" Das ist das letzte, was ich höre. Dann flimmert wieder die Deckenlampe und ich weiß nichts mehr. Wieder bin ich nach kürzester Zeit weg. Das Narkosemittel ist natürlich stärker als alle meine furchtbaren Schlafprobleme zusammen! Was immer sie auch danach mit mir machen, ich bekomme nichts mit.

Mir wurde in den Vorgesprächen gesagt, dass sie nach dem Narkotisieren noch ein Medikament zur Muskelentspannung nachspritzen. Das soll helfen, dass sich meine Muskeln durch die Elektrobehandlung nicht so sehr verkrampfen. Das soll helfen, dass keine Knochenbrüche entstehen können. Früher sei das sehr gefürchtet gewesen. Durch die Stimulierung meines Gehirns mit Elektrostößen werde mein Gehirn aktiviert.

Dadurch solle alles wieder in die richtige Bahn gelenkt werden. Es sei so eine Art künstlich herbeigeführter epileptischer Anfall.

11 Uhr 10
Nach der zweiten EKT

Wieder werden meine Mitpatientin Karla und ich gemeinsam überwacht. Diesmal stehen unsere Betten hintereinander im Zimmer von Karla, welche an diesem Vormittag vor mir dran war. Wir sind wach und orientiert. Erleichtert, dass es auch für dieses Mal vorbei ist, frage ich die Schwester: „Wann darf ich aufstehen? Ich habe nämlich Hunger." Sie lacht. „Vor Ihnen darf zuerst die andere

Patientin aufstehen. Aber ich sage vorne Bescheid, dass es Ihnen gut geht. Vielleicht dürfen Sie auch früher raus."

Karla jammert laut vor sich hin. Sie darf schon aufstehen und kramt in ihrem Kleiderschrank. „Ich weiß nicht, was ich anziehen soll? Am liebsten würde ich sowieso im Bett bleiben. Hat doch alles keinen Sinn! Und du?" Sie dreht sich zu meinem Bett um. „Merkst du schon etwas von der EKT?" „Ich weiß nicht. Es ist vielleicht noch zu früh." „Ja, das sagen sie einem hier immer. Wenn etwas nicht wirkt, dann heißt es, es ist noch zu früh! Ich habe so langsam keine Geduld mehr!"

Karla knallt die Schranktüre zu. Ich bin froh, wenn ich aus diesem Zimmer komme! Karla nervt mich. Sie ist so verstrickt in ihren Pessimismus. Bin ich auch so? Endlich darf ich in mein Zimmer.

Dort bleibe ich noch eine Weile im Bett liegen und bin froh über die Stille. Mein Kopf ist klar. Ich habe weder Kopfschmerzen, noch tut mir sonst etwas weh. Die Schwester hat mir erlaubt zu duschen und zu frühstücken. Darüber kann ich mich freuen! Es fühlt sich so normal an, wenn ich meine Duschutensilien zusammensuche. Ich weiß, was ich brauche, und stehe nicht so unschlüssig und unsicher herum.

Duschen ist kein riesiger Berg mehr für mich, wie noch vor kurzem. Ich muss mich nicht überwinden! Es ist für mich keine solche körperliche Anstrengung, wie es vor ein paar Tagen noch für mich war! Ich fühle das warme Wasser über meinen Körper rinnen und genieße den Duft des Haarshampoos! Wann habe ich zum letzten Mal so geduscht? Und erst das Frühstück! Es gibt zwar bald das Mittagessen, aber ich genieße jetzt Kaffee, Brötchen, Käse und Marmelade. Auch einen Joghurt finde ich im Kühlschrank. Ahh, das tut gut und es schmeckt mir so, wie schon lange nicht mehr!

Sind das die ersten Anzeichen? Schlägt die Elektrokrampftherapie bei mir etwa schon an? Ich bin vorsichtig optimistisch.

Dr. F. kommt in den Gruppenraum. „Ach, da sind Sie ja! Ich wollte mal nach Ihnen sehen. Na, wie geht es Ihnen jetzt?" Ich nicke mit vollem Mund und schlucke. Dann erst kann ich ihm antworten. „Gut geht es mir. Aber ich weiß nicht, ob ich es mir nur einbilde." „Morgen fahren Sie ja wieder nach Hause. Warten wir das Wochenende ab. Ich bin gespannt, was Ihre Familie sagt. Vor allem Ihr Ehemann wird etwas merken. Er kennt Sie ja am besten!"

Sollte es möglich sein? Ich wage kaum zu hoffen. So oft bin ich schon enttäuscht worden, wenn Medikamente abgesetzt wurden und der Rückfall kam. Genauso bei der Wachtherapie, als ich jedes Mal wieder in die Depression abgerutscht bin. Deshalb bin ich sehr vorsichtig geworden. Enttäuschungen verkrafte ich immer schwerer. Es kostet so viel Lebensenergie. Und die habe ich immer weniger.

Sonntag, 14 Uhr 30

Bei sonnigem Aprilwetter gehe ich mit meiner ganzen Familie spazieren. Die Kinder haben Roller und Inlineskater dabei. „Gehen wir noch zum Spieli?" fragt S., unsere mittlere Tochter. „Ja, auf dem Rückweg machen wir dort noch Halt. Da könnt ihr noch etwas rutschen!" G., mein Ehemann hat den Arm um mich gelegt. „Also, wenn du mich fragst, ich spüre schon etwas von der neuen Behandlung. Ich kann es bloß schlecht ausdrücken oder sagen, woran ich das merke. Du wirkst so anders als am letzten Wochenende. Interessierter vielleicht und nicht so niedergeschlagen. Auch wie du aussiehst, irgendwie lebendiger."

Sonntagabend in der Klinik

Heute ist es mir nicht so schwergefallen wie sonst, am Sonntagabend herzukommen. Ich habe beim Packen meine Blockflöte mitgenommen. Dr. F. hat mir immer wieder geraten, an dem anzuknüpfen, was mir früher Spaß gemacht hat. Ich habe mich aber immer mit Händen und Füßen dagegen gewehrt. Er hat mir schon von Anfang an prophezeit, dass ich irgendwann meine Trompete auf die Station mitbringen würde. „Das werden Sie nie erleben!", habe ich stets vehement dagegengehalten.

Wenn ich nicht gerade depressiv bin, macht mir Musizieren Spaß. Auf meine Positivliste habe ich unter anderem „musizieren" notiert. Dabei erscheint mir während der depressiven Phase das Musizieren so weit weg, als habe es dies für mich nie gegeben. Wozu Musik machen? Wozu leben? Dr. F. hat mir von Anfang an immer wieder nahegelegt:

„Knüpfen Sie bei den Aktivitäten an, welche Ihnen vor der Erkrankung Freude gemacht haben. Auch wenn es Ihnen schwerfällt oder wenn Sie nichts mehr dabei empfinden können, so tun Sie aktiv etwas. Sie haben das Heft in der Hand und nicht die Depression. Der Rest wird sich eventuell von selbst ergeben."

Zuhause komme ich gar nicht mehr zum Flöten seit ich Trompete spiele. Ich denke, hier auf der Station habe ich zwischen den Therapien vielleicht Zeit zum Flöten. Das ist auch nicht so laut, wie das Trompeten. Ich möchte nach wie vor nicht auffallen.

„Frau S., wir haben folgendes beschlossen: Da es Ihnen etwas besser geht und wir das auch weiterhin durch die nächsten EKTs erhoffen, erlauben wir Ihnen, dass Sie sich außerhalb der Station allein bewegen. Das heißt für Sie ab jetzt: Ausgang in die Stadt alleine. Die Schwestern und Pfleger wissen Bescheid. Ab- und wieder zurückmelden sollten Sie sich aber nach wie vor im Schwesternzimmer."

Ich reagiere leicht schockiert: „Allein in die Stadt? Ich weiß nicht, ob ich mir das zutraue. Wenn ich mich verlaufe?" „Diese Woche erhalten Sie noch zwei weitere EKT-Behandlungen. An diesen beiden Tagen sollten Sie nicht in die Stadt gehen. An den anderen Tagen versuchen Sie eben, nur bekannte Strecken zu gehen, sodass Sie Erfolgserlebnisse haben. Alles weitere probieren Sie so nach und nach aus. Ich traue es Ihnen zu!" Herr Dr. F. zwinkert mir im Hinausgehen zu.

Soll ich diese Erlaubnis als Erfolg verbuchen? Ich möchte nicht mehr ganz so negativ sein wie die Patientin Karla, die immer nur am Jammern ist. Aber wer alleine Ausgang bekommt, der steht für die anderen Depressiven schon fast auf der Entlassliste. Da gehöre ich aber noch lange nicht hin!

Ende April
Nach insgesamt sechs EKT-Behandlungen

Was ich erhofft habe, ist tatsächlich eingetroffen! Es geht mir von Mal zu Mal besser und ich tauche wieder aus dem Dunkel der Depression auf. Meine Stimmung wird besser und das negative Grübeln ist fast verschwunden.

Ich lebe total auf und habe wieder Interesse an meiner

Umwelt, an den Menschen ringsum und an meiner Familie. Vor allem lebe ich wieder und frage nicht danach, warum ich lebe. Ich freue mich einfach zu leben! Ich bin dankbar für alles. Ich bin dankbar über meine Genesung und dass ich diese schreckliche Depression wieder einmal überstanden habe. Seit ein, zwei Wochen beginne ich wieder zu leben und hole vieles nach.

Montag, 10 Uhr 40
Stationsvisite

Es klopft an unserer Zimmertüre. Herr Dr. F. und eine weitere Stationsärztin samt Schwester Erika kommen herein. Es ist immer sehr nervig, auf die Visite zu warten. Auch jetzt, wo es mir besser geht, warte ich angespannt auf meinem Bett. „Frau S., guten Morgen. Wie war dieses Mal das Wochenende? Hat Ihre Familie zuhause etwas gemerkt von Ihren Veränderungen?" „Ich glaube schon. Es hat allen richtig Spaß gemacht. Wir haben am Sonntag einen Ausflug gemacht und sind noch Essen gegangen. Ja, es war richtig schön." Die Ärzte scheinen zufrieden und wenden sich meiner Zimmerkollegin zu. Als sie mit der Visite fertig sind, dreht sich Dr. F. noch mal zu mir um. Unter meinem Tisch sieht er meinen Trompetenkoffer herausragen. Zufrieden lächelt er.

„Jetzt bin ich sicher, dass Sie auf dem richtigen Weg sind! Ich habe es Ihnen vor Monaten schon gesagt, wissen Sie es noch?" Ich nicke stumm. Alle im Raum sind ergriffen über meinen Wandel. „Jetzt wissen wir erst, wer Sie sind und wie Sie sind! Zeigen Sie uns doch weiterhin, was in Ihnen steckt. Spielen Sie uns was vor. Trompeten Sie ihre Seele frei!" Also das hat Dr. F. schön gesagt. Aber ich weiß noch nicht, ob ich Trompete spielen werde. Hier auf der Station ist es doch etwas ganz anderes als zu Hause.

Dienstag, 14 Uhr
Psychologischer Test

„Wir haben Sie nach zwei erfolgten EKTs ja schon einmal untersucht. Da hat sich gezeigt, dass ihr Kurzzeitgedächtnis ganz leicht in Mitleidenschaft gezogen wurde. Wir konnten es aber verantworten, die Behandlung fortzusetzen.

Heute wollen wir testen, wie Ihr IQ aussieht und was Ihr Gedächtnis jetzt nach weiteren vier EKT-Behandlungen macht." Der Psychologe legt mir die verschiedenen Testbögen vor. Erst machen wir zusammen die, bei welchen er die Zeit stoppen muss. Danach arbeite ich allein die restlichen Bögen durch. Das Ganze macht mir keine Mühe. Wie habe ich mich da vor ein paar Wochen noch anstrengen, ja richtig quälen müssen! Ich gebe die fertig ausgefüllten Bögen zurück. „Heute werte ich alles aus und gebe Dr. F. die Ergebnisse weiter. Er wird es dann mit Ihnen besprechen." Ich verabschiede mich von dem Psychologen. Vermutlich war ich das letzte Mal bei ihm.

17 Uhr
Ein wichtiges Arztgespräch

„Was haben die Tests ergeben?" Völlig neu, dass ich das Gespräch beginne. Aber ich bin neugierig. „Tja, wie soll ich es sagen. Ihr Kurzzeitgedächtnis hat noch einmal leicht Schaden genommen. Aber das gibt sich mit der Zeit. Das kommt wieder." „Sind Sie sicher? Ich hoffe nicht, dass da was bleibt!" Dr. F. beruhigt mich. Bei anderen Patienten sei alles wieder normal geworden.

„Ich möchte mit Ihnen noch etwas anderes besprechen. Etwas, das sehr wichtig ist und Ihre Zukunft betrifft. Sie haben ja in Ihrem Leben schon so oft schwere Depressionen gehabt. Wurde Ihnen da nie zu einer Lithiumbehandlung geraten? Jetzt, wo Sie wieder klarer sind, kann ich mit Ihnen darüber sprechen. Vorher hatte das ja keinen Sinn."

„Doch, eine Psychiaterin hat es mal angesprochen. Aber da ich ja meistens vier gute und depressionsfreie Jahre habe, wollte ich nie so ein Dauermedikament nehmen. Auch wegen der Nebenwirkungen." „Ja, da können wir darüber sprechen. Ich verstehe Ihre Skepsis. Doch Sie wissen und haben es erlebt, was die Depression mit Ihnen macht, welche Hölle Sie durchleben müssen. Eine Prophylaxe wäre in Ihrem Fall sinnvoll, ja notwendig. Für Sie, für Ihren Ehemann und die gesamte Familie bietet sich eine völlig neue Lebensqualität. Sie brauchen dann nicht ständig Angst zu haben, rückfällig zu werden. Ich habe hier ein kleines Buch über die Lithiumbehandlung. Das können Sie lesen und wir werden beim nächsten Gespräch Ihre Fragen beantworten. Machen Sie sich vertraut mit dem Gedanken an Lithium. Es ist ein altbewährtes Mittel zur Vorbeugung von Manien und Depressionen."

1.Mai 2001

An diesem Feiertag bin ich zu Hause. Ich erlebe den Frühling mal wieder, als sei es mein erster! Unbeschreiblich! Ich atme und sauge die Luft in meine Lungen. Ich lebe!

Ich bin wieder aus der Hölle aufgetaucht. Diese Gefangenschaft in der depressiven Hölle hat jetzt wieder viele Monate meines Lebens gekostet! Verlorene Zeit. Verlorene Lebenszeit! Wie viel Lebenszeit hat mir die Depression schon genommen. Ich werde es einmal für mich ausrechnen.

Aber ohne meine Depressionen hätte ich solche intensive Erlebnisse nicht. So wie jetzt mit dem Frühling. Oder einfach das starke, intensive Gefühl zu leben. Das habe ich in meinem „normalen" Leben nicht. Meine Gefühle sind

stark ausgeprägt, in mir brodelt es von Unternehmungs-
geist und von spritzigen Gedanken. Alles erlebe ich intensiv, die Farben, die Musik und eigentlich die ganze Welt!

Es ist ein Überschwang in mir, wie ich es kenne nach
meinen früheren Depressionen. Dieses Mal ist es fast
noch stärker als sonst. Es ist wirklich ein Auftauchen in
eine neue Welt. Ich fühle mich wie noch ein Mal geboren.
Es ist ein kostbares Geschenk, das ich nach so langer Zeit
dankbar annehme.

Montag, 3. Mai 2001, 19 Uhr
Arztgespräch mit Ehemann

G. ist vor einer halben Stunde gekommen. Wir haben uns
im Gruppenraum unterhalten. Andere Patienten kennen
ihn schon vom Abholen oder Herbringen. Er hat sich
auch mit ihnen unterhalten, was mich gefreut hat. Ja, die
Krankheit sei schrecklich, konnte er einer Patientin bestä-
tigen. „Herr und Frau S., kommen Sie zu mir?" Es ist wieder später geworden, aber das ist bei den Arztterminen
oft so. Wir sitzen in seinem Zimmer dem Arzt gegenüber.

„Na, Ihre Frau hat uns gestern aber so richtig den Marsch
geblasen! Alle Achtung. Das haben aber noch weitere Patienten gehört als nur die unseren!" Wir lachen alle drei.
Dann geht es um die Zeit nach meiner Entlassung.

„So eine Entlassung aus der Psychiatrischen Klinik
muss gut vorbereitet werden, damit nichts schief läuft zu
Hause. Da Sie nicht berufstätig sind, Frau S., haben wir
von dieser Seite keinen Druck. Wie ist es mit der jetzigen
Haushaltshilfe? Herr S., können Sie das klären, ob diese
noch eine Woche nach der Entlassung Ihrer Frau bleiben
kann? Sie bekommen von mir ein Attest für die Kranken-
kasse oder die Sozialstation." Mein Ehemann verspricht,
sich darum zu kümmern.

„Nach zwölf Wochen Klinikaufenthalt können wir Ihnen nicht zumuten, auf einen Schlag Haushalt, Familie und die Pflege der Schwiegermutter zu managen. Sie sollen langsam wieder hineinwachsen. Sonst besteht die Gefahr eines Rückschlages und das will niemand. Stabil sind Sie nämlich noch lange nicht! Da kommen wir gleich zum nächsten Thema, den Medikamenten." Das Gespräch geht so weiter. Dr. F. möchte die ärztliche Nachsorge durch Gespräche in den ersten Wochen bei ihm und mit ihm übernehmen. Nebenher sollen weitere Blutabnahmen hier stattfinden, um den Lithiumspiegel solange zu kontrollieren, bis er optimal eingestellt ist. Allmählich könne dann der ambulante Psychiater die weiteren Kontrollen übernehmen.

Gerade jetzt, wo ich mich in der Station zum ersten Mal wohl fühle, ist der Gedanke an die Entlassung für mich noch ganz unwirklich. Ich kann wieder tief und fest schlafen, ich unterhalte mich zum ersten Mal so richtig mit den anderen Mitpatienten und nun soll ich das alles so plötzlich verlassen?

G. ist nach dem Gespräch mit dem Arzt ziemlich schnell wieder gegangen. Er musste heim wegen unserer Kinder.

Ich sehe entspannt dem Abend entgegen. Wir wollen unser Lieblingsspiel machen, bei dem man Zahlenkärtchen aus Kunststoff in der richtigen Reihe aneinander legen muss. Vorher werden diese Plastikkärtchen in der Schachtel kräftig gemischt. Das erzeugt jedes Mal einen ungeheuren Lärm. Prompt kommt die nachthabende Schwester und beschwert sich: „Das ist zu laut! Das können Sie nicht andauernd machen. Nehmen Sie doch Rücksicht auf die anderen Patienten!" „Ach, die können sowieso nicht schlafen. Wegen Schlafstörung brauchen Sie sich auf einer Depressivenstation keine Sorgen zu machen, die hat hier eh jeder!"

Herr Sch., dem es auch schon recht gut geht, traut sich diese Antwort. Er nimmt jetzt alles mit Humor. Wahrscheinlich ist das seine eigene Art. Nur hat die Depression auch bei ihm alles verdeckt, was ihn als Person ausmacht.

Wir lachen viel an diesem Abend. Ja, es ist eine Erlösung, wenn jemand von der Depression endlich wieder befreit ist. Da ist in mir ein Aufleben und Neuentdecken, ein Anknüpfen an das Leben vor der Erkrankung und vor allem viel, viel Dankbarkeit!

Anfang Mai 2001
Beginn mit der Lithiumbehandlung

Ab jetzt bekomme ich morgens zusätzlich zu meinen Antidepressiva eine neue halbierte Tablette. Sie besteht aus Lithiumsalz. Das habe ich im Buch von Dr. F. gelesen. Sie soll einer erneuten Depression vorbeugen, wenn der Lithiumspiegel im Blut richtig eingestellt ist. Das wird nun in den nächsten ein bis zwei Wochen mehrmals kontrolliert. Auch soll es langsam „eingeschlichen" werden.

Nebenwirkungen sind Händezittern (Tremor), Wirkungen auf Herz, Schilddrüse und Nieren. Ein weiterer, negativer Nebeneffekt ist eine Gewichtszunahme.

Ich habe mich bewusst für diesen Weg der Lithiumprophylaxe entschieden. Wie oft habe ich unter meinen schweren Depressionen gelitten! Wie viele Jahre meiner Lebenszeit gingen unwiderruflich verloren! Lange hatte ich mich in der Vergangenheit gegen weitere Tabletten gewehrt. Auch wegen der Nebenwirkungen.

Aber nun bin ich bereit, dies auf mich zu nehmen. In ein paar Jahren werde ich sehen, bzw. spüren, ob es auch bei mir ein Schutz ist. Vier, fünf Jahre war ich meist depressionsfrei, bevor erneut eine Depression bei mir ausbrach. Wir werden es sehen.

Alles gepackt! Schon am letzten Wochenende habe ich vieles aus meinem Krankenzimmer mit nach Hause genommen. Meine Gemälde und Tonkreationen, Kleidung und Schuhe. Daher habe ich heute nicht mehr viel. Gegen 10 Uhr möchte G. hier sein und mich abholen. Unsere Kinder sind dann in der Schule. Es ging alles sehr schnell in den letzten Tagen, fast überstürzt werde ich nun entlassen. Wahrscheinlich brauchen sie dringend einen Platz in der Station.

Vielleicht ist es so wie bei mir damals, als zu Hause nichts mehr ging und G. und ich jeder auf seine Art so verzweifelt waren. Zumindest G. war damals froh, dass für mich ein Bett frei wurde und er mich herbringen konnte. Wenn es jemandem nützt, bin ich natürlich bereit, so rasch in mein altes Leben zurückzukehren.

Ein Mal sagte ich meinem Lieblingspfleger Herr B. in einer durchwachten Nacht, dass ich mich nirgends zu Hause fühlen würde, auch nicht in der Klinik. Daraufhin meinte er, dass ich mich auch in der Klinik nicht wohlfühlen solle. Denn dann wäre auch etwas nicht in Ordnung.

Er hat recht.

So gehe ich in mein altes Leben zurück. Etwas Angst habe ich schon. Ob ich alles wieder schaffen werde? Wie werden meine Kinder auf mich reagieren? Sie haben sich verändert, aber das habe ich durch die regelmäßigen Beurlaubungen am Wochenende zum Glück mitbekommen.

G. ist da! Nach dem Frühstück habe ich mich von den meisten Patientinnen und Patienten verabschiedet, da sie in ihre jeweiligen Therapien mussten. Daher sind jetzt kaum noch Patienten auf der Station. „Hast du es gut. Du bist gesund und darfst heim. Bei mir wird es nichts. Ich halte es kaum noch aus!" Diese Frau ist gerade eine Woche in unserer Station. Ich sehe sie an und erblicke mich in ihr, so wie ich in meiner Anfangszeit hier war:

Trüber Blick, ungepflegte Haare, kraftlose, gebeugte Körperhaltung. Was soll ich ihr sagen?

Dass auch sie eines Tages gesund sein wird? Dass jede Depression einmal vorbeigeht? Das alles kann sie ja gar nicht glauben. Das kommt bei ihr nicht an.

Ich nehme sie stumm in den Arm und drücke sie ganz fest. Nach einer Weile lasse ich sie los und schaue sie an. Fast beschwörend sage zu ihr: „Hier helfen sie dir. Das wird wieder. Ich weiß es. Und ich bin mir da ganz sicher!" Sie nickt trotz ihrer Verzweiflung. „Nächste Woche habe ich bei Dr. F. einen Termin. Da besuche ich euch hinterher in der Station. Nach dir schaue ich dann auch. Mal sehen, wie es dir an dem Tag geht."

Ich hole mit G. mein Gepäck aus dem Zimmer. Kurze Verabschiedung von den Schwestern in ihrem Dienstzimmer und schon verlassen wir die Station und das Gebäude. Wie ist mir alles vertraut geworden. Obwohl ich sicher zu 95 % meines Aufenthaltes hier depressiv war und nichts richtig erleben, geschweige denn genießen konnte, hat zum Schluss der Charme des alten Gemäuers auf mich gewirkt.

Aber jetzt geht mein Blick nach vorne! Heute, an diesem schönen und sonnigen Maitag verabschiede ich mich nun innerlich von dieser Station und dieser psychiatrischen Klinik und fahre in mein altes und zugleich neues Leben. Ich fahre nach Hause!

Zum siebten Mal bin ich aufgetaucht ins Leben! Niemand kann erahnen, wie das ist. Eigentlich können das nur Menschen, die selbst so etwas auch schon hinter sich haben. Die erste Zeit bin ich leicht manisch oder euphorisch. Aber das ist ja auch verständlich. Ich bin ja dem Tode entronnen! Seelisch ist das für mich wie eine Auferstehung. Ich darf vom Tod wieder ins Leben. Ich darf vor allem wieder das Leben spüren!

So etwas von intensivem Erleben! Alles leuchtet, Farben erscheinen intensiver als sonst und Aktivitäten fallen mir leicht und bereiten wenig Mühe. Das Leben ist für mich wieder schön! Es macht mir sehr viel Freude, mit Menschen zu reden und zu lachen. Jeder Tag wird von mir ausgekostet und nachts kann ich wunderbar und erholsam schlafen. Es geht mir supergut!

Nach zwei bis drei Wochen legt sich diese Euphorie und meine Stimmung normalisiert sich wieder. Der Übergang ist fließend und wird kaum bemerkt. Ich komme sozusagen langsam runter auf den Boden der Tatsachen, wie man so sagt.

Aber diese Anfangseuphorie ist weise eingerichtet: Sie hilft mir, wieder in meinem Alltag Fuß zu fassen. Sie schützt meine neu erwachte Seele vor dem Unbill des Alltags. Ich möchte diese Euphorie nach einer so langen Durststrecke nicht missen! Bewusst erlebe ich den Jahreszeitenwechsel oder das Aufwachsen meiner Kinder. Alles, was ich so lange entbehren musste, genieße ich jetzt doppelt.

Da ist z. B. die Musik, die ich mit meiner Trompete allein oder mit anderen Bläserinnen und Bläsern machen darf. Die Freude daran spornt mich an. Da ist das bewusste Aufwachen am Morgen. Ah, wie gut habe ich geschlafen! Es gefällt mir, für mich und meine Familie etwas zu kochen und das Essen auch zu genießen. Auch unter der Dusche die Wärme des Wassers auf meinem Körper zu spüren und mich zu pflegen, entdecke ich neu. Ich finde mich wieder schön und begehrenswert! Welch viele Geschenke!

Was hat das Leben noch für mich bereit? Verwandte und Freunde freuen sich mit mir, mit unserer ganzen Familie. Dass ich dabei ein Mal aus Versehen zwei verschiedene Personen, die sich nicht kannten, zur gleichen Zeit eingeladen habe, war eher komisch, als tragisch. Mein Gedächtnis hat eben doch noch gewisse Lücken! „Können da noch mehr kommen?" witzelte G. hinterher. Es war mir peinlich, aber zugleich fand ich es lustig. Erlebnisse mit unseren Kindern genieße ich jetzt auch sehr bewusst.

8. Kapitel

Was geschieht, wenn ich depressiv bin?
Körperliche und seelische Veränderungen

Ich möchte einmal versuchen, es zu beschreiben und zusammenzufassen. Was verändert sich in meinem Körper, in meiner Seele? Eine Ärztin hat einmal zu meinem Ehemann über mich gesagt: „Die Seele ist krank." Ich habe sie nur angeschaut und gedacht, Seele, welche Seele denn?

Ich behaupte, die Seele ist nicht nur krank, sie ist vorübergehend abgestorben, tot! Gefühle sind Ausdruck der Seele. Also sind die Gefühle in der Depression auch tot! Das bedeutet:

Ein seelenloser Mensch ohne Gefühle lebt nicht, er existiert nur. Er wird von anderen gelebt, gesteuert, bestimmt und hin- und hergeschubst. Wie ein Roboter, wie ein Möbelstück. Bei mir war es immer ein Koffer. Ich weiß auch nicht warum. Das fing schon in meiner ersten Depression mit 17 Jahren an, als ich in die Klinik reisen musste. Vielleicht gerade deshalb. Wie ein Koffer.

Bei mir ist folgendes in allen depressiven Phasen gemeinsam:
– jedes Mal Schlafstörungen, Grübeln, Angstzustände,
– jedes Mal suizidal (in Gedanken, Worten und aktiven
  Versuchen),

249

- stets der Verlust des Selbstvertrauens,
- immer die ausgeprägte Emotionslosigkeit,
- jedes Mal das Erleben, in meinem Körper gefangen zu sein und keinen Kontakt zu anderen Menschen zu haben,
- jedes Mal in einem Zustand, wo ich mir selbst fremd bin,
- immer das Erleben von grenzenloser Einsamkeit und von aller Welt Verlassenheit.

Meine Seele ist tot, empfindet weder Freude, noch Trauer. Ich spüre höchstens (aber sehr selten, weil wohl unbewußt von mir unterdrückt) eine ungeheuere Wut gegen mich selbst, auf die Krankheit, auf das eigene Schicksal. Dies kommt aber wirklich sehr selten vor und muss evtl. von außen gezielt gereizt werden (siehe Musiktherapie, Psychiatrische Klinik, 1983). Um dem qualvollen Zustand der Depression ein Ende zu bereiten, möchte ich mich dann am liebsten vollends auslöschen. Nicht weil ich sterben will! Kein Depressiver möchte eigentlich sterben! Sterben, tot sein und nicht wissen, was danach kommt, macht mir in der Depression ja ungeheuere Angst. Obwohl ja niemand weiß, was nach dem Tod kommt, denke ich als Depressive immer dasselbe:

Es kann nicht schlimmer sein, als dieser jetzige qualvolle Zustand.

Sich auslöschen wollen

Weil ich mich und dieses schreckliche Leben einfach nicht mehr aushalten kann, dreht sich in bestimmten Phasen des langen Depressionsleidens alles um die Tatsache, nicht mehr leben zu wollen. Weil ich eben so nicht leben kann! Das Leid wird unermesslich groß. Ich frage mich dann ständig, wie lange ich das noch aushalten kann!

Wenn ich so weit bin, überlege ich sehr konkret, auf welche Weise ich mich umbringen kann. Auch diese Phase der Krankheit ist sehr quälend, weil ich nur noch von solchen Gedanken besessen bin. Nichts anderes interessiert mich mehr. Alles kreist um meinen Todeswunsch und wie ich ihn umsetze. Das kann das Informieren über Gifte sein, das Warten am Bahngleis, das Horten von meinen Medikamenten oder das Besorgen von scharfen Messern oder gar Skalpellen. Ich kann mich da fast nie jemanden mitteilen, man ist sehr, sehr einsam in dieser Phase!

Seelenlos

Wer nicht mehr lebt, ist alle Sorgen und Probleme los. Das klingt nach Erlösung. Das hat was für einen Depressiven. Das verlockt regelrecht. Dazu kommt, dass das „Seelenlose" fast nicht auszuhalten ist. Ein Blick in den Spiegel erschreckt.

Wer bin ich? Meine Augen. Sie sind mir fremd, so schwarz und unheimlich. Ohne Leben! Wie tot! Die Augen sind der Spiegel der Seele. Was sollen sie spiegeln, wenn die Seele tot ist? Wo sind eigentlich meine Gefühle hin?

Ärzte sagen, sie seien verschüttet, gedeckelt irgendwie. Ich habe keinen Zugang zu meinen Gefühlen. Sie sind wie abgeschnitten! Eher tot, wie oben gesagt. Dass bei der Genesung alles wieder kommt, ist ein Wunder, ein riesiges Wunder!

Wie ist es bei mir mit dem Selbstvertrauen?

In den Beschreibungen meiner depressiven Höllen ist das ganz klar hervorgegangen: Die Krankheit kommt und sogleich verschwinden das Selbstbewusstsein und das ganze Selbstvertrauen. Alles, was zuvor leicht zu bewältigen war, türmt sich zu immensen Bergen auf. Sei es die Körperpflege oder das Lesen, sei es Kochen, Autofahren, Schreiben, Musizieren, es fällt mir schwer, so was zu tun. Meist geht es gar nicht mehr. Meine Fähigkeiten sind weg und ich traue mir nichts mehr zu.

Meine Stimme wird leise und monoton, leblos sozusagen. Meist rede ich nichts, auch wenn es in mir schreit!

Körperliche Veränderungen

Mein Körper an sich ist für mich schwer wie Blei. So bewege ich ihn auch: Schwerfällig mit zusammengesunkenen Schultern, ungelenkig und in langsamen Bewegungen. Es ist für mich unendlich mühsam, meinen Körper zu pflegen oder auch meine Haare zu waschen. Sie sind ohne Glanz, richtig stumpf.

Da ich keinen Antrieb verspüre, so komme ich auch kaum aus dem Bett oder von einem Stuhl hoch. Spazierengehen oder Treppensteigen ist für mich Schwerarbeit, ebenso Radfahren oder Einkaufen.

Manchmal weiß ich nicht, ob körperliche Änderungen durch die Depression oder durch die Medikamente kommen, z. B. Verstopfung, Appetitlosigkeit, Menstruationsstörungen.

Schlafstörungen

In meinen Berichten ist dies immer ein großes Thema. Aber wer monatelang nicht schlafen kann, weiß Bescheid. Es ist wirklich die reinste Folter!

Der Teufelskreis setzt ganz rasch ein und schon ist weitere Schlaflosigkeit vorprogrammiert! „Man kommt auf den Hund." So sagt der Volksmund. Bei Suizid spielt das Thema Schlaflosigkeit eine große Rolle. Erstens sind verordnete Schlaftabletten im Haus.

Das ist eine Gefahr an sich. Und zweitens bin ich durch die lang anhaltende Schlaflosigkeit nervlich so am Ende, dass der Todeswunsch sehr groß ist. Einfach weg sein, schlafen, schlafen! „Weggebombt sein" sage ich dazu. Normal schlafen zu können, ohne viel darüber nachzudenken, ist ein großes Geschenk!

Menschen, die da noch nie Probleme hatten, nehmen das Schlafen-Können ganz selbstverständlich hin wie das Atmen oder den Herzschlag. Es funktioniert ohne ihr Zutun. Wer ein oder zwei Nächte nicht schlafen kann, vertraut darauf, dass es bald wieder klappt. Wenn aber aus wenigen Nächten wochenlange Schlaflosigkeit wird, dann fängt bei mir als depressiv Vorbelastete das Gedankenkarussell an:

Ich habe dann erstens Angst vor der Nacht, dass ich nicht schlafen kann, und zweitens quält mich die Angst, wieder in eine Depression abzurutschen.

Hoffnungslosigkeit

„Ich komme da nie mehr raus!" Wie oft habe ich während meinen schweren Depressionen diesen Satz gesagt. Ohne Perspektive erscheint das Leben sinnlos. Immer wieder wurde mir von verschiedenen Menschen gesagt, dass ich da wieder rauskomme. Andere haben es geglaubt. Andere hatten Hoffnung. Nur ich nicht!

Das ist schon ein interessantes Phänomen, das mit der Hoffnungslosigkeit. Was geschieht da im Gehirn? „Sie haben doch Ihren Verstand noch?", meinte meine Psychiaterin zu mir, als ich so überzeugt hoffnungslos war. Ich äußerte über Wochen nur noch die Angst, da nie mehr rauszukommen und dass das alles doch gar keinen Sinn hätte. Ja, mein Verstand.

Der ist auch beeinflusst von der Depression. Positive Gedanken werden gar nicht zugelassen. Alles wird gefiltert, bzw. ins Negative umgewandelt. Manche Patienten sind da echte Meister darin. Der Arzt, Besucher oder Mitpatient kann sagen, was er will, der oder die Kranke dreht alles ins Negative.

Irgendwelche Botenstoffe im Gehirn werden nicht richtig weitergeleitet. Oder fehlen. Ich habe nach meinen depressiven Phasen immer viel über meine Krankheit gelesen. Aber verstanden habe ich die Ursachen dieser Hoffnungslosigkeit nie. Doch sie war jedes Mal da.

Religion und persönlicher Glaube

Und mit der Hoffnungslosigkeit litt ich auch an dieser Gottesferne, bzw. am Nicht-Mehr-Glauben-Können. Für mich als gläubiger Mensch ist das genauso wenig zu verstehen, wie das mit der Hoffnungslosigkeit. Mein Glaube hat mir immer Kraft gegeben und war ein stabiles Fundament für mein Leben. Nur in der Depression, da war ich abgeschnitten von allem und rutschte ins Bodenlose. Existenzielle Fragen quälen mich, wie z. B.:

Gott, wo bist du? Warum spüre ich dich nicht? Warum bist du mir so fern, dass ich nicht mehr an dich glauben kann? Warum hast du mich verlassen?

Was passiert mit mir, mit meinem Glauben in der Depression? Warum muss ich noch einmal durch dieses schwarze Tal, in diese Hölle der Depression? Warum lässt du mich so leiden?

Das waren Fragen, die ich mir am Anfang und gegen Ende von meinen schweren Depressionsphasen häufig gestellt habe. Wenn ich dagegen mittendrin litt, konnte ich mit solchen Fragen nichts mehr anfangen. Ich betete nicht mehr. Es ging einfach nicht!

Gott erschien mir so fern. Eigentlich war er für mich monatelang total abwesend. Ich konnte mit niemandem über solche existenzielle Sinnfragen reden. Weil ich es ja auch selbst nicht verstehen konnte und weil ich von Gott und vom Leben abgeschnitten war, so blieb ich stumm.

Dieses Erleben ist schwer in Worte zu fassen. Für mich war es die Hölle!

SCHLUSSBEMERKUNGEN

Das Thema „Depressionen" wird für mich nie ganz abgeschlossen sein. Ich bin jetzt zehn Jahre frei von depressiven Phasen und große Dankbarkeit darüber erfüllt mich. Täglich nehme ich morgens und abends meine Lithiumtabletten ein und schon da bin ich mit der Krankheit konfrontiert. Die Einnahme ist zwar schon automatisiert, aber ich weiß, dass ich sie wegen der Depression schlucke. Ich nehme die Nebenwirkungen der Tabletten in Kauf, um nicht noch einmal in die Krankheit abzurutschen:

Ich habe anfangs ein paar Kilo zugenommen. Durch die Tabletten habe ich stets einen enormen Appetit und muss achtgeben, dass ich nicht so kalorienreich esse. Aber das habe ich im Griff. Meine Schilddrüsenwerte zeigen nach zehn Jahren Einnahme eine Unterfunktion an. Ich muss nun zusätzlich Schilddrüsenhormone einnehmen.

Es macht mir aber alles nichts aus. Die Hauptsache für mich ist, dass meine Depression in Schach gehalten wird! Ich spüre keine Angst, wenn ich mal schlecht schlafe. In stressigen Zeiten weiß ich besser damit umzugehen.

Ich überfordere mich nicht mehr so leicht und so oft wie früher. Ich stehe im Leben und genieße jeden Tag! Meine Gesundheit, ob seelisch oder körperlich, ist mir wichtig und ich achte darauf, dass es mir gut geht. Sei es die Ernährung, der musikalische Ausgleich, der Sport oder Kunstgenuss: alles erlebe und genieße ich sehr bewusst.

Verlorene Lebenszeit

Sieben Mal quälte ich mich durch solche Höllen der Depression hindurch! Zum ersten Mal mit 17 Jahren, dann im Alter

von 21 Jahren,

27 Jahren,

30 Jahren,

37 Jahren,

40 bzw. 41 Jahren und

44 bzw. 45 Jahren (die Dauer der jeweiligen Episoden wurde immer länger!).

Zusammengerechnet währte mein Leiden insgesamt **48 Monate!** Diese 48 Monate meines Lebens sind für mich verloren, weil ich in dieser Zeit nicht gelebt habe. Es war ja nur ein stummes Existieren, bzw. Dahinvegetieren.

VIER JAHRE – DAS IST EINE LANGE ZEITSPANNE!
VERLORENE LEBENSZEIT!

Aber wie schon erwähnt, hat dafür mein Leben heute eine andere Qualität bekommen und ich genieße die Stunden und Tage umso mehr. Es ist neu geschenkte Zeit für mich! Heute kann ich alles schätzen und dankbar annehmen.

Eines ist mir beim Schreiben nicht ganz gelungen: Der Zustand des „Depressiv sein" ist sehr schwierig zu beschreiben. Es sind halt nur Worte. Ich lese es durch und allein schon, dass dies in Worte gefasst wurde, schafft eine gewisse Distanz zur Krankheit. Aber trotzdem.

Es gibt Menschen, die haben es leidvoll selbst erlitten. Dazu gibt es viele Menschen, die sich aus persönlichem oder beruflichem Interesse mit Depressionen beschäftigen. Für diese alle sind meine Beschreibungen sicher eindrücklich und werden Betroffenheit auslösen.

Ich nehme an, dass es sicher nicht wenige Menschen gibt, die ihre selbst erlebte Depression ganz anders beschreiben würden. Jede und jeder kann nur von ihren, bzw. seinen eigenen Erfahrungen berichten.

Alles, was ich in meinen verschiedenen Phasen beschrieben habe, ist so von mir erlebt und erlitten worden. Es sind also ganz authentische Berichte! Es ist so, wie es mein Leben schrieb, keine erdachte oder ausgemalte Phantasie.

Die Personen meines jeweiligen Umfeldes (Privatpersonen, Ärzte, ebenso Schwestern, Pfleger, Therapeuten u. a.) gab es und gibt es zum Teil noch. Ich habe zu ihrem persönlichen Schutz deren Namen geändert oder mit anderen Buchstaben abgekürzt, sodass niemand irgendwelche Rückschlüsse ziehen kann. Mit einigen ausgeschriebenen Vornamen wollte ich den Ablauf des Geschehens noch persönlicher gestalten und intensivieren. Aber diese Vornamen sind von mir frei erfunden.

Allen, die mir bei der Bewältigung meiner Krankheit geholfen haben und mir vor allem geduldig und tatkräftig zur Seite gestanden sind, gilt mein aufrichtiger Dank!

ISOLDE SPEER

SINDELFINGEN, IM MÄRZ 2012

LITERATURANGABEN

Mogens Schou: „Lithiumbehandlung der manisch-depressiven Krankheit"; Informationen für Arzt, Patient und Angehörige, Thieme-Verlag, Stuttgart, 1997